홍익화백에서 찾은 참된 統一의 길

The Road to the Reunification of the Korean Peninsula in the Light of Hongick-hwuabaek Ethos

홍익화백에서 찾은 참된 統一의 길

The Road to the Reunification of the Korean
Peninsula in the Light of Hongick-hwuabaek Ethos

by
Park Sangrim, Ph.D

Seoul, 2008
ksi

통일된 우리의 국기 설명:

　국기는 건국이념 그리고 국가와 민족혼을 집약한 것이다. 한국사 대사전에서 말하고 있는 태극(太極)은 주역의 음·양 양극을 뜻한다. 우리 국기를 어찌 주역으로 설명하겠는가? 한단고기에서 말하는 태극무늬는 공수(拱手: 두 손을 맞잡음)에서 생기는 ×형 무늬다.
　공수는 마음을 모아 염원(念願), 즉 진(眞: 참)을 생각하는 일이며, "모두를 하나로 어울리다"라는 뜻이 내포되고 있다. 이것이 태극무늬의 본뜻이며, 우리의 혼(魂) 홍익인간 이념인 삼신사상을 표시한 것이다.

　기(氣), 기(機), 질(質), 형(形)은 서로 맞물려 인간사(人間事)의 최고 수인 9가 되고, 중앙태극(體: 삼신작용)과 어울려 신사 수(神事數)인 10이 된다. 홍익인간사의 완성을 나타내는 것으로 바로 태극기가 되게 하는 이론을 말하고 있다. 천지인(天地人) 삼극(三極) 태극기(太極旗)로 우리의 정통을 이어받는 일이며, 홍익인간의 체(體)에 모여 기(氣), 기(機), 질(質), 형(形)을 다하여 홍익인간사(弘益人間事)를 완성할 상징을 나타내는 깃발이다(pp. 211~217과 pp. 225~259 참조).

서 문

본서의 내용에 관해서는 독자들께서 필자가 요약한 '결론'을 찾아 주길 바라며, 여기에서는 연구의 동기와 과정을 말하고자 한다.

필자는 국민은행에서 정년퇴임 이후 제2인생의 방향을 잡지 못하고 방황한 시기가 있었다. 인간에게는 할 일이 없다는 것은, 견디기 어려운 일이었다. 고독과의 싸움이 시작되었으며, 얼마 후 이 고독의 돌파구는 학문이라는 것을 깨달았다. 그리하여 先人들이 말하던 "노후의 은신처는 학문이다."라는 길을 밟게 되었다.

처음에는 "내가 무엇이냐(What am I?)"를 알고자 역학을 시작으로 관상, 수상, 작명, 풍수, 그리고 종교를 공부하던 중, 1989년 2월 통일학회 창립에 참가하여 고 安浩相 박사를 총재로, 李恒寧 박사를 자문위원장으로 모시고, 고 이병주, 고 이종익 박사들과 통일된 조국의 국가상을 전제로 한 평화적 통일방안을 연구하게 되었다.

그 후 1995년 7월에 한국발전연구원 창립5주년 기념논문 현상공모에 "한반도 통일안"이란 논제로 장려상을 수상했고,

1997년 5월에는 『三平制 統一論: 민족화해의 길』을 출간했으며,

2000년 8월에는 경남대학교 북한대학원에서 "三平制 統一論의 實

現方案"이란 논제로 정치학석사학위를 받았고,

2008년 2월에는 건국대학교에서 "한민족의 전통사상과 통일: 홍익화백제에 관한 연구"로서 정치학박사학위를 받게 되었다.*

이상과 같은 연구를 통해 얻은 지식을 정리하고, 그 과정에서 자생적으로 터득한 지식을 종합하여 이에 『홍익화백에서 찾은 참된 統一의 길』이라는 제(題)하에 이 책을 출간하게 되었다.

우리 땅 우리 민족통일의 길 연구에 일조가 되리라 생각되어 생

---

* 이는 1995년 7월 필자의 논문입상과 수상에 힘을 얻어, 계속 연구한 결과 1997년에는 「3평제 통일론」을 출간하고, 1998년 3월에는 경남대학교 북한대학원 석사과정에서 '통일정책'을 전공하게 되었다. 그 후 위 저서와 석사학위 논문을 숙독하신 나의 학문적 선배이시며 스승이신 북한연구소 김창순 이사장, 양홍모 감사, 그리고 양호민 북한학회 회장께서 필자의 논문에 이념적 뒷받침을 하면 참 좋은 논문이 될 수 있겠다고 권고하시기에, 필자는 生涯에 뜻있는 박사학위청구논문을 후학들에게 남기고 싶은 뜻에서 박사과정을 수학하게 되었다. 그리하여 정치사상을 탐구하면서 우리의 정통사상을 깊이 연구한 결과, 위 저서와 논문에서 서술한 '국민주권 민주제도'야말로 弘益和白의 참뜻을 21세기 현실에 적용할 수 있고, 새 時代를 창조할 수 있는 발전적 민주제도라 생각하고 박사학위청구논문에서는 '홍익화백제도'의 연구에 심도를 더하여 보았다. 박사학위논문에서는 구체적인 홍익화백제도의 모형을 제시치 않았으나, 본서에서는 필자가 구상한 모형을 제시하니, 우리의 해외 및 남·북의 학자들이 그 시대성의 요청에 비추어 필자의 생각을 보다 더 발전시켜 통일한국의 정치제도 창출에 기여하기 바란다.

여기에서 한 가지 첨가해 말하고저 하는 것은 고령의 나이에 학위받는 사실보다도 분단된 조국의 통일을 국시(國是)로 본 나의 학문적 자세를 인정하여 국내외 언론매체들이 학위 수위 며칠 전부터 학위청구 논문을 높이 평가하여 준 것을 무엇보다도 감사한다. 2월 19일, 23일 서울신문, 서울경제. 20일 Voice of America(6분 35초간), 21일, 22일 뉴시스, 22일 연합뉴스, 22일, 23일에는 KBS-TV생방송 및 KBS Radio로 방영, 3월 3일 통일신문, 3월 12일 Money week, 3월 15일 이북도민연합신문, 그리고 4월 7일 이북5도 신문에 게재된 바 있음을 알린다.

의 마지막 시점, 82세의 나이에 만들어 본 작품이니 인내심 있는 독자들, 특히 정치·경제사상사에 관심 깊은 학도들께서 끝까지 읽어 주시면 필자는 생의 보람으로 여기겠다.

만학의 어려움 속에 오늘의 이 책이 나오게 된 과정에 저를 가르쳐 주신 분, 1995년 "한반도 통일안" 논문 지도부터 시작 석사과정을 비롯하여 3년간의 TOEFL과정과 4년간의 박사과정까지 필자의 가정교사(tutor)나 다름없이 지도하여 준 경제사상사를 전공하고 교수생활에서 은퇴한 이주성 경제학 박사와, 특히 박사학위청구논문 작성에 도움을 주신 同志인 신철균 교수(전 영동대학 총장)께 진심으로 감사의 말씀을 드린다. 또한 필자의 모든 논문에 대한 교정 작업에 노고를 아끼지 않았던 김려성 법학교수를 비롯하여, 정신적 지원을 아끼지 않았던 김병철 회장, 박영희 행정학 박사, 김영돈 선생 그리고 최만식 정치학석사에게도 고마움을 표한다.

2008. 5
박상림

목 차

제1장

분단 이후의 남·북한

일본이 태평양전쟁에서 패전선언을 하기 불과 6일 전인 1945년 8월 9일, 소련군이 참전함으로써 한반도에는 국제형 분단이 싹트기 시작하였다. 소련참전의 근거는 1944년 얄타회담과 1945년의 포츠담회담의 결정에서 찾을 수 있다.

그 후 남·북한에는 미군과 소련군의 진주로 군정이 실시되었으며, 남한에서는 UN의 결정에 따른 총선거의 결과로 1948년 8월 15일 대한민국이 수립되었다. 그러나 북한에서는 UN감시하의 총선을 거부하였다. 그리고 1945년 9월 20일 스탈린의 지령에 따라 한반도는 1945년 9월부터 분단국가로 들어섰으며, 1948년 9월 9일 조선민주주의인민공화국이 수립되었다.[1]

김일성은 스탈린과 모택동의 지원하에 1950년 6월 25일 남침을 감행함으로써 3년에 걸친 동족상잔의 역사를 기록하고 한반도는 분단국가로 고착화되었다. 이하에서는 남·북한체제와 현실, 통일정책 및 방향평가, 그리고 통일이념을 모색해 본다.

---

1) 이주영 외, 『한국의 현대사 이해』(서울: 경덕출판사, 2007), p. 22.

1. 체제의 현실

1) 남한체제

(1) 남한의 자유민주주의

'자유민주주의'는 말 그대로 '자유주의'와 '민주주의'의 합성어다. 원래 자유주의와 민주주의는 역사적 기원도 다르거니와 지향도 이질적이다. 고대 아테네에서 꽃핀 민주주의가 민중의 자기지배를 지향한 데 비해, 산업자본주의가 본격화된 근대유럽의 소산인 자유주의는 사유재산을 가진 시민의 자유와 권리확보를 최우선과제로 삼았다. 근대사회에 와서 이와 같은 민주주의와 자유주의 사이에는 상호의존관계가 생겼으며, 모든 가능한 권력남용 방지의 현실적 대비책은 각종 立法에 市民들의 직접 또는 간접적인 참여였다. 즉 자본주의적 시장경제에 입각한 자유주의체제의 폐단이 쌓여 가면서 민주주의 이념이 자유주의를 발전시키는 데 유용하게 되었다. 극심한 경제적 부정의와 권력집중을 완화하는 민주주의적 처방이 자유주의를 살리는 묘약이 될 수 있음에 바로 자유민주주의 탄생의 동기가 있다.

Jellinek(1851~1911)의 유명한 개념정리에 따르자면 적극적인 시민의 권리들이야말로 '자유권과 시민권'을 위한 최상의 보호자이이다. 자유주의적 이상과 민주주의적 절차는 점점 더 상호 연결되어 왔다. 시민의 자유권은 바로 그 시발에서부터 민주주의적 게임규칙의 정당한 적용을 위한 필수조건의 하나였던 것이 사실인 반면, 민주주의의 발달은 차츰 시간이 경과함에 따라 자유권의 변호를 위한 주요 무기가 되어 왔다고 할 수 있다.[2]

또한 개인의 자유를 확보하기 위해서는 국가권력을 억제해야 하고, 그러기 위해서는 집단의 주체성을 확립해야 한다는 점에서 정치적 다원주의가 나왔다.[3]

경제적 측면에서 보면, 신자유주의는 자유주의와 마찬가지로 사유재산권과 시장의 효용에 대한 맹신에 기초하여 경제적 자유를 중심으로 국가의 개입에 반대함으로써 개인의 자유를 지키기 위해 생겨난 정치사상이다.[4] 신자유주의는 전후 세계자본주의를 이끌어 온 '복지국가', 케인즈주의 및 포드주의(포드주의적 국가독점자본주의)의 위기 속에서 위기 타파를 위해 추진되고 있는 자본의 공세로서, 그간의 국가의 개입과 규제에 반대하여 규제로부터 자유로운 자유사상만이 자원의 효율적인 배분에 적합하다고 주장하는 경제이데올로기이다.[5] 즉 신자유주의는 과거부터 있던 자유주의가 20세기 후반에 재등장한 것이다. 70년대 위기를 탈피하기 위한 부르주아들의 공격적 전략으로 채택된 '신자유주의'는 말하자면 자유주의의 한 형태이다.[6] 그리하여 '공산당 선언'에서 유럽을 배회하고 있던 유령(마르크

2) Noberto Bobbio, *Liberalism and Democracy*, London, 1990. 황주홍 옮김, 「자유주의와 민주주의」, (서울: 문학과 지성사, 1999), pp. 48 - 50.
3) 정인흥, 『서구정치사상사』, (서울: 박영사, 1971), pp. 283 - 393.
4) 송호철, 『신자유주의 시대의 한국정치』(서울: 도서출판 푸른 숲, 1999), p. 161.
5) 송호철, 위의 책, p. 160.
6) 강상구, 『신자유주의의 역사와 진실』 (서울: 문화과학사, 2000), p. 90.

스가 주목한 공산주의)을 현실화시키고자 했던 현실사회주의 실험이 실패로 끝난 가운데, 새로운 유령(신자유주의)이 세계 구석구석을 지배하려고 배회하고 있다. 한국의 경우도 예외는 아니다.[7]

고전적 자유시장 원리로부터 시작한 자유주의는 자유민주주의를 거쳐 정의와 평등이념을 껴안는 정치적 자유주의로 발전하여 왔다. 오늘날 세계를 풍미하는 신자유주의는 이런 진화과정을 역전시켜 고전적 자유주의 이념을 지구화 시대에 접합시키려는 시도로 볼 수 있다.

신자유주의자들은 우리에게 벌어지는 모든 일들을 '보이지 않는 손' 즉 가격기구가 지배하는 시장에 맡기라고 한다. 그러나 우리의 미래를 불확실성에 가득찬 시장의 손에만 내맡길 수 없다는 믿음이 「국가의 역할」의 저자 장하준 교수의 논조의 출발점이다. 그 점에서 장 교수는 국가의 통제력을 부정하는 신자유주의자들을 향해 비판하였다. 국가경제를 효율적으로 변화시키기 위해선 어떤 한 경제주체가 중심적 위치에서 조정기능을 해주어야 한다. 그러면 사적 이익만을 추구하는 분산된 경제주체보다는 공적 이익을 추구하는 정부가 그 역할을 맡는 게 바람직하다고 주장한다. 국가운영에 실패위험이 있더라도 국가조직이 나아갈 비전을 제시하는 '기업가적 역할'을 정부가 해주어야 한다는 것이다. 장 교수는 국가를 지나치게 매도해 왔으며, 국가를 약탈자나 정치적으로 강력한 집단이 그 당파적 이익을 챙기기 위해 사용하는 도구로 정치를 집단적 의지에 빌붙어 시장이 내린 결과를 뒤엎는 합법적 수단이라고 보는 신자유주의자들을 격멸하면서 그 대안으로 '제도주의(institutionalism)'를 제시한다. 지

---

7) 송호철, 앞의 책, p. 158.

나치게 저평가된 '국가의 역할'을 제자리로 돌려놓아야 한다는 그의 문제 제기는 깊이 검토할 가치가 있다 하겠다.[8]

위에 기술한 자유민주주의의 언급은, 이론적으로 대체로 수긍이 가는 점도 있으나, 그렇지 못한 점이 한국의 자유민주주의, 특히 한국적 민주주의에는 끊임없이 나타나고 있다. 신자유민주주의에서 개인의 자유는 방종이 아니라 자제(自制)라 하여 개인의 자율적인 능력으로 스스로 성장(成長)이 가능하다 하나, 그렇지 못한 점이 뚜렷이 나타나고 있다.

특히 2차대전 이후 우리가 체험한 정당정치의 현실을 살펴보면, Plato가 「국가론」 제8권에서 서술한, "국체(國體)의 변화는 국체가 선(善)이라고 하는 것(과두제에서는 부(富), 민주제에서는 자유)에 대한 지나친 탐욕과 그 이외의 것들에 대한 무시가 원인이라는 일반원칙에 따라 민주제가 지나치면 무정부 상태가 되고, 이로부터 참주제(僭主制)가 발생한다"[9]는 점은 오늘의 한국 현실에서 실감나게 받아들여진다.

Kant도 국가론에서 "주권형태의 관점에서 정치형태를 독재적, 귀족적, 민주적인 세 가지 형태 중 민주정치형태는 필연적으로 전제적"이라 보았다. 그 이유는 "정부는 집행권을 확립하여 동의를 하지 않은 자에게 대해서는 그 의사에 반하여 명령을 내리게 된다. 고로 소위 전체의 의지란 참다운 전체의 의지가 아니다. '총의'는 그 자체

---

8) Ha－joon Chang, *Globalization, Economic Development, and the Role of the State*, (Third World Network, London, 2003), 이종태 외 옮김, 『국가의 역할』(서울: 도서출판 부키, 2006), p. 72.

9) Allan Bloom, transl & ed., *The Republic of Plato*, Basic Books, U.S.A. 1991, pp. 240 f.

와 자유에 모순되기 때문이다. 독재정치 형태와 귀족정치형태는 전제화되기 쉬운 결점을 내포하고 있으나, 대의제도의 정신과 일치시킬 수 없는 것은 아니다. 그러나 민주적 헌법에서는 그러한 것이 불가능하다. 그 이유는 그러한 정부 아래에서는 각자가 모두 主人이 되는 것을 바라고 있기 때문이다. 그러므로 집행권을 행사하는 자의 수가 적으면 적을수록, 입법권의 행사에 국민의 대표가 현실적이면 현실적일수록, 그 정부형태는 완전한 공화정치로 접근한다고 보아야 한다."고 논하였으며,[10) J. S. Mill도 1859년의 「자유론: On Liberty」에서 '다수의 횡포'에 대해 심각하게 염려했음은 오늘의 한국 현실을 예언해 주는 듯하다.

필자는 한국 민주주의의 현실적 모순성을 지적한 바 있으나,[11) 오늘날 정치판은 너무나 소란하고 경제는 전망이 불투명하며 기업인은 기업 마인드를 상실해 가고 있다. 현실이 주는 문제의식이 심각하면 할수록 이를 해결하기 위하여 나오는 학자의 분석방법도 기존의 방법과는 달리 새로운 것으로 나타났던 역사를 되돌아보면서, 한국의 현실과 남북통일에 부합되는 정치이념을 찾기 위해 한국의 자유민주주의에 수반한 정당 및 각종집단의 현실을 다시 한 번 살펴보고자 한다.

---

10) 白尙健, 『政治思想史』(서울: 一潮閣, 1997), pp. 377-378. Cf. I. Kant. *Perpetual Peace*, (the Liberal Arts Press, New York) pp. 24-32.
11) 박상림, 『3평제 통일론』(서울: 현문사, 1997) pp. 246-271, 석사학위 청구논문 pp. 25-49, 그리고 박사학위 청구논문 pp. 7-17.

(2) 정당과 노동운동의 현실

① 정 당

한국의 자유민주주의를 알기 위해서 해방 후 '정당사'를 요약해보면, 60년을 넘기는 헌정사에서 헤아릴 수 없는 많은 정당들이 출몰하였고 이합집산을 계속하여 혼미한 난맥상을 보임으로써, 정당정치의 한계를 보여주었다. 한국의 모든 정당은 특정 정치지도자 중심의 집권방편으로 일관되어 왔다는 사실은 60년을 넘기면서 나타난 정당의 부침사가 입증하고 있다. 특히 집권당의 역사는 대통령 지망생들의 집권도구로 또는 대통령이 되고 나서 국민들을 외면하고, 신장개업의 이미지를 전달하려고 만들어졌다가 그 대통령의 퇴임과 함께 사라져버린 거품의 역사라고 할 만하다. '대통령당' 가운데 제1공화국 이승만의 자유당은 10년, 제3·4공화국 박정희의 공화당은 16년, 제5공화국 '전두환 대통령당'이었던 민주정의당이 9년, '노태우 대통령당'이었던 민주자유당은 5년 7개월, '김영삼 대통령당'이었던 신한국당은 1년 만에 간판을 내렸다. 열린우리당 역시 친노세력들이 2003년 11월 노무현 대통령을 공천하고 당선시킨 민주당을 부순 뒤 '100년 정당이 되겠다'며 출범시킨 후, 실정의 결과 3년 9개월 만에 국민으로부터 버림받은 '당'이 되었다. 이 정당은 2007년 1월 말 의원 집단 탈당사태가 시작된 이후 6개월 반 동안 집단·개별 탈당을 여러 차례 거듭하면서 신당이름이 글자 수만 11자가 된 당명도 생겨났다. 그 날쌘 변화와 변신과정이 얼마나 처절하고 힘들었겠는가. 이와 같은 유례없는 혼미상태를 거쳐 8월 10일 민주신당과 열린우리당이 합당을 선언했다. 그 결과 열린우리당은 당명만 '대통합민주신당'으로 바꾼 채 '도로 열린우리당'을 재탄생시켰으며, 국가의 지원보조금만 13억 원을 더 챙긴 것으로 나타났다.

우리 국민은 막대한 국고보조금으로 정당의 경상유지비를 충당하고 있으니,[12] 일개 '도당'의 모임인 정당의 유지 및 활동비를 국민의 세금으로 거의 부담하고 있는 나라꼴이 부끄럽기만 하다.

오늘 우리의 현실은 민주발전은 평가할 점도 있으나, 보수 대 진보, 또는 민주 대 반민주 성향의 인사들이 여·야에 흩어져 그때그때 국민의 인기몰이에만 골몰하는 모습을 나타내고 있다.

정당의 중앙집권적 운영은 국회운영을 당리당략 추구의 힘겨루기의 대립으로 점철시켰다. 선거 때가 되면 적군과 아군 간의 교전으로 그치는 전장이 아니라, 고대 로마의 직업 검투사들처럼 서로가 서로를 죽여 링 밖에 내던지지 않으면 내가 죽는 아존타살(我存他殺)의 난리판이다. 여·야 간에 서로가 물어뜯는 건 관행이라 치더라도 과거에 공동여권 또는 공동야권이었던 정파 간에도 일단 분리되고 나면, 새로이 구성된 정파 간에는 토마스 홉스의 말처럼 '만인에 대한 만인의 투쟁' 그대로이다. 또한 근자에는 과거에 없던 각종 시민단체들까지 가세하여 권력욕의 싸움에 합세하고 있음을 보면 매우 가관이 아닐 수 없다.

이러한 현상은 다원적 자유민주주의 체제의 모순과 한계로 인해 정치권은 선거구민의 득표에만 지나치게 관심을 가짐으로써 국민의 입장이나 국민의 담세력에는 관심 없이 자신의 자리확보에만 집착하

고 있다. 2002년 대선에서는 정치자금에 대한 '차떼기 정당'이란 말
까지 나왔으며, 선거 후 관계책임자들에 대한 처벌도 있는 듯했으나,
그들은 얼마 안 있어 곧 사면되었다.

2006년 지방선거를 앞두고는, 국회의원과 중앙정부에 예속되어서
는 안 되는 기초단체장과 기초의원들의 정당공천을 선거법에 명시함
으로써 국회의원들의 '공천장사'는 더 활기를 띠었다. 지방의원들은
지금까지 거마비 정도의 세비를 받았으나, 앞으로는 약 8000만 원까
지의 세비를 연봉으로 받게 됨으로써 막대한 국고부담과 새로운 귀
족이 지배계급으로 출현하게 되었다.

이와 같은 정치적 분위기하에서 사회의 부정부패는 그 범법자가
개인이 아니라 사실상 집단화하기 때문에 비리행위가 개인에 대한
처벌만으로 해소되지 않는다. 집단이기주의, 학연·지연 같은 사회적
병리현상은 이제 그 치유의 한계를 넘고 있다. 다시 말하면 패거리
무리인 정당정치는 이제 그 존재의의가 수명을 다해 가고 있다고 생
각한다.

② 노동운동의 현실

지금 한국노동운동은 노조이 '보통사람'인 일반노조기 아니라, 노
조안의 '특권계급'이라 할 조종사노조 같은 집단이 주도하고 있고,
여기에서 한국노동운동의 세 가지 위기가 비롯되고 있다. 첫째, 대표
성의 위기다. 한국의 노조 조직률은 10.6%다. 노조 조직률은 1989년
19.8%를 정점으로 계속 하락세를 보이고 있다. 둘째, 정당성의 위기
다. 1990년대 중반까지는 대기업 임금이 오르면 중소기업 임금도 따

라 올라갔다. 그러나 지금은 대기업 임금이 올라가면 중소기업 임금은 떨어질 판이다. 셋째, 정체성의 위기다. 한국경제에 맞는 노동운동의 모델을 찾지 못한 채, 구시대의 잔재인 계급투쟁 이념에 아직도 매달려 있다.

한국노동운동은 아직도 투쟁, 정확히 말하면 파업권 행사에 매달려 있다. 이와 같은 노동운동의 대표적인 사례 하나만 소개하기로 한다.

현대차 노조는 설립 이후 20년 중 19년을 파업해 왔다. 2006년에도 6월 20일부터 7월 하순까지 파업을 한 바 있다. 노조는 파업하는 동안은 놀아서 좋고 파업이 끝나면 월급이 올라 좋고 파업으로 못 받은 돈은 나중에 격려금으로 채우면 그만이라는 생각뿐이라고 한다.

2007년 새해 새 출발을 다짐하는 현대차 시무식이 신년사 낭독도 못한 채 중단됐다. 그 이유는 연말 성과금이 적다는 이유로 노조가 시무식장을 난장판으로 만들었기 때문이었다. 지난해 임금협상에서 목표를 채웠으면 150%의 성과금을 줄 계획이었으나, 생산목표의 미달로 100%만을 지불했다. 노조는 자동차 생산은 목표미달임에도 불구하고 150%의 성과금을 지불하라는 것이었다. 현대차는 1월 17일 노조의 힘에 밀려 '목표달성 격려금' 명목으로 이름만 바꿔서 지급함으로써 무릎을 꿇고 말았다. 현대차 측이 맥없이 무너지는 것을 보고 기아자동차 역시 노조 앞에 스스로 무릎을 꿇고 노조요구대로 지급하고 말았다. 지난해 환율 급락(急落)으로 현대차는 1600cc급 차종(車種)의 경우 미국시장에서 도요다차보다 값을 웃돌아 가격경쟁력이 떨어졌다. 미국시장 점유율도 3%에서 2.4%로 떨어졌다. 노조의 눈에는 이런 위기 상황이 보이지 않는다.

현대차 노조문제의 핵심은 작업현장이 일부 노조 권력에 지배되고 있는 것이다. "현장 노조관계 질서를 바로잡아야 하는데 회사 측의 단기 물량제일주의가 노조의 불합리한 요구를 계속 묵인하는 풍토를 만들어 왔다."고들 한다. 현대차 노조 전·현직 집행부 40여 명이 울산공장 내에서 불법파업을 감행한 직후인 2008년 3월 4·5일에 유럽·미국·중국 등으로 단체외유성 해외출장을 떠난 사실이 언론에 대서특필되었다(조선일보 3월 12일자). 명분은 "세계 선진노조 교섭 견학"이라 하나 "이 와중에 외유가 웬 말이냐?"고 노조원들도 비난했다. 물론 비용은 회사 측 전액 부담이었다.

(3) 한국의 포퓰리즘(Populism)

위에서 살펴본 바와 같이 한국의 자유민주주의의 현실은 정치인과 정부 또는 각 정당과 각종 사회단체들이 그때그때 국민의 인기몰이에만 골몰하는 모습을 연출하고 있다. 이와 같은 현상은 다원적 자유민주주의 체제의 모순의 한계로 인해 정치권은 선거구민의 득표에만 지나치게 관심을 가짐으로서, 국민의 입장이나 담세력에는 관심 없이 자신들의 자리확보에만 집착하고 있으며 먼 앞날을 내다보는 국가의 장래에는 관심 없어진 지 이미 오래다. 또한 정치인이나 정부가 인기를 얻기 위해 마구잡이로 선심정책을 펴거나, 현란한 언변으로 혹세무민하는 행위로[13] 대중영합주의로 치닫고 있다.

일류(一流)국가가 되는 데 가장 큰 장애의 하나가 바로 포퓰리즘,

---

13) 김호진, 『대통령과 리더십』(서울: 정신출판, 2006), p. 116.

즉 대중영합주의이다. 포퓰리즘이 성하면 민주화에는 성공해도 자유화에는 실패하고, 경제적으로 후진국에서 중진국까지는 성공할 수 있을지 모르나 선진국 진입에는 실패한다. 이는 라틴아메리카를 비롯하여 많은 나라들의 역사가 이를 증명하고 있다.

대중영합주의란 국가이익에는 크게 반하나, 개인이나 정파적 이익을 위해 대중의 일시적 정서나 인기에 이용하거나 조작, 선동하는 정책과 정치를 의미하며, 그 결과는 국가이익의 큰 훼손이고 국가발전의 후퇴이다.

우리나라에서 해방 후 최대의 포퓰리즘 정책은 지난 10년간 한꺼번에 일어났고, 그것이 오늘날 나라 안과 밖의 모든 국정혼란의 근본원인이 되고 있다. 그 하나는 '교육 포퓰리즘'인 교육 평준화 정책이고, 다음은 '통일 포퓰리즘'의 하나인 '햇볕정책'이며, 또한 '평등 포퓰리즘'의 일종인 수도이전 정책이며, 또 하나는 '안보 포퓰리즘'인 작전통수권 환수정책이라 하겠다. 교육 평준화 정책은 학생들의 면학의욕만 저하시키고, 햇볕정책은 남북의 평화통일을 내세웠으나, 그 결과는 연합·연방 절충제통일방안과 북한의 핵(核)실험을 가져왔다. 원래 대북정책의 목표는 북의 변화를 통한 자유민주주의 통일이어야 하는데, 북한의 변화는커녕 폐쇄적 지배체제는 오히려 강화되고, 남한의 안보의식만 약화시켰다. 수도이전 정책은 '지역의 균형발전'을 내세웠으나, 진정한 지역 간 균형발전보다 자신들이 스스로 이야기했듯이 '대통령선거에서 재미 보기 위해' 시작된 정책이었다. 공사도 시작하기 전에 전국의 부동산 가격만 천정부지로 올려놓고, 분배의 악화는 물론 지역 불균형도 더 심화되었다. 공사가 본격화되면 국정의 낭비와 국민의 고통은 기하급수적으로 커져, 두고두고 나라가 감당하기 어려운 부담이 될 것이다. 작전통수권 환수정책 역시 자주국방 운운, 스스로의 국가안보를 이슈화함으로써 국가안보에 대한 국민의 불안, 이로 야기될 막중한 국민의 세 부담과 한미관계만 이완시킨 결과를 초래했다.

모든 포퓰리즘이 그러하듯이 내세우는 명분은 듣기 좋고 그럴듯하나, 실제는 철저히 정치인이나 특정 정파의 정치적 이해를 위한 정책이었다. 다음 정권담당자인 이명박 정부는 위의 네 가지 포퓰리즘 정책의 결과가 야기할 학생의 면학분위기, 국가안보, 경제적 부담과 지역 간 문제를 여하히 처리할 것인지? 이는 오늘의 한국정치와 국민이 당면한 심각한 문제라 하겠다.

전체주의의 닫힌 사회는 이와 같이 포퓰리즘이 국가이익을 크게 해칠 때, 즉 열린사회의 신념이 약화될 때는 언제나 다양한 모습으로 불사조처럼 부활할 가능성이 높다는 사실을, 1930년대의 나치즘과 1960년대의 종속이론으로 변신한 마르크시즘이라는 전체주의의 광풍이 전 유럽을 휩쓸던, 이 광풍의 허구성과 폭력성의 정체를 밝히려는 의도에서 구상된 Karl Popper(1902~1994)의 『열린사회와 그 적들』(Open Society and its Enemies)에서 상세히 설명되었다.

이 책은 전쟁이라는 불행한 사건들과 그 배경을 좀 더 근원적으로 이해하고 우리 문명을 끊임없이 위협하는 전체주의의 깊은 뿌리를 파헤치고자 한 시도였으며, 전체주의가 기반하고 있는 역사주의[14]

---

14) Popper가 말하는 역사주의는 인류역사의 전 과정이 냉혹한 역사의 법칙에 의해 필연적으로 전개되어 간다는 역사의 결정론이다. 역사주의의 시원은 고대의 選民思想에까지 소급 추적되며, 선민사상은 역사의 배후에 神의 계획이 숨겨져 있으며, 신은 자신의 계획을 실현시킬 수 있는 도구로서 한 민족을 선택하고, 이 선택된 민족이 세상을 다스려갈

의 비과학성을 비판함으로써 전체주의의 허구성을 폭로하였다.[15]

우리나라에 자유민주주의가 도입된 이후 60년을 넘기면서 어렵게 궤도에 오르기 시작한 자유민주체제가 포퓰리즘에 의해 상술한 바와 같이 닫힌사회인 전체주의로부터 위협을 받고 있는 현실이다.

이상과 같이 정치적 다원주의(多元主義)체제하에서, 도전받고 있는 한국 자유민주주의가 전체주의의 함정에 빠지지 않고, 자유민주주의의 모순을 극복하고, 진일보한 홍익화백제도로의 통일한국의 정치체제 창출에 본서의 연구목적이 있다.

2) 북한체제

(1) 사회주의 이념과 배경

재화의 사적 소유에 기초한 자본주의체제를 부정하고 재화의 사회적 소유에 기초한 사회건설을 주장함에서 1848년 「공산당선언」에 따른 과학적 사회주의로서의 공산주의가 나왔으며, 낮은 단계 공산주의라는 개념에서 사회주의 이론이 나왔다. 그 이론의 시초는 고대 희랍의 Plato에까지 소급될 수 있으며, 그 후 영국의 공상적 사회주의자인 Robert Owen, 불란서의 Saint-Simon에 의해 주장되었으나

것으로 가정하는 교설로서, 유신론적 역사주의라 불릴 수 있다.

15) Karl R. Popper, *Open Society and its Enemies* Ⅰ, (Princeton University Press, Princeton, New Jersey, 5th ed, 1966), pp. 1-5.(f. e. 1945). 이한구 옮김, 「열린사회와 그 적들」(서울: (주)민음사, 2006) 서문.

이들의 주장은 철학적 원리를 제시하지 못하였으며 또한 사회과학적 이론에 기초하지도 못하였다.

그러나 영국의 산업혁명 완성기인 19세기 중반에는 실업인구의 도시방황, 공장기계 파괴운동과 같은 노동자파업이 나타나고 이에 계급갈등을 이론적으로 해명한 과학적 사회주의(Scientific socialism)가 Marx와 Engels에 의해 나타났으며, 그 첫 화살이 1848년의 「공산당선언」이었다. 이는 인류사를 계급투쟁의 역사로 보는 사적 유물론(史的 唯物論)에 입각한 문서이다. 이들은 그 이전의 공산주의사상들을 한데 묶어 공상적 사회주의(Utopian socialism)로 정의하고, 투하노동가치설을 이론적 무기로 한 자본주의 사회의 모순규명을 행한 과학적 공산주의만이 자본주의의 폐절을 앞당겨 노동자의 자본으로부터의 해방을 촉구했다. 따라서 '공산당 선언' 이전의 사회주의 사상과 운동을 마르크스와 엥겔스는 과학성이 결여된 운동과 사상으로 보고, 자기들의 주장만이 과학성을 띤 것이라고 하여 그것을 '투하노동가치설'로 해명하고 있다.

경제적 하부구조인 경제체제의 주인이 정치적 상부구조인 정치제도의 주인이 된다고 보아 공산주의의 제1단계인 사회주의만이 노동자가 살아갈 사회라고 하여 사적점유와 사회적 생산 간의 모순을 해결하는 방법을 계급투쟁에서 찾았으며, 이때 인민민주주의 사회가 실현된다고 하였다.

19세기 후반 독일과 영국 등에서 Marxism에 대한 수정이론이 등장하나, 이는 독점자본의 존재양식이 시대변화에 따라 달라졌기 때문이고, 또한 자유주의 형태도 달라졌음을 우리는 인정해야 한다. 한마디로 존재가 변화하면 시대정신(Zeitgeist)도 새로워지지 않을 수 없다.

(2) 북한체제의 수립과정

20세기 초의 Lenin에 의한 소련의 경험에서 스탈린에 와서는 Marxism에 독재체제가 가미된 proletariat독재의 원리의 등장은 변종된 민주주의의 하나로 중앙 집중적 정치형태를 인민의 이름으로 가장한 것이었다.

1945년 8월 북한에 주둔한 소련군은, 곧 김일성을 앞세우고 사회주의체제 건설을 위한 제반 사업을 활발히 진행하였으며, 1946년 3월 5일에 단행한 자산계급의 땅을 무상(無償)으로 약탈하여 무산 소작층에 무상으로 나누어 준 토지개혁(土地改革)16)은 3·7제하에 모든 농산물의 30%를 정부가 갈취하였으며, 얼마 안 되는 민족의 대기업은 국가소유로 소련식 사회주의체제를 모방한 국가운영체제에 박차를 가하였다.

또한 김일성은 스탈린주의에 봉건적 가부장제를 가미한 전제 세습체제를 만들었고, 김정일에 와서는 '수령이 있고 나서야 노동당이 있다.' 즉 '노동당이란 수령지시의 집행자'라는 철저한 집행, 즉 개인독재체제를 수령 개인의 것으로 만들었다.

북한체제가 수립되기 시작한 것은 1944년의 얄타회담과 1945년의 포츠담회담의 결정으로서 한반도에 38도선이 그어지고 남·북이 분단되어 북한에는 소련군이, 남한에는 미군이 주둔하면서 시작되었다. 북한체제는 소련군의 점령하에 소련의 뜻대로 창출되었으며, 소련의 전체주의 체제의 일환으로 볼 수밖에 없었다.

---

16) 북한정권의 1946년 3월 5일 '토지개혁에 대한 법령'-제2조, 제3조(정경오 외, 「북한법령집」제2권, 대륙연구소, 1990), pp. 273-274.

북한의 체제수립과정은 1945년 9월 20일 스탈린의 특별지령에 의해 한반도는 분단국가의 길로 들어서고 있었다. 조선공산당 북조선 분국이 생기고, 북조선임시인민위원회라는 행정기구를 1946년 2월에 조직, 새로운 행정요원을 등용하였다.[17] 1948년 9월 9일 조선민주주의인민공화국이 수립되어 김일성은 스탈린의 지령하에 수상으로 등장하였으며, 북조선노동당은 김두봉이 위원장으로 임명되었다.

해방 이후 북한에는 국내공산당파, 중국연안파, 소련파 등의 갈등이 심화된 가운데, 김일성은 하바로프스크 '88여단'시대의 심복으로 뭉쳐진 갑산파(甲山派)의 지지로 그의 권력은 공고화되어 갔다.

김일성은 스탈린의 지원하에 1950년 6월 25일에 한국전쟁을 일으켜 무력통일을 시도하였으나, 3년간의 동족 간의 참혹한 유혈전쟁(중공군 개입)은 38선을 중심으로 휴전선이 설정됨에 따라 남·북 분단은 고착화되었다.

한국전쟁의 결과로서 소련의 영향은 약화되었으며, 특히 1953년 7월 스탈린이 사망한 후 소련의 대북한정책은 변하기 시작하였다. 북한 내부에서는 1955년부터 김일성의 주체사상, 즉 사상에 있어서 주체사상을 강조하고, 정치에 있어서는 자주통일, 경제에 있어서는 자립을 강조하는 자주성이 움트기 시작하였다.

1950년대 중·소 간의 이념투쟁에서 김일성은 주체사상의 기치를 앞세우고 자주노선을 선택하게 되었다. 스탈린 격하운동으로 말미암아 북한에는 반김(反金)운동이 싹트기 시작하여 1956년 8월에 있었던 북한노동당 중앙위원회 확대회의에서 '정파파동'이 일어났고, 그

---

17) 이주영 외, 앞의 책, p. 61.

결과 김일성의 리더십에 도전하였던 소련파와 중국파는 축출당하고 그들은 소련과 중국 땅으로 망명하였다. 이와 같은 진행을 볼 때, 지정학적 등거리 외교노선을 중·소 두 나라에 지향했다기보다는 주체사상의 기치를 들고 정적을 숙청하고 국민에게 위협을 주는 살인 독재자의 수법을 알 수 있다.

그 후 김일성은 자주적인 정치체제를 항일 빨치산 동지들을 중심으로 수립하였으며, 1957년부터 실행한 5개년계획(1957~1961)으로 북한은 1958년에 생산관계의 사회주의적 개조작업을 완수하였다.[18] 특히 중·소 분쟁이 더욱 격화된 와중(1966년의 중국문화 대혁명)에서 김일성은 중·소의 이념분쟁에서 벗어나 독자적인 주체사상을 더욱 강화하였다.

(3) 김정일(金正日) 시대

① 선군(先軍)정치

1994년 7월 김일성사망 후 선군정치를 내건 김정일 정권은 수령주의 혁명일변도에 대한 기대를 사실상 포기한 상태다. 그는 1996년 12월 김일성 종합대학에서 행한 한 비밀연설에서 당 일꾼들의 '형식주의와 요령주의', '눈가림 사업태도', 그리고 '책임 회피와 보신주의자'들의 무능무위를 힐난하면서 중앙당은 '노인당', '송장당'이 되고

---

18) 김일평, "북한체제 수립을 보는 시각의 재조명", 고현욱 외, 『북한체제 수립과정』(서울: 삼중문화사, 1991), pp. 5-17.

있다고 개탄했다. 그러면서 인민군대가 대학생이나 당 조직들보다도 정치 사업을 훨씬 잘하고 있다고 군을 추켜세웠다.

지금까지 proletariat의 선봉대는 당이며, 당은 독재권력으로서 사회주의혁명과 건설이라는 역사적 업무를 수행하는 것으로 되어 있었으나, 이로써 여태까지 금과옥조로 되어온 proletariat의 당으로서의 권위는 완전히 추락했다.

이런 상황에서 정부의 국방위원장 자리에 앉아 있는 김정일은 군대를 자기의 정치적 발판 겸 사회주의 혁명의 추진력으로 간주하고, 상당한 준비과정을 거쳐 1998년 8월 '우리식 사회주의의 선군강성대국' 건설을 선언하는가 하면, 그 첫 신호로써 「광명성 1호」를 발사했다. 그에 의하면 그의 이른바 '강성대국'이란 '사상강국', '군사강국', '경제강국'을 의미한다고 강조했다. 그리고 강력무비(强力無比)한 군사력의 필요성을 강조하는 소위 '총대중시 사상'이란 것이 공식화되었다. 김정일 정권을 떠받쳐 주고 있는 것은 당이 아니라 군대다. 이것을 이데올로기화한 것이 '선군정치', '선군혁명사상', '선군후로사상' 등의 군사절대우위 사상이다. 김정일이 얼마나 군을 중시하는가는 "군대는 곧 당이고 국가이며 인민이다."라는 선전에서 가장 잘 표현되어 있다. 즉 북한에서는 군대＝당＝국가＝인민이라는 4위1체가 나타났다. 이런 기괴한 현상은 이미 북한이 군국주의 국가로 변모했다는 것을 공공연히 말하는 것이다. 그 뒤에 와서는 이것도 모자라서 여기다 보충하여 "위대한 김정일 동지는 곧 군대이고, 당이고 국가이고 인민이다."라고 강조함으로써 김정일＝군대＝당＝국가＝인민이라는 5위1체가 출현했다. 이와 같이 선군정치와 강성대국을 부르짖던 김정일은 2006년 10월 9일 핵실험을 함으로써 대미협

상력을 높이고 있다.

② 화폐경제화 시도 및 제한적 개방[19]

②-1. 경제시책 변화의 의미

북한은 90년대 이후 경제난이 계속되고 있는 가운데 경제가 급격하게 추락하는 모습을 보이고 있다. 1998년 김정일 체제가 공식 출범한 이래 경제난 타개를 위해 변화가 불가피하다는 인식하에 실리주의와 신사고의 슬로건 아래 각종 개혁·개방 관련 경제시책들을 제한적이나마 확대해 갔다.

이러한 추세의 연장선상에서 북한은 드디어 2002년 9월 1일 경제관리 개선조치를 단행하였으며, 이어 2002년 하반기에 신의주특별행정구를 시작으로 금강산, 개성을 차례로 특구로 지정하고 개방지역을 확대하였다. 2003년 3월에는 농민시장을 종합시장으로 개편하는 등 개혁·개방 조치를 계속 확대하고 있다. 2002년 7월 경제관리 개선조치를 발표한 이후 북한내부에는 경제·사회적으로 많은 변화가 나타나고 있다. 물가, 임금, 환율 등을 대폭 인상하여 현실화하였으며, 개별 생산단위의 자율권 확대 및 인센티브제를 도입, 사회보장 축소 등이 포함되었다.

지금의 북한 변화를 과연 어떻게 평가해야 할 것인가? 이것은 시장경제를 지향한 체제개혁을 의미하는가? 아니면 그들의 주장대로 계획경제의 복원을 위한 단순한 경제관리 개선조치인가?

---

19) 정진무, "북한의 경제정책", 「北韓」2007년 1월호 통권 421호, pp. 96-106.

우리 내부에는 이와 같은 변화가 상징적 차원이 아닌 의미 있는 변화로 간주되며 향후 그 진전을 유의미하게 지켜볼 필요가 있다는 의견이 있는가 하면, 비판론적 시각에서 보는 사람들은 현재 북한의 변화가 피상적인 차원, 즉 사회주의 체제 내의 변화에 국한될 수밖에 없다는 인식을 바탕으로, 북한이 취한 경제관리 개선조치는 실패하고 궁극적으로는 북한체제가 붕괴할 것이라는 주장을 제기하고 있기도 하다. 그러나 북한이 시장경제 요소들을 확대하면서 변화를 추구하는 것처럼 보이지만 문제는 60년 세월이 가지고 있는 중압감이다. 60년 계획경제에 체화된 경제운영의 소프트웨어 부분이 쉽게 바뀔 수 있을 것인가?

북한경제의 진로는 좀 더 시간이 흘러야 확실해지겠지만 현재 북한이 처한 경제적 여건이나 북한을 둘러싼 외적 환경은 북한경제의 변화를 주문하고 있는 것이 분명하다.

②-2. 경제난 악화에 자연재해로 인한 식량난 가중

1990년 이후 북한경제를 요약할 수 있는 특성으로는 극심한 경제난과 식량난을 들 수 있다. 북한의 경제성장률은 1990년부터 1998년까지 마이너스를 기록한다. 한국은행의 추정치로 보면 2003년 북한경제는 1989년 GDP의 80.7%에 불과하다. 북한경제가 바닥에 떨어졌다고 볼 수 있는 1998년 GDP가 1989년의 70.2% 수준이었음에 비해 크게 나아진 것이 없다.

무엇보다도 심각한 점은 소련 및 동구 사회주의권의 붕괴로 경제활동의 원천이 되는 에너지 부문의 생산(또는 에너지원의 수입)이 1990년대 초반부터 급격히 감소하였다는 사실이다. 1990년대 후반

최저치를 기록한 해를 1990년과 비교해 보면 전력의 경우 61.1%(1998년), 석탄의 경우 56.1%(1998년), 원유 도입량의 경우 12.6%(1999년)에 불과하였다. 따라서 북한의 공장 가동률은 1990년대 중반 이후 38% 이하로 하락하게 되었다. 이렇게 경제난이 악화되고 있는 가운데 1995년 이후 홍수 등 자연재해가 발생하자 극심한 식량난으로 이어졌으며, 수백만 명의 사람들이 기아에 허덕이다 굶어죽는 최악의 사태가 발생하였다. 1995년에 당원 5만 명을 포함한 50만 명이 굶어 죽었고, 그 이듬해(1996)에는 100만 명이 넘는 사람들이 기아로 사망했다.

심각한 경제난은 북한의 경제관리 체계를 붕괴시켰다. 즉 경제침체는 국가재정의 파탄을 가져왔고 국가재정의 고갈로 중앙정부가 하급단위에 대한 통제력을 상당부분 상실하게 되었으며, 중앙계획기관이 하부기업소에 자금과 물자를 제대로 공급할 수 없게 되었다. 따라서 공장 가동률이 너무 낮아짐으로 인하여 중앙집권적 명령체계가 제대로 기능할 수 있을 만큼의 충분한 자원, 자금이 뒤따르지 못하여 생산이 저조하게 되고 다시 재생산의 길이 막히는 악순환이 계속되고 있다.

②-3. 국가재정의 고갈과 하급단위 통제력 상실

중앙계획경제체제의 붕괴는 결국 국영기업소와 협동농장의 물자공급이 중단되는 상황을 초래하였고, 자연히 생필품 배급체제의 붕괴와 함께 암시장(暗市場)을 확산시키는 결과를 낳았으며, 이러한 비합법적 사적 경제인 암시장이 국가가 관장하는 계획경제(특히 생산부문)를 침식하기 시작하였다.

이러한 북한의 지속적인 경제난의 발생 원인에 대해 북한 당국은 1990년대 사회주의권 붕괴와 핵문제를 둘러싼 미국의 경제제재, 그리고 자연재해 등 외생변수의 악화에 의한 일시적인 현상이라고 설명하고 있다. 그러나 외적 요인은 1990년대에 북한경제의 침체를 가속화시켰던 매개적 역할을 했을 뿐이다. 오히려 북한 사회주의 경제체제의 근본적 결함에 의해 훨씬 이전부터 지속적으로 북한의 경제성장을 제약하여 왔으며, 여기에 국제정치적 요인이 복합적으로 작용하여 경제위기가 발생한 것으로 평가된다.

이와 같은 배경에서 북한의 경제위기를 초래하게 된 원인을 다음 여섯 가지로 살펴볼 수 있다.

첫째, 사회주의 경제체제의 근본적 모순에서 기인한다. 즉 북한경제체제는 집단주의 원칙에 근거한 생산수단의 사회적 공유와 중앙집권적 계획경제에 기초하고 있다. 이러한 사회주의적 소유방식은 근본적으로 개인의 비자발적 노동생산을 일반화시킴으로써 생산력 저하를 가져온다는 고전적 비판을 면하기 어렵다. 또한 중앙집권적 계획경제가 중앙에서 수백만 수천만 가지에 이르는 상품의 수급을 모두 원활하게 조정하는 것이 현실적으로 불가능할 뿐만 아니라 생산성에 심각한 문제를 내포하고 있다.

둘째, 물질적 자극 없이 사상의식의 고취를 통한 생산성 향상을 도모하였다는 데 문제가 있다. 주체사상으로 대변되는 유일체제하에서 북한인민들에 대한 투철한 사상의식 고취는 북한주민들의 평생의 삶을 통하여 일상적으로 반복되는 보편적 생활양식의 핵심적 구성부분이다. 북한은 경제의 발전을 위해서는 물질의 자극이 필요하다는 기존의 논리를 우경기회주의(右傾機會主義)로 비판하고, 대신에 주민들에게 끊임없는 윤리적, 정치적 사상의식 고취를 통해 인민들의 노동생산성을 높이는 데 주력하여 왔다.

속도전, 대안의 사업체계, 천리마운동 등의 주요 경제운용 방식들은 결국 인민들에 대한 투철한 사상의식 고취를 통한 생산성의 향상에 초점이 맞추어져 있다. 그러나 물질적 기초 없이 사상만을 강조하는 것으로는 생산성의 향상을 기대할 수 없다는 것은 중국의 등소평의 이론에서도 잘 나타났다.

등소평은 "혁명은 물질적 이익의 기초 위에 생기는 것이다. 만약 희생정신만 강조하고 물질적 이익을 중시하지 않는다면 그것은 관념론이다."라고 비판한 바 있다.

셋째, 분단 이후 지금까지 북한경제를 이끌어 온 지도이념인 자립적 민족경제건설 이론이 북한의 경제위기를 심화시킨 것으로 판단된다. 소위 주체사상의 경제 정책적 모습이라고 할 수 있는 자립적 민족경제란 경제적 자립을 도모하기 위하여 가능한 한 많은 것들을 국내에서 생산하여 자급자족하는 경제를 말하며, 세계분업체계를 최대한 거부하고 대외협력을 최소화하는 것이다. 그러나 북한의 산업은 연료자원의 취약과 기술·설비의 능력부족으로 인해 원천적으로 부족한 부분을 보완할 외부경제와의 유기적 관계정립이 필요한 구조였다. 결국 대외경제관계를 발전의 원동력으로 활용할 수 있는 가능성을 스스로 봉쇄함으로써 자폐적 고립경제의 폐해를 노정시켰다.

넷째, 북한은 사회주의체제 수립 이후 여타 사회주의 국가들처럼 단기간 내에 선진 국가들을 따라잡으려는 '추격발전전략(catch-up strategy of development)' 즉 외연적 경제성장 전략에 따른 경제발전을 추구해 왔다.

그러나 외연적 성장 자체는 일정기간이 지나 생산성증대 및 기술진보에 의한 내연적 성장과정이 병행되지 않으면 경제성장이 둔화되고 침체에 빠져들게 된다. 따라서 사회주의 경제침체의 원인은 성장의 외연적 방식으로부터 내연적 방식으로의 이행, 필요에 제대로 대응할 수 없었던 데 있다. 북한의 경제성장률의 장기적 추세를 보면, 50년대와 60년대에 고속성장을 기록한 이후 둔화되기 시작하여 70년대 후반부터 침체상태가 지속되다가 90년대 들어와 경제난으로 돌입하였으며, 이는 외연적 성장전략 실패의 전형적인 모습으로 볼 수 있다.

다섯째, 경제위기 초래의 또 하나의 이유는 북한체제의 상징적인 경제운영방식인 경제에 대한 당(黨)의 지도적 역할을 강조한 '대안의 사업체계'이다. 이는 집단주의 구호 아래 근로대중을 동원하고 정치사업을 우선하는 가운데 생산성을 제고시키는 경제 관리방식이다. 그러나 이 체제는 정치논리에 의한 경제지배로서 경제의 자율성을 해치고 비효율성을 극대화하였다고 평가된다.

마지막으로 북한경제난이 심화된 것은 사회주의 경제체제 자체의 한계가 그 근본적 요인이지만 이를 촉진시킨 것은 위에 언급한 바와 같이 사회주의 국가들의 전반적인 붕괴 및 체제전환이라고 하겠다.

이상과 같이 북한의 경제난은 근본적으로는 사회주의 계획경제 자체의 비효율성, 사회주의권의 붕괴 및 체제전환에 근거하지만 이외에도 국내자본이 미약한 상태에서 중화학공업과 군수공업의 우선발전전략을 추진하여 산업 간의 심각한 불균형을 초래하고 경공업 및 농업부문을 희생시킨 것도 중요한 요인 중의 하나이다. 또한 군사우선주의에 의한 막대한 군사비 지출, 김 부자(金父子)의 우상화, 독재

유지를 위해 천문학적인 비용의 지출 등의 낭비로 북한경제난 악화를 부채질한 것으로 평가된다.

2006년 말 비밀리에 탈북한 오영철(장성)의 충격적인 증언에 따르면, 이상과 같은 북한경제난 악화가 가져온 결과는, "김일성 시대에는 군인(軍人)의 평균체중 목표 62.5kg을 국가차원에서 유지해왔으나, 김정일체제하에서는 98년의 전군체중조사(全軍體重調査)에서는 평균체중은 뜻밖에도 43.5kg이었다."라는 사실이 밝혀졌다.

③ 북한의 인권[20]

③-1. 북한 법단계

북한의 법체계는 '김일성교시'를 최고 상위법으로 하고, 다음으로 '노동당의 결정'이 있으며, 헌법은 '노동당 결정보다 하위법'으로 규정 지워지고 있다. 이와 같은 법의 단계로 인해 헌법과 모든 법률은 노동당의 방침을 철저히 관철해야 하며, 법은 계급투쟁과 사회주의 국가 관리의 수단이 된다.

이러한 법인식과 법규범이 처해 있는 구조적 제약으로 인해 북한의 모든 법제는 궁극적으로 '수령의 유일적 영도체제'(실질적으로는 김일성·김정일 부자세습제) 유지를 위한 도구로 기능한다.

③-2. 북한인권의 헌법적 제약(집단주의 원칙)

집단주의 원칙은 개인을 사회 속에 함몰시키는 사회이익 우선주의

---

20) 제성호, "북한의 인권정책과 법규정", 「北韓」2006년 12월 (통권 401호), pp. 88-95.

로서 결국 인권이 집단 및 전체의 가치에 종속되고, 여기에 복무하는 계급적 인민적 성격을 내포한다. 따라서 '계급적 인민'의 범주(헌법상의 주권자)에 포함되지 않는 자들(가령 민족반역자, 반국가사범, 반당, 반혁명분자 등)은 인권이 보장되지 않는다. 또한 집단의 이익 옹호에 필요하다면, 개인의 이익 또는 인권은 얼마든지 침해 혹은 무시될 수 있다. 북한 인권은 '계급적 인민으로서의 공민'이 누리는 이른바 '공민의 권리'이며, 김일성이 수립하고 김정일이 체계화한 주체사상에 의해 지도되는 소위 '우리식 인권'이다.

이 점에서 사람이면 날 때부터 천부인권(天賦人權)으로서 당연히 갖는 권리가 아니고, 계급적 혁명의식으로 무장한 인민만이 사회구성원으로 대접받을 수 있는 인권으로서 존재한다. 즉 북한에서의 인권은 '집단' 내지 '전체'에 이바지하는 것이기 때문에 인권은 의무와 불가분의 일체를 이루어 긴밀하게 결합하는 특성을 가져왔다. 즉 '인민의 권리는 곧 의무'라는 논리가 성립되며, 인권은 '의무본위의 인권'인 것이다.

북한의 인권정책은 주체사상과 '우리식 사회주의'와 연관을 맺고 있어, '우리식 인권'개념으로 설명된다. 북한은 인권문제가 등장할 때마다 '사회주의적 민주주의'를 강조한다. 즉 부르주아 민주주의와는 달리 '사회주의적 민주주의'를 채택하여, 사전에 인민들의 의견을 충분히 반영하여 국정을 수행하고 있으므로 인권문제는 없다는 것이다.

③-3. 의무본위의 인권개념과 주민통제용 인권탄압

우리식 인권은 그 체제에 순응하는 인민들에게만 적용되는 제한적 인권이다. 이에 대해 북한은 "우리는 인권에 있어서 계급성을 숨기지 않으며 사회주의를 반대하는 적대분자들에게까지 자유의 권리를 주지 않는다. 당과 영도자를 충성으로 받들고 투쟁하는 한도에서 보장되며, '소수의 계급적 원수'들에게는 가차 없이 제재를 가하는 억압적 성격을 띠고 있다."고 한다.

1948년 정부수립 직후부터 정치보위부를 운영하면서 주민을 감시하여 왔으며, 더욱이 1950년대 말부터 정치범수용소를 운영하는 한편, 주민의 감시를 위한 사회적 시스템을 완비했다.

북한은 지난 60년 동안 국가안전보위부와 인민보안성(사회안전부 후신) 등 비밀경찰에서부터 말단 인민반 제도에 이르기까지 주민의 일거수일투족을 감시하는 체제를 수립했고, 주민등록제도와 각종의 호구조사, 주민소개 및 이주정책 역시 주민을 통제하기 위한 방편으로 활용했다. 이와 같이 주민통제정책은 곧 인권탄압정책이요, 체제유지정책이었다고 볼 수 있다. 이 밖에도 북한은 체제유지 차원에서 요람에서 무덤까지 주체사상의 교육 및 내면화, 식량 배급제, 여행 및 교육의 자유제한, 정보의 자유와 알권리의 제한 등을 적절히 활용했다고 볼 수 있다. 그러나 1990년대 말 식량난과 경제난이 심화되면서 이와 같은 주민통제 및 사회감시 시스템이 상당히 와해되고 있다.

김정일 독재체제하에서 북한당국의 정책과 북한인권의 실상을 요약하면,

첫째, 비인도적 법체계가 성립되어 있다.

둘째, 시민적 · 정치적 권리는 극도로 제한되고, 체제유지에 필요한 집회 이외의 주민의 자발적인 정치집회 · 결사의 자유는 물론, 김정일에 대한 불평은 엄격히 금지되어 있다.

셋째, 북한주민들은 경제적 궁핍으로 인해 의·식·주 등 최소한도의 인간다운 기초생활도 위협받고 있다.

넷째, 북한주민들은 철저히 계층화되고, 사회통제가 일상화되어 있다.

다섯째, 여성에 대한 차별이 보편화되어 있다.

여섯째, 환경파괴가 심각한 상태에 이르러 인간의 삶의 터를 황폐화시켰다.

일곱째, '특별독재대상구역'과 같은 수용소제도가 발달되어 주민들의 인권이 크게 침해되고 있다.

이상과 같이 집단주의, 사회주의 및 수령유일의 독재체제하에서 60년이 넘도록 유지되어 온 사회주의체제를 개혁하기에는 어려움이 있겠으나, 우리는 인내심을 갖고 북한의 학계로 하여금 이 시대의 흐름을 읽고 우리의 조상이 물려주신 귀중한 우리의 정통민족정신(ethos) 탐구에 동참토록 하여, 한단화백(桓檀和白)의 진의에 따른 홍익화백제도의 창안과 이 방안을 조국의 평화적 통일에 적용할 수 있도록 우리학계와 같이 연구하는 분위기를 조성토록 하여야 하겠다.

2. 통일정책 및 방향평가

남한의 통일방안은 점진적 접근방법만이 통일을 가져올 수 있다는 전제하에 '선(先) 평화정착 후 평화통일'의 입장을 체계화한 것으로서 기능주의적 시각에 기초한 통일방안이다. 한마디로 남·북한이 우선 화해협력을 통해 상호신뢰를 쌓고, '민족공동체'를 건설해 나가면서 그것을 바탕으로 정치통합의 기반을 조성해 나가는 방안이다. 더욱이 화해·협력은 이미 제도적 기반이 마련되어 가고 있으므로 이를 발전시켜 나가면 된다.

그러나 북한의 통일전략은 '선 남조선 혁명, 후 공산화 통일' 노선으로 체계화하여 전개되어 왔고, 특히 '고려민주연방공화국 창설방안'에서 자주적 평화통일을 위한 두 가지 신결조건과 연방헌법 등 연방의 형성에 따르는 구체적 절차에 있어 많은 문제점을 노정시키고 있다.

그동안 북한은 대남전략 차원에서 남한의 민족통합역량을 저해하는 한편, 남한정부를 배제하려는 가운데 기존의 통일전선 전술을 지속적으로 추진하는 등 이중적 적화전술을 구사해 왔다. 특히 2002년 10월, 북한 핵문제의 대두와 함께 소위 '민족공조'를 본격적으로 제기한 북한은 2003년 신년 공동사설에서 한반도정세를 '조선민족 대 미국의 대결'로 규정함으로써, 핵문제와 관련한 미국의 대북 압박정책에 맞서 남·북이 공동 대처해 나가는 동시에, 실리추구 차원에서 남·북 관계를 지속시켜 나가기 위한 명분으로 '민족공조론'을 주장하고 있다.

북한의 통일방안은 논리적 차원에서 지나치게 자기중심적이며, 북측의 주장을 일방적으로 적용시키려 하고 있다. 그것은 분명히 양측의 현실을 인정한다는 「남북기본합의서」의 기본취지에도 맞지 않는다. 예컨대 이 방안은 남북의 사상, 제도를 그대로 두고 하나의 '연방국가'를 형성해 통일한다고 하면서, 다른 한편으로는 남한제도가 바뀌는 것을 선결조건으로 요구하는 등 논리적 일관성이 결여되어 있다. 이는 앞에서 살펴본 남조선 혁명논리와 대동소이하며, 또한 연방정부의 구성방법이나 연방정부와 지방정부 간의 관계설정 등에 있어서 비현실적인 설명을 함으로써 논리적 취약성을 드러내고 있다. 따라서 북한의 통일방안은 남·북 공동의 가치나 행동양식에 기반을 둔 합리적 통일방안이라고 할 수 없다.

특히 2000년 6·15공동선언에서의 「낮은 단계 연방제」는 종래의 「고려민주연방공화국 창설방안」의 선결조건(미군철수, 국가보안법 철폐, 평화협정 체결, 공산활동 합법화 등)을 제시하지 않고 있으나, 남·북한이 이른바 '연합·연방제 절충'에 의한 연방제 통일을 하게 되면, 남·북이 일단 불완전하지만 한 국가를 형성하는 것이 된다. 때문에 먼저 남한에 있는 외국군(미군)의 철수문제가 당연히 제기되고, 종국에는 연방제 틀 안에서 '민족공조 노선'의 결과로 미군이 철수할 수밖에 없다는 전략을 갖고 있다. 또한 사상과 제도를 서로 인정한다는 명분과 논리에 따라 남한에서 공산당의 활동을 합법화시켜야 한다는 정책을 갖고 있다. 따라서 북한당국을 고무·찬양하는 이적행위(利敵行爲)도 처벌대상이 되지 않게 될 것이며, 우리만 법률·제도상으로 일방적 무장해제를 당하게 될 것이 눈에 선하다.

또한 북한의 「낮은 단계 연방제」가 구성되면 외형상 남·북한은 초보적인 통일국가가 형성되는바, 이러한 국가구조하에서 남한은 같은 민족이라는 이름과 구실하에 북한에 대해 무조건적인 퍼주기 지원을 할 수밖에 없게 되며, 북한의 인권문제를 제기하는 등 대북 민주화 조치를 취하는 데 남한은 상당한 제약을 받게 될 것이다. 따라서 그러한 행동이나 조치는 민족자해적인 것으로 치부되고 반평화적·반

통일적 망동으로 비난받을 수도 있다.[21]

결국 「낮은 단계 연방제」하에서는 남한은 북한의 불량국가적 내지 불법적 행위를 따끔하게 따지지 못하면서 북한의 '대남 공갈 및 퍼주기 대북지원 구조'가 제도화되게 된다. 나아가 '연합·연방제'라는 느슨한 통일을 한 다음, 우리 내부의 체제보위장치를 하나 둘씩 해체하여 남한내부의 군사적 공백과 사회혼란을 조성하고, 이를 바탕으로 남한 내부의 사회혁명을 일으키거나, 북한지역정부에 의한 남한점령(남한 민주화 운동 지원과 사회질서 유지 명분 등을 내세워)으로 적화통일을 성사시키려는 의도가 짙게 깔려 있는 것으로 보아야 하겠다. '낮은 단계 연방제'는 민족지상주의에 근거한 감상적 통일론이나 무리한 조기통일을 우리 사회에 널리 유포시키는 노림수가 밑바탕에 깔려 있다고 하겠다. 즉 이와 같은 전략적 개념의 연방제 제의는 '연방'이나 '통일'이라는 감상적 구호에 편승해 남·북 관계를 평화공존의 관계로 설정하기보다는 '통일협상의 단계문제'로 치환해 통일착시(統一錯視)현상을 일으키는 면이 있다는 것을 직시해야 한다.

이와 같이 남·북 양측의 통일방안은 통일의 당위성·필요성·체제상의 차이점 등을 인정하면서도 통일의 접근방법과 통일국가의 미래상에 있어 큰 차이점을 나타내고 있다는 점에서 타협의 가능성을 배제하고 있다.

민족공동체를 건설해 가면서, 그것을 바탕으로 정치통합의 기반을 조성해 나가고자, 국민과 우방의 오해를 받으면서까지 막대한 경제지원을 하고 있는 남한에 대해, 북한은 근 20년 전에 지구상에서 사라진

---

21) 제성호, "북한의 「낮은 단계 연방제안」: 전략적 의도와 문제점", 「北韓學報」第31輯(서울: 북한연구소 북한학회, 2006), pp. 129 – 162.

'사회주의사회 건설'을 주장하고, 미국의 대북압박정책에 맞서 남·북이 공동 대처코자 '민족공조론'을 주장하면서 2006년 10월 9일, '핵실험' 후에는 한 손에 '핵무기'를, 다른 한 손에 '반미 민족공조논리'를 들고 대남전략을 실행에 옮기고 있다고 하겠다. 실제로 북한 조국평화통일위원회(조평통)는 2006년 11월 8일 "남조선 당국의 UN대북인권결의안 찬성은 6·15공동선언의 기초를 파괴하고 북·남 관계를 뒤집어 업는 용납 못할 반통일적 책동"이라고 비난해 왔다.

이와 같은 북측주장은 민족의 앞날에 커다란 위해요소(危害要素)이므로, 우리 민족은 지금까지의 대북 통일정책과 그 방안으로서는 통일실현 가능성이 없음을 결론지어야 할 때가 왔으며, 여사한 결론 하에서 우리는 평화적 통일을 위해, 북한이 위협을 느끼지 않고, 그들의 체제보장을 할 수 있는 새로운 통일방안을 찾아야 하겠다. 필자는 이의 해결방안은 우리의 홍익인간이념에서 찾을 수 있다고 본다. 그리하여 북한이 안심하고 국제무대에 나와 핵문제는 물론 남·북통일에 대한 구체적 논의를 하도록 유도하여야 할 시점에 와 있다고 본다.

3. 통일이념 모색

통일한국을 건설하는 문제에 있어서 독일의 통일에서와 같은 후유증을 최소화하기 위해서는 사라져 가는 사회주의체제나 실망을 안겨 주고 있는 남한체제로는 문제가 많다. 앞으로의 세계를 주도하게 될 이데올로기는 이 세계를 동서로 갈라놓았던 그런 이데올로기가 아니라, 이 좁혀진 세계를 하나로 통합할 수 있는 범세계적 이데올로기가 바람직하다. 따라서 우리의 통일한국은 좌우를 초월한 곳에 정초(定礎)하여야 할 것이며, 그 주체는 정부 혹은 정치가가 아니라 동·서 화합의 범세계적 차원의 홍익인간이념의 선구자인 한민족이 이룩해야 할 역사적 과제이다.

우리의 정신문화는 천·지·인사상과 홍익인간 정신이 유래한 '천부경'에 그 뿌리를 두고 있으며, 우리의 상고(上古)시대에는 "만물은 본성에 따라 존재하므로 이를 존중하여 합리적인 이치로 다스려야 한다."는 재세이화정신(在世理化精神)에 따라 천손민족(天孫民族)[22]으로서의 도리를 다하여 동방의 군자국(君子國)으로 불린 역사를 기록하였다. 따라서 "우리가 이루어야 할 새로운 통일한국은 남과 북이 다 함께 승리자가 되는 기쁨 속에, 더 자유롭고 더 정의로우며 더 풍요롭고 더 강력하며 더 인정미 넘치고 더 인간적인 사회를 창조하기 위해 우리 민족의 얼인 홍익인간(弘益人間)이념을 꽃피워야 하겠다."

이런 점에서 여기에서 논하게 되는 통일론은 단순히 분단된 국가의 통일이라는 차원을 넘어, 우리 민족대중흥(民族大中興)의 새로운 계기로서 커다란 역사적 의미를 갖는 것이 되어야 하며, 그렇게 되도록 만들어야 하는 준엄한 역사적 과제를 우리 세대는 맡고 있다.

---

22) 하늘의 子孫이 아니라, "하늘"에 祭를 올리는 민족.

이 역사적 과제를 위해 통일이 국시(國是)여야 한다고 함에 오늘날 우리의 시대정신(時代精神)이 자리하고 있다.

해방 이후 자유민주주의에 따르는 개방된 개인주의 체제하에서 진행되어온 한국의 현실과, 사회주의 집단체제 특히 김일성, 김정일 수령전제체제하에서 진행되어 온 북한의 현실을 고려할 때, 남과 북이 언젠가 통일이 된다면, 단방제(單邦制)통일은 예상치 못한 어려운 문제가 생길 수 있다. 실제로 1990년 동서독 통일이 18년이 지난 오늘에도, 정치적 부분에서는 상대적으로 적으나, 경제·사회·문화적 차원에서는 불협화음이 지속적으로 심각하게 나타나고 있다. 이와 같은 부작용을 최소화시키는 방법으로서 삼태극화백통일(三太極 和白統一)을 착안하게 되었다.

특히 우리의 통일과정에서 오늘날에 도전받고 있는 자유민주주의 또는 사회주의의 정치부문, 특히 선거과정에서 우리의 홍익인간이념에서 연유된 화백이념인 중의일귀 위화백(衆議一歸 爲和白)[23]하여, 일무감차 불이자(一無憾且 佛異者)[24]토록 하기 위한 '홍익화백제도(弘益和白制度)'의 창안과 그 제도의 실험과정이 필요하며, 또한 먼 훗날 우리의 잃어버린 북방영토의 합병기회에 대한 대비도 이번 기회에 생각하여야 한다.

따라서 필자는 다음과 같은 점에 착안하였다. 천부경 속의 '삼(三)'에는 우주의 근본원리인 '일(一)'이 천·지·인으로 상징되는 세 가지 요소들로 나누어져 서로 유기적으로 조화를 이루어 다양한 역할들을 함으로써 모든 만물을 생성하고 구성하여 변화를 이끌어 낸

---

23) 여러 의견을 한데 모아 합의한다(三聖記全 下篇 桓檀古記 七)
24) 한 사람도 섭섭하고 답답해하는 사람이 없다(桓國本紀第二 桓檀古記 五六)

다는 삼원론(三元論)에 따르는 천·지·인 사상에서 연유되는 3태극
화백제통일(三太極和白制統一)을 제3장 우리 민족의 정통사상과 제4
장 홍익화백제 구상에서 상론한다.

제2장

세계사상의 흐름

세계적인 차원에서 정치·경제사상의 흐름을 파악하고, 통일의 외적 조건 및 교훈을 검토함으로써 통일한국이 기반으로 해야 할 정치·경제이념과 통일의 진행방향을 찾고자 한다.

1. 정치사상

1) 서　구25)

세속적 생활이 종교적 성향으로부터 분리되어, 개인과 자아(自我)를 절대적으로 주장하는 강력한 인간형이 이상적 인간형으로 부각되는 르네상스(Renaissance) 문화가 13세기 이탈리아에서 태동하여 14

---

25) 鄭仁興, 「西歐政治思想史」(서울: 博英社, 1971), pp. 17−407.

세기 이후 개화되었다.

영국에서는 16세기 이후에 국가의 구성 원칙을 군주와 시민 간의 합의하에 이루어지는 일종의 계약이라고 볼 것인가? 아닌가의 싸움이 시작되었으며, 공리적(功利的) 사상에 기초하여 언론·출판·사상의 자유 같은 상부구조도 경제적 이해관계에 대한 하부구조의 추가물임을 인정하는 권리장전(權利章典: Bill of Right)과 같은 정치적 성과를 이루었다. 그리하여 시민사회의 경제적 이익을 정치적으로 대변함을 인증하고, 절대군주제가 망하고 입헌군주제가 성립하는 계기가 마련되었다.

이성(理性)의 각성을 촉진하고 인간으로서의 보편적 자립생활을 강조한 학자들이 많이 출현하였으며, 그중 대표적 인물은 3권분립론으로서 잘 알려진 Montesquieu였다. Jefferson에 의한 인권의 천부설·사회계약설 및 인민주권설이 Locke의 영향하에 강조되어, 종교·언론·출판의 자유 및 배심원에 의한 재판 등이 보장되는 오늘의 민주주의 정치형태를 신대륙이 일찍이 준비한 것이 오늘의 미합중국이며, 오늘날 세계적 mentor로서 자리잡았다.

공리(功利)의 증대에서 모든 가치평가의 기준이 된다는 공리주의가 18세기 말부터 Bentham(1784~1832), Mill(1806~1872)에 의해 전개되어, 정치적 권위의 평가도 개인의 공리적 만족이며, 사회전체에 있어서의 최대다수의 최대행복의 실천 여하에 있다는 것이 실천적으로 전개되어 오늘의 자유민주주의가 순조로운 발전을 하여 왔다.

자유를 확보하기 위해서는 국가권력을 억제해야 하고, 집단의 주체성을 확립해야 한다는 점에서 정치적 다원주의는 자유주의의 수정운동으로 집단과 국가를 대립시킴으로써 자유와 국가의 개념을 재구성하려는 데서 성립되었다.

그리하여 구자유주의는 인간을 전제정치로부터 해방시키는 데 공헌했으나, 그 업적의 소극성으로 인하여 적극적 원리로 전환시키고자 함에 신자유주의가 나왔다. 자유·평등·자율에 대한 전통적인 신념을 포기하지 않고 자유의 개념을 '국가로부터의 자유'에서 '국가에 있어서의 자유'로 새로운 구상이 나왔다.

신자유주의는 여러 면에서 이론적으로 수긍이 간다. 그러나 신자유주의에서 개인의 자유는 방종이 아니라 자제이며, 개인의 자율적인 능력으로 스스로 성장이 가능하다 하나 그렇지 못한 점이 근자에 뚜렷이 나타나고 있다. 특히 우리가 체험한 정당정치의 현실을 살펴보면 Plato, Kant, 또는 Mill의 민주주의에 대한 부정적 견해는 오늘날 한국의 정치현실을 말하는 듯하다. 다수가 관습과 여론을 내세워 진리를 독점하고 정답을 강요하면 소수는 숨 쉴 수가 없다. 정치적 다원주의체제하에서, 도전받고 있는 자유민주주의의 돌파구는 신자유주의로서는 미흡하다고 생각된다. 이에 한반도 통일과정에서 중의일귀 위화백(衆議一歸 爲和白[26])하여 일무감차 불이자(一無憾且 怫異者[27])할 수 있는 현대형 홍익화백제도의 현실에 부합된 창안과 그의 적용방안을 깊이 있게 검토하여야 할 때가 왔다고 믿는다.

---

26) 三聖記全下篇 桓檀古記 七
27) 桓國本紀第二 桓檀古記 五六

2) 중 국[28)]

중국의 정치사상은 주(周)나라 사람들에 의해 창조되었으며, 공자(孔子)가 사유(師儒)로서 그 가르침의 체계를 세웠을 때부터 제자백가(諸子百家)시대가 시작되어 전국시대에 이르러 저술이 전문화되고, 논리가 성숙한 정치학설이 번창하였다. 각국의 지배자들은 세력의 확장을 위해 유능한 선비를 후대하였으며, 사회적 혼란에 처하여 사려 깊은 사람들의 '항의' 또는 '건설적인 제안'들로 인해 정치사상이 발흥하였다.

그리하여 공자·맹자·노자·묵자·한비자 등 천부적 학자들이 '황금시대'를 꽃피웠으며, 유가·도가·묵가·법가의 네 흐름은 각기 독창적인 학설을 이루어 상호논쟁을 전개하였다. 학문의 네 흐름은 각기 독창적 학설로서 상호논쟁이 활발한 학문의 전성기를 거치면서 중국문화는 동아시아 문화의 원류였고 중심이었을 뿐만 아니라 동아시아의 여러 민족문화의 모태였다고 하겠다.

그러나 유학의 천명사상과 천하관으로 구성된 중국 특유의 정치사상에서 나온 중국문화의 우월성을 과시하고, 이 중화문화를 중국천자의 덕치를 통해 주변에 확산시켜 중국문화로 세계를 통일하려 하였고, 그 결과는 근세에 들어오면서 시대의 흐름을 읽지 못하고, 19세기에 들어서 제국주의 열강의 침탈을 받아 망국·망종·과분의 위

---

28) 蕭公權 저, 「中國政治思想史」(1947), 崔明 외 옮김, 「中國政治思想史」(서울: 서울대학교, 1998). 馮友蘭, A Short History of Chinese Philosophy (1947), 정인재 옮김, 「중국철학사」(서울: 형설출판사, 1948).

기와 치욕을 받는 결과를 초래하기도 하였다.

근자에 와서 세계화 시대의 동향을 파악한, 급진적인 국력신장에 힘을 얻어 중국은 서북공정으로 신강성을 중국화하고, 서남공정으로 티베트를 중국화하였으며, 최근에는 티베트에 철도를 부설하여 동화사업을 가속화하고 있다. 마치 일제가 조선을 강점하고 내선일체(內鮮一體)를 주장하며, 우리의 역사를 정리해 준다는 명분을 세워, 우리의 上古史를 왜곡 내지는 말살하였듯이, 중국은 주변 소수민족의 나라들에 대한 문화침략을 계속하고 있다. 이 일환으로 이번에는 동북공정이라는 이름으로 동북삼성의 만주와 한반도를 저들의 역사권으로 만들려고 하고 있다.

중국의 동북공정 극복대안은 근본적으로 일제가 말살한 석유한국(昔有桓國), 신시배달국(神市 倍達國), 고조선(古朝鮮), 북부여(北夫餘) 등 우리 민족의 상고사를 복원하는 데 있다. 역사를 보는 시각이 중요하기에 삼국사기, 삼국유사, 그리고 한단고기도 새롭게 해석하고, 번역하여야 한다. 그리하여 올바른 정통역사를 학생들에게 가르치는 길만이 동북공정을 극복하는 길이 된다.

문민정부에서부터 고등학생들에게 역사를 선택과목으로 바꾸고, 대학시험에서 역사과목을 배제하고, 국가공무원 채용시험 및 각종고시에서 국사를 배제한 사건(2002년)은 후학들에게 민족의 역사를 모르는 기형아를 길러내는 꼴이 되었다. 다행스럽게도 2006년 12월 26일에 와서야 교육인적 자원부는 중국의 동북공정, 일본의 독도 영유권 주장 등 역사 왜곡에 대응하기 위해, 역사교육 강화방안을 발표했다. 오는 2010년부터 현재 중·고교 사회과목 안에 포함돼 있던 국사와 세계사과목을 독립된 역사과목으로 통합시킨다. 또 고교 선택과목으로 '동아시아사'가 신설되고, 고교 1학년의 역사 수업시간도 확대된다고 하니 다행한 일이다.

중국정치사상에서 유가적 인륜(人倫) 강조도 주요하지만, "국가지도자는 다만 상·벌의 권위만 쥐고 있으면 다스릴 수 있다."는 한비자(韓非子)의 법가적 논리는 복잡다기해진 현실사회에서는 미흡하다고 본다. 우리의 통일과 관련 유의사항으로서는 지도자 선정에 있어, 상벌 이외에도 인성을 파악한 공리적이며 한평생을 통한 평가가 첨가된 새로운 '정치의 틀' 창안을 신중하게 고려하여야 하겠다.

3) 일 본29)

유교사회인 한국에서는 힘 있는 자보다는 사상적, 윤리적으로 여러 사람을 납득시킬 수 있는 자가 유능한 사람으로 인정되었다. 즉 무인(武人)보다는 문인(文人)이 우대받으며 국가체제를 유지하는 핵심적 역할을 하였다.

그러나 무사(武士)사회의 소속원은 남의 칼이 자기 칼보다 좋은 것에, 남의 기술이 자기보다 훌륭한 점에 민감하였다. 그래서 일본은 명분만을 내세워 실천력이 부족했던 한국에 앞서 칼보다 우수한 소총(小銃)을 재빠르게 수입하고 근대문명을 도입하여 군사력을 확대하고 국력을 확장하여 서구화를 앞세운 제국주의의 길을 걸을 수 있

---

29) 하저열, 「일본의 전통과 군사사상」(서울: 팔복원, 2004). 이태규, 「동양의 의식구조」(서울: 서린문화사, 1988).

었으며, 제2차대전 후에도 초강대국 미국과의 원만한 관계를 지속하면서 오늘의 경제대국(經濟大國)을 건설할 수 있었다.

전 국토의 80% 이상이 산악으로 되어 있는 국토와 부존자원의 결핍 등 불리한 생존조건과 해양국가 특유의 대륙진출 의욕으로, 일본은 확대팽창주의 정책을 추구하였다. 명치유신 이후에는 일본의 전통적인 대화혼(大和魂: 야마도 다마시) 및 무사도정신에 독일군의 군사사상을 가세시켜 형성한 공세적 호전성을 발전시켰다. 그리하여 전쟁이야말로 생존경쟁의 최후의 수단이며, 식민지 확보를 통해 민족의 생활여건을 개선시키는 것이 신(神)의 섭리라며, 전쟁을 정당시하고 식민지통치를 미화하는 군국주의사상으로 발전시켰다.

자위대 창설 이후 이러한 공세적인 사상은 많이 약화되었지만, 확대 팽창하지 않으면 일본은 자멸할 수밖에 없다는 외부 지향적 전통 가치기준, 무사의 본질 및 사생관(死生觀)[30]을 흠모하는 전통이 일

---

30) 武士는 끊임없이 주위를 맴도는 죽음의 위협과 함께 살아야 했으므로, 죽음에 대해서는 명예와 의리를 앞세워 비교적 초연하였으며, 죽음의 방법에 대해서도 대담하였다. 그들은 자살에 호소하는 행위를 명예로운 해결의 수단으로, 윗사람에 대한 충성의 표현으로, 또한 항의수단으로서 생각하였으며, 스스로 목숨을 끊는 안일한 방법은 경멸하였다. 배를 자르는 '셋뿌쿠(切腹: 하리키리)'라는 관습은 오랜 고통으로 죽음을 지연시키는 지극히 끔찍한 방법이었지만 武士들은 이를 다음과 같이 美化시켰다.

"명예를 중시하는 집단인 무사들에게 있어서 할복자결은 명예에 관련한 복잡한 문제를 해결하는 하나의 수단으로서 제도적으로 용인되었다. 즉 할복자결은 武士가 죄를 면하고 과거를 사과하며, 불명예스러운 일을 면하고, 주군을 위해 충성하며, 친구를 구하는 최선의 방법의 하나였다."

일본의 무사도에 있어서는 生의 집착을 단절하고 죽음을 각오하는 것 이상으로 중요한 것은 없다고 한다. 그리하여 제2차대전 말기의 초

본인의 내면 깊숙이 존재하고 있어, 인접하고 있는 우리로서는 일본 (日本)의 공세적인 군사사상이 언제, 어떠한 형태로 되살아날 것인지는 우려되는 바다. 역사상 임진왜란을 위시하여 수많은 침범을 당하였으며, 1905년에는 이들에게 국가주권까지 빼앗긴 쓰라린 역사를 갖고 있는 우리로서는 다시는 이들이 넘볼 수 없는 대책을 조국의 통일기회에 빈틈없이 마련해야 하겠다.

2. 경제사상

아무리 혁명적으로 보이는 새로운 사상도 조용히 관찰해 보면 사물의 진화적 변화의 축적된 표명임을 발견할 수 있다. 오늘에 존재하는 모든 사물과 사상은 불가피하게도 어제의 존재가 변화된 것에 불과하다. 또한 내일에 올 인간사도 오늘 우리가 소유하고 있는 유형·무형의 것이 자체 운동한 결과가 되지 않을 수 없을 것이다. 하늘 아래 새로운 것은 없다고 하는 고래(古來)의 명제가 이를 잘 표현해 주고 있다.

급간부들뿐 아니라, 전쟁기간 동안에도 많은 지휘관들이 작전실패의 책임을 지고 포로가 되기를 포기하고 자결하였고, 제2차대전 종전일에는 아나미(阿南)육군대신이 '죽음으로써 대죄를 사죄함'이라는 유서를 남기고 할복자결하였으며, 제1군사령관 스기야마(杉山)원수도 권총자살하는 등, 패전의 책임을 스스로 지고 약 100명의 장교가 자결하였다. (三根生久大, 육군참모, (문예춘추, 1988), pp. 169-170.

이러한 뜻에서 경제사상의 변화도 오늘의 것은 어제의 산물이요, 내일의 것은 오늘의 산물임을 피할 길이 없다. 60년 이상 분단되어 상이한 정치·경제체제하에서 이질화된 남과 북의 현실을 어떻게 통합하느냐의 문제를 다루기에 앞서, 우리는 오늘의 경제학이 어떤 문제의식을 앞에 놓고 어떤 학자들이 어떤 점을 어떻게 해결하기 위하여 논쟁, 분석 연구하였는가를 알기 위해, 경제사상의 발전과정을 찾을 수 있는 곳까지, 즉 역사의 손이 닿을 수 있는 그 원천에 이르기까지 선행, 고찰해 보고자 한다. 찾아가는 작업범위는 비록 요약된 형태일지라도 희랍의 철인 Plato으로부터 시작하여 21세기 초반 우리가 호흡하는 오늘의 최신 학설의 골격을 찾아본다.

창조주의 천부적 선물인 자연을 이용하여 우리는 생산을 하고 그 생산물을 분배하여 소비함으로써 인류는 물질적인 욕망을 충족하고 있다. 이러한 생활은 인류의 역사와 함께 시작되었으나, 그 당시에는 경제하고자 하는 의식은 없었다. 당시에는 우리 사람들의 욕구가 대자연이 제공하는 생활수단에 비해 매우 적었다. 다시 말하면 자연은 당시에는 오늘날과는 달리 복잡한 가공과정을 거치지 않고서도 생활필수품의 충분한 공급원으로서 자기 역할을 다했기 때문이다. 그러나 의식수준의 향상과 함께, 이미 자연의 원시적 상태로서는 우리의 물질적 욕구에 더 이상 부응할 수 없게 되면서 경제하고자 하는 필연성이 나타나게 되었다.

이렇게 유한한 자연이 제공하는 생활수단과 낮은 단계에서 높은 단계로 무한히 늘어나는 인간의 욕망 사이의 괴리(乖離)의 문제를 해결코자 경제학이 태어났으며, 오늘의 경제학도 이러한 근본문제의 해결을 그 내용으로 하지 않을 수 없다는 데에 그 본질을 같이하고 있다.

경제학은 물질적 이해관계를 놓고 인간과 인간 사이에 어떤 상충이 있는가 함을 분석하며, 생산물의 분배문제에 마지막 초점이 놓인다. 충분한 생산, 원활한 교환도 결국 소비를 어려움 없이 자유롭게 행하고자 함이다. 그를 위해서는 무엇보다도 분배의 정의가 전제되지 않으면 불가능하다. 그럼에도 불구하고 경제학설의 전개과정을 보면, 후에 항상 분배문제만을 일차적 관심으로 한 것은 아니었다. 그것은 마치 무거운 짐을 싣고 비탈길을 오르는 애송아지가 짊어진 수레를 좌 · 우로 운동하면서 오르듯이 마찰계수를 높이고, 반발력을 이용하여 목표에 이르는 물리적 역학(力學)은 경제학에도 적용된다. 정의(正義)로운 분배로 가는 길이 항상 직선운동일 수만은 없다. 그러나 종착역은 다 같이 동일하다. 이러한 뜻에서 경제학은 오늘날 아니, 가능하다면 훗날에도 소득은 말할 것도 없고, 부(富)를 포함한 분배의 경제학, 더 나아가 분배의 정치경제학이어야 할 것이다.

오늘의 북한경제를 사물의 진화원리에 따라 21세기 고도산업사회에 연착륙시키면서 우리의 통일로 가는 길을 찾고자 ① 희랍의 철인 Plato에서 시작하여 ② 18세기 Adam Smith의 『국부론(國富論)』이 19세기 Karl Marx의 『자본론(資本論)』에 의해 정면충돌하는 과정을 거쳐 ③ 20세기 Keynes의 일반이론(一般理論)에 의해 다시 측면충돌하고, 많은 학자들에 의하여 수정 · 보완되면서 현대에 이르기까지 자기항로(自己航路)를 진행하고 있는 경제사상이 우리가 택해야 할 통일방식에 공헌할 가능성을 고구(考究)해보기로 한다.

1) Adam Smith 그 이전의 경제사상

(1) 플라톤(Plato, 427~347 B. C.)

플라톤이 살던 고대 희랍사회는 그 가장이 의·식·주 문제에 책임을 지고 생계활동을 하는 가운데 가계 중심의 생산이 이루어졌고, 노예제도에 의해서 농업이 영위되던 시대였다. 가장 책임하의 가계가 작은 경제주체였다면, 도시국가(polis)는 하나의 큰 경제주체로서 희랍사회를 구성하였다. 여기서 이들이 각자의 기능을 어떻게 행하는가 함은 오늘날 경제 내지 정치경제의 뜻으로 잘 사용하는 고대 희랍의 언어 오이코노모스(oikonomos), 폴리스(polis)의 어원에서 알 수 있다.31) 플라톤의 『국가: 폴리타이아(politeia)』는 다음과 같은 생

---

31) "……in the language of the ancient Greek—oikonomos. This word means, as far as a traslation is possible, household. The housekeeper has to see that there is enough food, clothing, and shelter, that the house is kept in order, that the necessary duties are performed by appropriate members of the household, and that their products are distributed according to necessity or custom. ……Thus, economic thinking……, a sense of order and efficiency. It implies management in the interest of a community, small or large; it implies choice of policy and program. Economic opinions have almost always been associated with moral codes about the manner of work and the division of the product.

　As the ancient Greek used the term, it applied not merely to literal household, but to the city—state, which was the characteristic form of Greek government. The name of that state being polis, 'political economy' has been used as the name of the subject, even until recent times." George Soule, Ideas of the Great Economists, The New American

각이 담겨 있다.

고대희랍사회의 소비생활은 역시 비천한 노예의 노동생산물에 의존하였으며, 노예의 노동은 이들은 물론이고 다른 지배자들, 즉 통치자, 철학자 및 무사의 생활을 보장해 주었다. 사색(思索)과 행복한 생활을 하고 있던 철인(哲人), 치자(治者) 그리고 전쟁에서 용맹을 자랑하고 자국영토의 보존과 확충을 위해 싸우는 무사계급에게는 노예의 노동이 필수적이었으므로 노예제도의 존속과 유지가 그들의 희망이었다. 이상국의 주민 수는 5,040명을 넘어서는 안 된다고 하였는데 그보다 많으면 인간성의 발전을 해치는 사치풍조가 만연되어 사회는 건전을 유지할 수 없다고 하였다.[32]

『국가』2권에서 주민들은 선천적으로 타고난 재능과 기교의 차이와 욕구의 다양성 때문에 이 이상적 국가에서 분업이 일어나고, 이것이 노동생산성을 증대시켜 경제적 잉여(surplus)를 초래하여 사회성원 간의 교환을 가져온다고 함으로써,[33] 훗날 아담 스미스의 분업의 이론에 연결된다. 그리하여 플라톤은 금(金)계급인 통치자, 은(銀)계급

Library of World Literature, New York, 1962 (The Viking Press, 1952, N. Y.) p. 8.

32) "Too large a state was distasteful to Plato. It must be large enough to provide opportunity to varying talents, but not so large that the citizens could not know one another, or that it would be clumsy to administer. Too much catering to demand for luxuries would necessitate too large a community and stimulate seeking of gain for its own sake, Plato fixed on 5,040 as the best number of lots or establishments — curiously enough, because 5,040 is divisible by all numbers up to and including ten." Ibid, p. 9, 10.

33) Allan Bloom, transl. & ed., The Republic of Plato, Basic Books, U.S.A., 1991, pp. 45 ff.

인 방위자는 우주와 인간의 본질에 관한 진리인 인간사회 내부에서의 정의(正義)의 내용을 추구·규명하는 일과, 방위의 임무를 행하고, 이와는 달리 동(銅)계급인 생산자는 오직 이윤추구나 부(富)의 생산과 그 축적을 위한 육체적 노동에 종사함이 천부(天賦)의 소명이라고 하였다.『국가』3권과 7권 각각 끝부분에서 빈부격차는 조화에 위험이 되는 물질적 조건이므로, 도시국가의 최고목적인 조화 있는 통일달성을 위한 제거방법인 공산주의적 수법이 통치자계급과 방위자계급에게 적용되는데, 첫째로 수호자 계급의 사유재산 소유를 금지하고, 둘째로 가족제도를 폐지하고 항구적 일부일처제(一夫一妻制)를 금지하며 최상급의 자손(子孫)을 얻기 위해, 국가의 엄격한 통제 밑에 양육자의 교체를 논하였다. 빈부격차 해소를 위하여 개인주의에 대한 조화와, 국민단합을 위한 공동체정신의 강조도 돋보인다.[34]

그가 생각한 이상국 건설구상은 제도적 접근이 빈약하고, 철인정치를 강조함으로써 2300년이 지난 오늘에도 합리적 실현을 찾지 못하였으나, 특히 조국통일을 눈앞에 둔 우리 민족으로서는 깊이 주목해야 할 사항이 많다. 여하튼 『국가』에 비친 플라톤의 경제사상은 인간의 차별을 전제로 함으로써 자유와 평등을 기본가치로 하는 오늘의 민주사회에는 매우 거슬리는 사상이 아닐 수 없다. 재산의 공유에 관한 플라톤의 생각은 오늘날 볼 수 있는 자본주의 사회에서의 지배원리와는 거리가 멀다.[35]

---

34) 鄭仁興, 「西歐政治思想史」, (서울: 博英史, 1971), pp. 42, 43.

35) "In order to produce gentle but spirited rulers Plato advised various kinds of conditioning, including, for the guardians only, communal family and property arrangements. He felt that private property would 'corrupt' the guardians by giving them too large an interest in moneymaking.

앞을 내다보고 저술한 『국가』도 결국 당시 사회제도의 영원한 존속을 지원한 비호론(庇護論)에 지나지 않았다. 따라서 오늘날 개념으로 볼 때의 플라톤은 강한 자의 지배원리를 기술한 것이지 약한 자의 생존원리를 기술하지는 못하였다고 볼 때, 바로 여기에 플라톤의 경제사상에 대한 본질적 비판이 가해진다.

(2) 아리스토텔레스(Aristotle, 384~322 B. C.)

아리스토텔레스는 플라톤의 제자이면서도 스승과는 다른 점이 있다. 그는 플라톤과 같이 선한 정부의 이상국가를 논했음은 사실이나, 사상의 본질에서 보다 형식과 방법에 있어 플라톤과는 달리 체계적이며 혁신적인 입장에서 정치문제를 다루었다. 플라톤의 표현은 암시적인 언급이 많았으나 아리스토텔레스는 과학적인 체계를 가지면서 비교적 확고한 신조를 갖고 있었다고 하겠다. 또한 플라톤은 상상력이 있고 종합적인 데 비하여, 아리스토텔레스는 사실적이고 분석적인 특징을 지녔다.

개인에게는 보다 현명하고 자유로운 재산의 이용은 바람직하다고 하여, 개인의 사적 이익의 추구를 위한 물적 기반인 사유재산의 제도적 대변을 한 점은 훗날의 자본주의 경제사상의 상원(想源)을 내

Communal property would tend to eliminate conflict of interest among guardians and between guardians and society. Some other elements of Plato's communism were selective breading, 'directed' education, and censorship. Clearly, Plato was no fan of democracy." R. B. Ekelund Jr., et al, A History of Economic Theory and Method, McGraw-Hill International Book Co. 1983, p. 13.

포하고 있다. 이러한 중대한 사상적 원천을 우리는 그의 「정치학」의 권 2에서 찾아볼 수 있다.36)

사적 소유는 인정하면서도 재산의 이용은 사회성원의 전체 공동으로 할 것을 주장함으로써 인간애, 즉 이타심(利他心)의 일면을 보인 점은 역시 자기 스승의 사상을 완전히 벗어나지 못한 것으로 보인다. 이 같은 점은 노예는 선천적으로 노예 신분을 갖고 태어나므로 치자, 무사 및 승려와 같은 소위 Aristotle's leisure이 가지는 시민의 자격이 주어지지 않고 오직 생산적 노동에 종사함이 사회의 발전과 번영을 위한 가장 좋은 자연적 질서의 존속에 공헌하는 것이라고 하여 노예사회의 제도적 대변을 함께하였던 점이다.

구두를 예로 들어 아리스토텔레스는 재화가치의 양면성을 오늘의 개념에 전적으로 일치하는 생각으로 표현하였다. 즉 사용가치와 교환가치의 개념이 그것이다. 이 견해는 교환사회에 돌입하려는 당시 노예사회의 경제거래의 실상을 함께 보여주고 있다. 더 나아가 화폐에 대한 그의 불임성(不姙性)의 주장은 특유하다. "돈이란 교역을 하기 위해 만든 것이지 이익을 위해 만든 것이 아니라고 했다.37) ······돈

---

36) "In Book Ⅱ of the politics Aristotle strongly opposes the commuistic elements of Plato's ideal republic······Aristotle's attack on the community of property is almost entirely based on the 'incentive' argument: communal property will not be looked after as carefully as private property, ······Not the abolition of private property, but a more enlightened and liberal use of it is required." Eric Roll, A History of Economic Thought, Prentice Hall, N. J., 1959, p. 31.

37) "For example, a shoe is used for wear, and is used for exchange; both are uses of the shoe." In these words, Aristotle laid the foundation of the distinction between use－value, which has remained a part of

에서 돈이 발생하는 이자는 자식이 양친과 한 핏줄임과 같이 원금과 같다고 볼 수 있을지 모르나, 그는 이자가 원금과 같을 수 없음을 주장하고 이러한 상인의 부획득방식의 부자연성은 시민생활을 저해한다."라고 하였다. 이는 오늘날 자본주의 경제제도의 기반을 이루는 사적 소유의 원칙과 화폐사용에 대한 보상으로서의 이자취득의 당위성을 생각하면 후자에 대한 부정이 아닐 수 없다. 그가 분업과 사유재산을 인정하였음에도 불구하고, 돈이라는 문제를 현실적으로 파악지 못하고 규범적인 문세와 결부하여 상인(商人)을 천시한 것은 환영할 일이 못 된다.

그의 이론은 재정균형이론의 일종으로서 재산은 일정한 한계를 두어 시민생활에 따르는 도덕을 연마하는 데 사용함으로써, 개인 또는 국가의 경제는 그 한계를 넘어서는 안 된다고 하였다. 아리스토텔레스는 선험적(先驗的) 의지가 개입되지 않은, 즉 이념이 개입되지 않은 순수형상을 지향하여 생명 없는 물질의 획득보다는 더욱 인간에 대하여, 부(富)라고 하는 재산보다는 인간의 양호한 상태에 대하여, 그리고 노예의 덕성보다는 자유인의 덕성이 더욱 명백한 것으로 표현하고 있다.

아마도 그가 오늘에 다시 태어나서 은행을 본다면 놀라지 않을 수 없을 것이고 더욱이 고리대금업을 보면, 여기가 바로 2300년 전 희랍의 아테네가 옳은지 확인코자 할 것이다. 자신이 살았던 곳은

---

economic thought to the present day.
······The worst form of money−making is that which uses money itself as the source of accumulation: usury. Money is intended to be used in exchange, but not to increase at interest; it is by nature barren", Eric Roll. op. cit., pp. 32, 33.

평탄한 것이었는데 지금은 둥근 지구라고 부른다면 혹시나 다른 별에 건설한 문명이 아닌가 하고 질문할 것이다.

아리스토텔레스의 사상은 계급관과 화폐의 불임성을 제외한다면 비록 부분적이기는 하나, 사유(私有)에 기초한 인간의 소유욕에 맞추어진 생각과 교환가치의 내용을 바르게 봄으로써 인간들 간에 이루어지는 거래를 넓혀가는 길을 비추어 주었음은 인간의 본성에 사물의 진행을 순행시킨 역사적 공헌을 평가해 주어야 옳을 것이다. 하지만 희랍 도시국가의 부를 축적하기 위하여 사유재산을 옹호한 점과 그의 이자에 대한 부정적 견해는 서로 매우 모순된다. 다시 말하면 그는 자연적인 인간의 본성에 따라 사유재산의 토대 위에 생산과 그 잉여의 교환거래가 이루어져서 축적되는 부는 자연법의 이념에 합치하나 이자에 의한 화식술(貨殖術)은 자연법에도 어긋난다고 본 점이다.[38] 만일 그의 이 두 가지 생각이 다 같이 옳다면 오늘날 우리의 자본주의 경제조직이 기초하고 있는, 아니 공인(公認)하고 있는 상기의 두 가지 축적방법을 함께 옳다고 하기는 좀 난처한 느낌을 피할 길이 없다고 하겠다. 진리로 믿어 왔던 그 시대의 상식은 언제나 편견이었다고 하는 역사적 교훈만이 앞의 모순에 대한 정답이 되는 것이다.

---

38) "If Aristotle were attempting to maximize economic wealth by advocating private property, his views on interest and accumulation would be contradictory……Interest was condemned by Aristotle as a consequence of his natural—law views on money. Interest leads to an unnatural accumulation. ……Although many of these issues linger in contemporary discourse on economic society, the greatest impact of Aristotle's ideas was upon the shape of medieval thought." R. B. Ekelund Jr., et al, op. cit, p. 18.

(3) 토마스 아퀴나스(Thomas Aquinas, 1225~1274)

중세는 학문은 승직(僧職)의 전유물(專有物)이며, 경제사상은 신학(神學)의 일부로 간주되었고, 그 대상은 정치적이라기보다 도덕적이며, 지식욕은 학문에 있어서 불필요한 것이라고 생각하고 있었던 시기였다.[39] 토마스 아퀴나스의 사상을 살피기 전에 우리는 로마제국의 마지막 황제가 죽은 476년에서부터 콜럼부스의 신대륙의 발견이 있은 1492년까지의 시대개념으로 잘 알려진 봉건사회의 경제조직부터 보아야 하겠다. 이는 13세기 이후 상식으로 되었던 아퀴나스의 신학전집(神學全集: summa theologica)의 산실을 살피는 작업이 무엇보다도 중요하기 때문이다.

중세 사회경제는 크게 두 가지로 나눈다. 그 첫째는 장원제도(medieval manorial system)이고, 둘째가 도시경제 조직의 출현이다. 로마제국이 쇠약해 가던 그 말기에는 대농 경영형태가 서서히 붕괴하기 시작하여 중앙집권을 지탱하던 물질적 기반이 무너져 가고 있었다. 이때 작은 경제 단위였던 지방의 영주들이 경제세력으로 성장하여, 이것이 주체가 되어 봉토(封土)를 단위로 한 봉건제도(manor system)가 성립되었다. 지난날 나라의 영토 확장에 공로를 세운 신하에게 국왕은 대소유지(latifundia)를 쪼개서 주니 그들이 지주(landlord)가 되고, 이에 일말의 신분상의 억압을 가볍게 할 것을 목적으로 하는 노예의 요청이 합치하여 예속된 농민으로 변신된 노동력이 투입되어 생산을 행하고 소비도 자체공급에 의한 자급자족의 경제조직이

---

39) Phyllis Dean, Economic Thought, 황의각 옮김, 「經濟思想史」, (서울: 宇石, 1986), pp. 23, 24.

마련되었다. 이를 보통 사가들은 경제사에서 초기중세사회라고 칭한다.

그러나 이러한 경제조직도 자체 내의 생산력의 발전과 지대형태 (地代形態)의 변천에 따라 발전적 해체과정을 거쳐 화폐의 사용이 일반화되면서 상인을 주축으로 하는 도시경제의 성립과 상업자본의 맹아적 형태가 나타나게 되었는데, 이러한 13세기에서 15세기 중상주의 출현까지의 시대적 구분을 후기봉건사회라고 통칭한다. 이 시기의 사회적 특징은 신분에서 해방되고자 하는 시민의 봉건귀족에 대한 반항이 일어나고, merchant guild, craft guild가 도시의 중심세력으로 그 제도적 힘을 키우고 있었으며, 자기조직 내에서는 매점매석(買占賣惜)을 금하면서도 조직 밖으로는 그 독점적 지위를 보장받으려는 방향으로 성장하고 있었다. 이제 더 이상 시민의 요구를, 아니 화식(貨殖) 치부의 요청을 막기에는 시대적으로 너무도 늦었던 것이다. 이러한 시대적 배경 속에 당시의 도덕적 질서의 확립과 봉건지배층의 옹호를 위하여 마지막으로 나온 것이 바로 토마스 아퀴나스의 종교적 세계관이었다.[40]

---

40) "As the Roman Empire disintegrated and feudal order became established in Europe, economic relationships as usual adjusted themselves to the structure of society. Landed aristocracy was in the saddle, agriculture was the principal occupation, most production was carried on by dependents of the federal lords······Society was satisfied in classes, each of which had a fixed status, with certain duties and rights.

······there were traders. money−changers, and independent handicraftsmen, with their apprentices. The various merchants and crafts became organized in guilds······These guilds established standards of skill, prices of purchase and sale, the rates of wages.

The Christian church, by this time nearly universal in Europe, vied with the temporal authorities for power and strove to impose a moral

장원경제의 성립을 지대형태의 면에서 노동지대(勞動地代)의 성립으로서 특징지을 수 있었고, 이것이 현물지대(現物地代) 형태에로의 변신에서 중세 장원경제의 내적 발전을 찾을 수 있었다면, 다음에 온 화폐지대(貨幣地代)에로의 지대형태의 변신에서 장원경제가 그 종말을 서서히 걸어가고 있었으며, 드디어 화식에 의한 상업자본이 생산을 지배하면서 도시경제가 준비되고 있음을 우리는 보게 된다. 이러한 도시경제의 발달은 훗날 경제사상사에서 그 시대구분으로 지적하는 상업자본주의의 자기 위치를 찾아가고 있는 과정이었다.

이러한 중세의 사회구조의 변동 속에 기존의 제도를 옹호·유지코자 하여 나온 교리법(敎理法: Canon law)에서 우리는 중세말의 사회상을 보는 거울을 찾을 수 있다. 농노(農奴)는 자유를 희망도 해서는 안 되고 자기가 농노로 살고 있는 것에 하등의 불평 없이 만족해야 한다. 상인은 치부를 바라고 거래해서는 안 되며, 오직 상품의 '정당가격(just price)'에 의하여 팔고 사고해야 한다. 또 한 공인(工人)은 정당가격을 받고 말없이 제조하는 작업에 충실할 것이지 상인이 되고자 해서도 안 된다고 하는 사회계급의 수평적 수직적 이동을 금하고 있었다. 더욱 흥미로운 일은 교인은 농노나 공인은 물론이고, 그럴 수도 없겠으나 상인이 될 수도 없다고 규정하였다.

그럼에도 불구하고 중세의 자체 내에는 상인계급의 성장이 상업자본의 축적을 준비하고 있었다. 한마디로 부의 척도가 토지에서 화폐로 서서히 이동하고 있었고, 이것이 바로 물질적 기반을 토지소유에 두고 있던 봉건영주의 세력이 약화되고 상인계급이 시민으로서의 등

---

order on the institutions of the time." George Soule, op. cit., p. 11.

장을 알리는 사회세력의 변동을 가져오는 힘이 되었다. 여기에 모든
사회변동을 조심스럽게 관찰해 보면 우연한 비약이 아니고 서서히
진화된 필연을 향하고 있고, 고금을 막론하고 사람들 사이의 경제적
이해의 상충을 해결하는 자기존재의 하나의 새로운 방식으로 이해해
야만 할 이유가 있다.[41]

인간의 모든 행동의 원리를 신의 계율 내에 두고 인간의 이성을
신이 인간에게 하사한 도구라고 하여 이 이성을 인간이 잘 이용하여
좋은 사회를 건설하는가 못하는가는 전적으로 인간 자신의 책임이지
신의 책임은 더욱 아니라고 한 토머스 아퀴나스는 상행위의 목적인
이득(gain)을 죄악으로는 보지 않았으나 좋은 일로도 생각하지 않았다.

특히 그는 기독교인은 직업을 가지는 경우에도 상거래 행위에만은
종사하지 않도록 종용하였다. 임금까지 포함해서 모든 물건의 정당
가격(just price) 이상도 그 이하로도 매매되어서는 안 되며, 다 같이

---

41) "The essence of medieval society lies in the class division between
lords and serfs which was derived from the structure of the latifundia
of latter-day Rome. The growing scarcity of slaves had led to a
change in the method of administration of the large estates, though
landed property itself still retained its attraction. Instead of working
these estates themselves by means of large numbers of slaves, the
landlords would rent out holdings apart from their own domain to free
tenants or to slaves, receiving a rent in kind and money and having
their domain cultivated by the tenants. ······The essential feature of
medieval social structure, those which concern the distribution and
regulation of property, particularly in land, had their origin in certain
developments which occurred in the latter period of the Roman Empire.
Nor is there any break at the end of the Middle Ages; the fall of
feudal society was slow and commercial capitalism was prepared in the
womb of the midieval world." Eric Roll, op. cit., p. 41, 42.

죄악이라고 하였다. 이 정당가격의 원리는 훗날 고전학파 경제학에서 자연가격(natural price)으로 발전하는 상원이 되고, 그 상하의 변동가격의 개념은 고전학파 그 이후의 시장가격(market price)으로 전래되었다. 수요·공급에 의해 이루어지는 시장의 가격은 상업적인 거래의 행위가 전제되므로 아퀴나스의 정당가격 이상, 이하 가격을 죄악시한 점은 역시 상업을 천시하는 그의 경제관에서 연유되었다고 하겠다.42)

독점의 힘이 아니고 경쟁시장의 수요·공급의 힘에 의해 결정되는 시장가격은 아퀴나스도 허용하고 있었다. 그리고 대금업(貸金業)에 대한 그의 생각은 희랍의 아리스토텔레스 사상에 입각하고 있다. 그는 화폐는 선천적으로 그 자체 불임적이라는 견해에서 출발하여 대금업은 실제로 존재도 하지 않는 물건에 대한 판매행위로 보고 이를 허용하면 사회의 불평등이 야기된다고 하였다. 더욱 외상판매의 행위도 용납하지 않았다. 오늘날 이자(利子)를 그 보상으로 하여 거래하는 은행의 여신 및 수신업무도 하나의 범죄행위가 되고 어음의 유통도 하나의 사기이고, 월부판매 행위 등의 판촉방법은 그의 사상에 비추어 보면 사기행위의 이러저러한 변종에 불과함이 분명하다.43)

---

42) "……the principle of the 'just price.' The price was objective, inherent in the values of articles of commerce, and to depart from it infringe the morale code.

……In general, however, the idea of the 'just price' expressed little more than that of the conventional price. Above all, it was designed to prevent enrichment by means of trade……Even Saint Thomas had permitted oscillations round the 'just price' according to some market fluctuations." Ibid, pp. 46, 47.

43) "Later, the authority of Aristotle was also brought to bear on the matter.

교리법에 의한 중세의 신학적 지배사상은 신흥 상인계급의 대두를 막고 기존질서 유지와 존속을 대변하고자 하는 정신적 지주였으나 시대의 변천은 그와 같은 낡은 사상을 홍수와 같이 물리치고 새로운 경제사상이 자리잡을 여지를 제공하게 된다. 그리하여 중세 말기에는 시대적 정세를 반영하여 교리에 역행하여 상인이 받은 5% 정도의 대부이자를 용납함은 정당시해야 한다는 주장이 나왔다. 어쨌든 현실의 변화 앞에는 사상도 법규도 다 함께 복종하지 않을 수 없다는 의식(意識)은 존재(存在)의 산물이라고 하는 사회과학의 하나의 명제가 입증되는 순간이다.

실제로 존재하지 않은 물건으로서의 화폐를 대부함은 대부하는 자 측으로 볼 때는 오늘의 소비를 포기하고 내일의 소비라고 하는 시간선호(時間選好: time preference)이며 하나의 기회비용(機會費用: opportunity cost)인 것이다. 또한 차용하는 자 측으로 보면 이는 필요에 의해서 바라는 편익을 누린 것이니, 그에는 응당 감사한 마음을 표현해야 하므로 이를 이자의 형태로 주고받는 것은 적어도 오늘의 상식으로서는, 조만간 편견이 아니기를 기대하나, 꼭 불의(不義)로 되지는 않을 것이다. 그럼에도 불구하고 중세의 지배적 교리 속에 담긴 경제사상에서 금융업자까지 포함해서 상인의 존재이유를 과

The tendency of the church was to interpret interest taking as a violation of justice and of natural law, a sin of avarice against charity. ······ According to Scholastic doctrine, if a lender of such goods asked for more than he lent, he would be requiring payment for something that does not exist, namely a yield over and above the use of the consumptible good. He would thereby violate justice." R. B. Ekelund Jr., et al, op. cit., p. 28.

소평가한 점은 중세의 발전을 가로막은 경제적 요인이었으며 그 대표적 인물이 종교의 탈을 쓰고 신의 아들로 자처한 토마스 아퀴나스였다.

더욱이 질서의 유지라는 이름으로 승려 생활을 물리적으로 보장해주는 농노와 공인, 그리고 상인의 신분적 위치를 더 공고히 하고자 한 중세 교리는 바로 중세가 자기의 생산력 발전을 스스로 제어하는 우(愚)를 범했으며 신학의 연구라고 하는 정신노동만을 고상하게 보고, 물질적 생산과 그 생산을 돕거나 그 교환을 하는 행위에 종사하는 육체적 노동을 신성한 것으로 여기지 못한 것은 크게 두 가지의 오류를 훗날에 올 역사 앞에 범하였다. 그 하나는 전 근대적인 지배양식인 군주제도를 옹호, 연장시켰으며, 그 둘째는 국민적인 생산의 증대를 막음으로써 자연경제를 동경하고 고수함으로써 화폐경제의 성장을 억제하는 요인이 되어 물질문명을 진전할 수 없도록 한 점이다. 그러나 오늘날 물질문명 앞에 파괴되는 자연을 생각할 때, 발전에 제동을 거는 요인(要因)들이 역사가 인류에 주는 은총(恩寵)인 듯하다.

인류사의 역사적 교훈은 항상 진보 앞에 보수(保守)는 무릎을 꿇어 왔다는 사실이다. 중세가 우리 인류사의 시대구분에서 장기에 걸친 것도 이러한 내부적 침체요인으로서 중세의 정신적 지주였던 신학적 교리 일반의 책임이 컸으며, 특히 그중에서 경제적 금지 율법들은 경제발전을 속박하는 일을 했다. 항상 시간과 함께 모든 사상은 퇴색하고 있었지만 아퀴나스의 정신은 너무도 큰 오류를 우리 인류사에 남겼다고 함은 잘못된 판단은 아닌 듯하다.

(4) 토마스 먼(Thomas Mun. 1571~1641)

토마스 먼은 중세에서 근세 산업사회에로 넘어가는 교량적 시기인 중상주의(重商主義: merchant system)의 이론적 대변자였다. 경제사에서 이 중상주의의 시대 구분을 중세의 봉건사회가 몰락하고 중앙집권적인 절대군주국가의 성립을 가져온 16세기부터 18세기 중엽까지, 즉 근대 시민사회 생성까지의 약 3세기 동안에 걸친 시기를 역사적 시기로 보고, 이 시기의 유럽 중심의 경제사상과 그 정책을 중상주의라고 한다.

위에서 언급하였듯이 중세의 종교사상이 발전하는 생산력 앞에 그 힘겨운 마지막 싸움을 전개하고 있을 때, 십자군 원정으로 도시 수공업과 상업은 더 한층 자기발전을 진행해 왔으며, 또한 신대륙의 발견과 동인도 항로 개척은 해외무역을 점점 촉진하였고, 아울러 국내적으로나 국제적으로 화폐경제의 의의가 지난날 봉건사회의 후반에서 지대 형태의 변천에 더하여 다시 한 번 커가고 있었다.

이러한 경제사적 배경과 함께 정치적으로도 강력한 국민적 통일인 중앙집권적 절대 군주국가의 출현이 요청되었다. 존재하는 모든 것은 필요의 표현이다. 그 존재가 존재방식에 있어 이성적이냐, 이성적이지 못하느냐 하는 것은 그 이후의 이차적 문제이다. 필요는 만물의 생산 공장이다. 이런 때 지난날의 신(神) 중심의 세계관에서 인간 중심의 세계관에로의 문화혁명이 착착 진행하여 왔으니 바로 이것이 봉건사회를 멸망시키고 중상주의 내지 그 후에 오는 산업자본주의로 연결되는 큰 계기를 이루게 되었다. 르네상스(Renaissance)가 그러했으며, 인문주의사상의 대두, 종교개혁, 이상적 국가를 그려본 Machiavelli

의 「군주론」, 더욱이 큰 충격을 중세교리에 준 사건은 Copernicus의 태양중심설(helleo-zentrisches System)의 과학적 표명이었다. 과학은 신 앞에 인간의 힘이, 적어도 무력한 존재만은 아니라고 하는 사실을 입증하고, 신의 불합리성을 폭로함으로써, 인간은 비록 인도되는 존재는 되어도 신의 계율 앞에 무조건 복종만을 강요당할 수 없다고 하는 하나의 독립선언을 뜻한다. 더욱이 후에 곧 찾아 온 계몽사상(the Enlightenment)과 결합되어 경제인(homo oeconomicus)의 이념을 추구하기에 이른다.

이렇게 변화 많던 시대적 배경과 사상적 배경 속에 태어난 중상주의는 경제학설사에서 볼 때, 중농학파와 고전학파에 선행하는 단계로 이해된다. 이같이 역사적 단계 속에서 지난날 하나로 결합되어 있는 생산수단과 노동력이 이제 와서는 분리되는 노정(路程)을 걸어 왔으며 한편은 자본의 축적, 다른 한편은 임금노동자의 출현을 보이기 시작하였다. 이런 뜻에서 중상주의는 자본의 본원적 축적기를 뜻하는 시대개념이며 이를 위한 정책과 학설의 체계화 과정이다.

따라서 중상주의에 관한 협의의 정의는 첫째, 일국이 보유하는 금·은의 양이 국부라고 보는 중금사상과 둘째, 이 금·은을 획득하기 위한 무역차액(trade balance)을 확보하는 국가의 정책의지라고 보아야 하겠다. 이러한 사상은 지난날의 중세의 교리에 비하면 대단한 충격적 전환이다. 이미 국가는 개인의 활동에 강력히 간섭 지원하는 하나의 큰 상인이 되었다.44)

---

44) "The feudal system was based largely on the need of agricultural populations for protection against marauders—a protection provided by the lord for his retainers and serfs……like merchants, the state needed

토마스 먼은 영국의 국민적 부와 국고를 늘리는 방법은 외국무역의 잉여(surplus), 즉 수입을 초과하는 수출을 늘려서 금·은이 국내로 유입하는 것이라고 생각하여, 국민이 매년 외국상품을 소비하는 것보다 한층 더 많은 내국인의 생산물을 외국인에게 판매한다고 하는 원칙에 따르는 일이라고 주장하였다. 이는 오늘의 표현으로서는 무역차액설(the theory of balance of trade)이며 중상주의의 본질을 가장 잘 요약 표현한 것이다. 고전적 저서로까지 평가받는 토마스 먼의 상기 저서「외국무역에 의한 영국의 국고」는 그가 생존하는 기간에는 출간을 보지 못하고 그것도 사후 훨씬 후에 출간되었다.[45]

오늘날 많은 나라들이 선·후진국을 막론하고 상품의 수출초과를

---

and valued money. The more money people had, the more state could collect and spend. Therefore the state encouraged money－making occupations such as manufacture, trade, and banking", George Soule, op. cit., p. 16.

"······mercantilism is to be regarded essentially as 'a phase in the history of economic policy', which contains a number of economic measures designed to secure political unification and national power, ······ State intervention was an essential part of mercantilist doctrine." Eric Roll, op. cit., pp. 61, 62.

45) "His mature contribution to the theory of foreign trade, written about 1630 but not published until after his death, has become one of the classic economics. It was entitled England's Treasure by Foreign Trade.

Mun argued that 'the ordinary means therefore to increase our wealth and treasure is by Foreign Trade, wherein we must ever observe this rule: to sell more to strangers yearly than we consume of theirs in value.' If, argued Mun, this rule is observed, the net result will be to bring money into the country, even if in the process of enlarging foreign trade some gold and silver have to be spent in foreign lands." George Soule, op. cit., p. 20.

무역정책, 아니 크게는 경제정책 기본방향의 하나로 삼고 있다. 그러나 오늘의 수출은 17세기 영국과는 달리, 부의 척도를 금·은과 같은 화폐의 축적에 둔 것이 아니고 국민의 년·년의 노동생산물의 증대에서 찾고 있다. 또한 수출도 국민경제가 필요로 하는 생산에 투입되는 원료의 구입과 국민이 국내에서 생산은 못하나 꼭 소비하지 않을 수 없는 생산물을 해외에서 수입하기 위하여 불가피하게 자국민의 노동생산물의 일부를 소비하지 않고 외국에 팔아서 수입물의 구매대전을 변제하기 위한 국제결제 수단을 확보하는 데 그 일차적 의의가 있다. 이렇게 볼 때, 토마스 먼의 생각과는 완전히 상이하나, 그 결론은 역시 수출의 증대라는 하나로 향하고 있다. 동일한 결과는 언제나 동일한 원인에 의해서 귀결되는 것은 아니다. 4는 2 × 2도 원인이고 2 + 2도 그 원인이다. 여기에 사물의 현상과 본질이 일치하지 않고 모순(矛盾)을 내포하는 소이가 있다.

화폐는 그 자체로서는 하등의 가치가 없다. 그에 해당하는 생산물과 결합될 수 있을 때, 그 가치를 표현해 줄 따름이다. 회계의 단위는 되어도, 생산물의 마지막 종착역인 인간에게 효용을 가져오는 소비의 대상이 될 수는 없기 때문이다. 배고픈 자에게 금괴가 아니라 우유 한 잔이 필요하다.

이런 뜻에서 토마스 먼은 시대의 문제의식에서 어떻게 달리 될 수는 없었겠으나, 국부의 본질도 노동에서 보지 못하고 돈에서 찾았고, 국부의 증대 원인도 노동생산성을 높이는 분업에서 찾지 못하고, 금·은의 국내 유입에서, 즉 수출에서 찾은 것은 큰 오류를 범하였다. 그의 시야(視野)에는 오직 돈만이 보였으며, 이를 증대시키는 수단의 강구를 국가의 힘에 의존함으로써 국가에 의한 정책을 너무도 강조하는 결과를 초래하였다.

　바로 그의 기본적 오류는 그와 같은 정책에 의해서 농업이 소외된 점이고, 그 공헌은 본인이 원했던 일은 아니었으나 임금노동자와 자본이 분리되는 역사적 과정을 촉진시켰다는 점이다. 전자는 중농학파의 문제의식을, 후자는 산업혁명의 물질적 사회적 조건을 준비하였다. 먼의 경제사상이 그러하듯이 그 후에 이어진 사회경제의 변천도 다 함께 현실의 요청에서 온 역사적 필연이었다.

　모든 정책은 언제나 편애가 되지 않을 수는 없겠으나 그것도 궁극 목표가 국민의 총체적 후생 증대에 있음을 생각한다면, 항상 그 수입이 많고 수출이 적을 수만 있다면 국민의 소비를 늘려 사회후생을 늘림으로써 일반복지를 향상시키게 될 것이다. 수출의 양적 증대는 그만큼 국민의 소비를 희생하는 일이 된다. 수출에서 오는 희생이 수입에서 오는 이익을 넘지 않을 때, 이는 다 함께 바람직한 무역정책이기 때문이다. 따라서 최대의 수입을 보장하는 최소의 수출만이 고금(古今)을 관통하는 무역정책의 원리여야 하고, 이때 바로 최선의 경제정책이 될 수 있다는 사상이 뒷받침되어야 한다. 토마스 먼과 같이 수출잉여 그 자체의 증대는 국민의 후생과는 아무런 관계도 없이, 치자(治者)의 이재술은 될 수 있을런지는 모른다.

　그러나 많은 경우 불완전했다고는 하나 17세기 중상주의자들은 현대 경제이론의 기초를 확립하고, 발전시킨 것은 사실이다. 그들은 상품의 가치를 시장에서 그것이 팔려야 될 가격이라는 생각을 버리고, 가치란 그것이 팔린 가격이라는 사고방식을 갖게 되었다. 경제학은 가계경영의 기술이며, 그 연장으로서 정치경제학은 국가를 경영하는 기술이라고 믿고 있었으며, 초보적이었으나, 수요·공급의 이론에 필요한 요소를 통달하고 있었다. 또 자본투자의 수익, 대부자금의 공급이라는 요소를 고려한 이자론을 발전시키고 있었다. 대부분의 중상주의자들은 국가의 대외무역문제 논의에 관심을 가졌으며, 생산, 가격, 화폐, 이자 등의 갖가지 경제변수를 충분히 논의하였다. 후기의 중상주의자들은 경제성장 문제에 깊은 관심을 가졌으며, 바람직한 무역이란 외국무역의 균형에 공헌한 무역이 아니고, 국가의 총생산, 총고용에 공헌하는 무역이라는 사고방식이 받아들여지게 되었다.[46)]

여기에 무역수지 흑자를 위한 경제정책은 무역만이 아니라, 경제정책 전반 특히 제조업 육성도 그 방침이었으나, 궁극의 목적은 수출잉여에 의한 금·은을 자국에로 유입케 하는 데 있었다.

(5) Francois Quesnay(1694~1774)

농업만이 생산적이라고 본 18세기 후반에 있었던 불란서의 경제사상은 케네(F. Quesnay)에 의해 대표되는데 이들의 학설의 총체를 중농학파(physiocracy)라고 부른다. 앞의 절에서 토마스 먼의 너무도 지나친 외국무역의 이론과 정책적 주장을 보았다면, 이 절에서는 케네의 너무도 지나친 농업에 대한 편애를 발견한다. 당시 18세기 중엽 프랑스는 90%의 인구가 농업에 종사하는 농업국이었으나, 루이 14세, 15세의 실정과 전쟁은 농민의 어깨에 너무도 무거운 조세를 부과하여 농업의 발전을 저해하고 있었으며, 더욱이 사치산업을 육성키 위한 콜베리즘(Colbertisme)은 농민의 희생을 대가로 하고 있었

---

46) Phyllis Dean, 황의각 옮김, 앞의 책, pp. 26, 27.

다. 또한 전비조달을 위해 남발한 통화량의 증대는 산업생산의 저조와 인플레션을 누적시켜 대중의 빈곤과 왕실(王室)의 재정을 함께 압박하고 있었다. 이러한 시대적 상황 속에서 경작자의 자녀(子女)는 농촌을 떠나 도시로 도망치고, 중세에 허덕이는 농촌은 곡물의 거래마저 자유롭지 못하여 결국 농업은 침체의 늪을 벗어날 수가 없었다.

사회구조를 보아도 2,300만 명의 인구 중에 10분의 1세를 받고 살고 있는 12만 명의 승려와 기생지주까지 합쳐서 40만을 헤아리는 귀족층을 납세의무와 노동을 담당한 소위 제3신분(뜨리어 에따: triers e'tat)층이 먹여 살려주고 있었다. 승려와 귀족은 수입을 무시한 도에 넘는 호사한 생활에 젖어 있었고 매관제에 의하여 콜베르티슴에 힘입은 신흥 부르주아 유산계급(bourgeoisie)의 대두는 기존의 사회질서를 그 경제적 기반부터 진동시키고 있었다. 역시 1789년에 발발한 프랑스혁명은 우연이 아님을 역사는 말해 주고 있었다.

이때의 시대적 요청이 바로 농업의 재건이었고 그 사상적 대변자가 케네였다. 이러한 작업은 중상주의에 대한 공격으로부터 시작하고 그에 사용한 도구가 순생산(뻬르도아 넷, produit net)의 개념이었다. 그에 기반을 둔 철학은 자연법사상이었다.[47]

---

47) "The first modern school of thinkers to call themselves economists, to regard their theory as objectively scientific, and to develop a complete and self−contained view of the economic order as a whole, arose in France not long before the Revolution. By its later adherents this school was named physiocracy, 'the rule of nature.' Like other thinking of the time, it was deeply influenced by the concept of natural law as both basic and benevolent.

The Physiocrats are notable as well for two other reasons. One was their invention of the term and policy laissez faire, which······characterizes

자유방임 사상은 앞의 중상주의적 정책의지와는 완전히 다른 철학을 표명하였으며 이는 곧 연결되는 스미스 사상의 기초를 이루었다. 그러면서도 농업을 우선하는, 아니 농업의 생산만이 가치를 증식한다는 정신에서 농업의 정책적 재건의 소리는 하나의 방임이 아니고 다시 제2의 정책이었음을 보면, 스스로 모순에 빠지고 말았다. 다른 형태의 노동은 모두 부가가치를 생산하지는 못하고 농업만이 순생산물을 창조한다고 하여 토지의 생산능력만을 인정한 점은 오류였다. 이는 마치 거래차익만이 부를 증대시킨다고 본 중상주의 정책과도 같이 동일하게 오류이다.

그러나 케네에 의해서 5개의 선으로 국민경제의 총체적 생산과 그 분배를 일목요연하게 표현한 「경제표(tableau economique)」 역시 경제 분석의 방법상 역사에 크게 공헌하였다. 오늘날 국민소득 분석은 물론이고, 마르크스의 생산재 생산부문과 소비재 생산부문 간의 균형과 불균형으로서 단순재생산과 확대재생산의 조건을 찾은 사실과, 레온티에프에 의한 imput-output table은 그에게서 그 상원을 명백히 발견하게 된다.

경제표의 발견은 그 글의 표현과도 같이 경제학을 하나의 신과학(nouvelle science)으로 탄생시켰다. 이 표의 출발은 전불(前拂), 즉 자금의 사유(私有)에 입각한 자유경제 체제하에서 지주계급(주권자, 지주, 승려)은 그들이 받은 지대소득을 생산계급(자본가적 차지농)과

---

the doctrine of the classical economists who followed. The second was their quaint but groundbreaking analysis of the circulation of wealth, which purported to show how what we should now call the national income originated and was distributed." George Soule, op. cit., p. 33, 34.

불생산계급(상인, 수공업자)에게 균등하게 지출한다고 하고, 일국의 부의 총생산량이 3계급들 사이에 어떻게 분배되어야 단순 재생산의 균형상태가 달성될 수 있는가를 명시한 것이다. 즉 총국민소득의 순환과정을 한 장의 지면에 요약한 것이다.[48]

약표에 나타난 분석으로서는 자본(前拂)만이 표면에 나타나고 노동에 관해서는 한 마디도 없음을 보면, 케네가 수입요소로서의 노동력을 모르지는 않았을 것이므로 고의적으로 노동이 주는 의의를 과소평가한 것 같다. 그리고 농업 이외의 모든 산업 활동은 개조와 추가는 있어도 가치의 창조능력이 없다고 하여 농업만이 순생산의 능력이 있다고 한 것은 분명히 오류이다. 비록 당시 프랑스가 전형적인 농업국가라고 하더라도 흙과 하늘만을 보았지, 나무와 물, 물과 공기, 철과 석탄의 위력을 어째서 외면하였을까를 생각하면 이해하기 어렵다.

---

48) "The first circular−flow model. The Physiocrats argued that the best way to trace out the full effects of the oppressive royal policies in France was to conceive the mutual interaction process in any one year as a circular flow of income and expenditure······The same concept, considerably embellished and elaborated upon, is central to modern macro theory······

The key factor that Quesnay selected−and that appears today as the most outstanding fallacy of physiocratic doctrine−was the exclusive productivity of agriculture. In the Tableau Economique, which was Quesnay's own name for his visual representation of the circular flow, manufacturing and service industries are considered 'sterile' in the same that they contribute nothing to the produit net, or net product. The net product, in turn, was looked upon as the true source of real wealth." R. B. Ekelund Jr., et al., pp. 72, 73.

그럼에도 불구하고 많은 분석가들이 평가하듯이 경제표는 비록 단순 재생산의 모형이라는 정태분석이기는 하나, 그 배후에는 확대재생산의 동태적 균형이 숨어 있고 사회적 총생산의 순환과정을 명시한 점은 경제학을 과학으로 승격시킨 하나의 유년기 경제학의 천재적 착상이었다. 바로 여기에 앞의 오류에도 불구하고 중농학파의 학설사적 공헌이 있다.

2) Adam Smith와 그 후의 경제사상

(1) 고전학파

① 아담 스미스(Adam Smith, 1723~1790)

아담 스미스가 살던 영국은 공장제 수공업(手工業: manufacture)의 시대로부터 기계제 대공업의 형태로 산업조직에 변화가 일어나던 시대였다. 스미스가 짊어진 정신적 과제는 위에 말한 케네의 순생산물의 개념을 공업노동에도 적용한 점과 중상주의 사상과의 싸움에서 산업자본을 옹호하고 노동(labour)이 부의 창조자임을 명시하는 작업이었다.

17세기 중엽과 말엽에 있은 청교도혁명(Puritan Revolution)과 명예혁명(Glorious Revolution)에 의해서 영국은 일찍이 의회민주주의의 기반구축이 완성됨으로써 인류는 신분적 구속에서 벗어나 자유와 평등을 얻어 고용과 영리활동에서도 계약의 자유가 보장되는 방임의 세계가 도래하였다. 이러한 사회적 변화 속에, 이에 더하여 18세기 후반부터 약 70년간 지속하여 완성된 바 있는 산업혁명은 바로 고전학파 경제학의 생성(生成)과 그 해체와 운명을 같이 한다. 즉 이런 뜻에서 아담 스미스는 산업자본주의의 사상적 이론적 대변자였다. 아담 스미스가 산업혁명 전야의 사상가라고 하면 D. Ricardo는 산업혁명 절정기의 이론가였고, J. S. Mill은 산업혁명 완성기의 마지막 몸부림을 하게 된 운명의 이론가였다고 하겠다. 중상주의 3세기 동안은 앞에서도 지적한 바 있듯이 생산수단과 노동력이 분리되는 역사적 과정이었다. 앞으로 남은 작업은 이 두 생산요소를 어떻게 생산을 위하여 조직하는가의 작업이다. 그 조직이 산업자본주의이고, 이에 대한 정신적 기반이 아담 스미스의 경제사상이다.

섬유공업에서 최초의 충격을 받은 이 산업혁명은 생산수단의 개량과 임금노동자의 계급적 분화에 따라 활발히 전개되어 석탄채취업, 철광업, 제철업, 그리고 기계공업 일반을 발달시켰으며 운송업에도 큰 변혁을 주었다. 이러한 사회경제 변혁으로서 산업자본의 자기운동을 가능케 한 물질적 조건이 바로 생산기술의 급격한 진보, 다시 말해서 생산수단의 개량에 의해 이루어진 산업혁명이다. 기계의 발명은 노동생산성을 높여 기업기에게는 보다 많은 이윤을 보장하기 때문에 산업은 날로 성장하여 갔다. 이 같은 성장은 농촌의 수공업이 상업 및 제조업 동직자조합을 압도하면서 도시 상업자본을 능가하고 산업자본의 주체가 되었다. 이렇게 길드의 분해를 촉진하면서 성장해 온 공장제 수공업이 생산기술의 혁신 직전에 놓인 것은 하나의 피할 수 없는 역사적 필연이다.

따라서 영국은 세계 어느 나라보다도 선진 공업국이 되었고, 국내 공업과 세계무역에 있어서 중심적 위치와 선주적(先走的) 위치를 차지하였다. 지금까지 분산 독립적으로 생산하던 가내수공업에서와는 달리 공장제 수공업에 와서는 임금 노동력이 하나의 공장에 하나의 자본가의 지휘하에서 작업하게 되었다. 이러한 사정은 바로 분업을 통한 노동생산성의 제고와 기계의 개량을 촉진할 필요가 높아간다. 이렇게 분업의 필요는 벌써 스미스의 시야에 들어오기 전에 자본가가 그 해결을 요하는 급선무였다. 언제나 의식은 현실에 후주(後走)하게 마련이다.

이와 같은 사회경제적 요인의 변동 속에서 산업자본의 시원을 이루는 공장제수공업은 전기적 자본인 고리대 상업자본과 싸우지 않을 수 없었다. 이에 아담 스미스는 상업자본을 비호하는 모든 정책과 이론에 정면으로 충돌하면서 생성하는 산업자본을 대변하였다.[49]

한마디로 아담 스미스가 살던 시대는 경제정책의 면에서 봉건 말기적 중상주의가 무르익어 가는 공장제 수공업의 세력 앞에 마지막

---

49) "Another favorable circumstance was the fact that Smith lived at the beginning of the Industrial Revolution, when machinery, at first driven by waterpower and soon to be activated by steam, was multiplying production with great rapidity. ······

It was in Britain that the Industrial Revolution first took hold and achieved its dominance.

The new regime of private enterprise in manufacture by power-driven machinery needed a system of ideas to justify it, not now so much against the landed aristocracy, as had the merchants, but against hampering restrictions and monopolies of mercantilism itself······so Adam Smith and his followers played the role of advocates for the rising industrialists and the exploited colonies." George Soule, op. cit., p. 39.

힘겨운 싸움을 하고 있던 시대였고, 제한 간섭 속박의 시대였으며, 산업자본주의라고 하는 신생아(新生兒)의 출산의 울음소리를 목전(目前)에 두고 공업력이 상업자본 일반으로부터의 자유, 방임 및 해방의 시대적 사회경제의 요청을 귓전에 들으며 살던 시기였다. 역시 시대적 변천이 사상의 굴절을 초래함을 다시 한 번 입증해 주는 것이다.

스미스 『국부론』이 나올 수 있었던 사상적 배경은 자연법 철학과 공리주의사상이다. 그는 중농학파로부터 사물의 자연적 질서의 정신을 바로 이신론(理神論)50)에 입각한 세계관인 그들의 자연법 철학에서 얻었다. 창조주는 그가 만든 자연적 질서에는 간섭하지 않는다. 이신론에 따르면 인간의 세계(世界)가 조화를 이룩하느냐 못하느냐는 피조물의 책임이며, 보편적 조화를 지향하는 운동으로서의 자애(自愛: self-love)가 외부의 어떤 힘으로부터 아무런 제한이나 간섭이 없을 때, 사회에는 자연 질서(natural order)가 실현된다고 보았다. 이러한 자연법 철학과 함께 최고의 도덕규범을 개인 행복의 산술적 화(和)인 일반복지(一般福祉)에 두는 공리주의사상이 스미스 국부론을 관통하고 있다. 어떤 위대한 사상가도 그의 이론체계가 전적으로 독창적일 수는 없다. 스미스에게도 자연법철학에 있어서나 공리주의 사상에 있어서는 사상적 선배가 있었으니 그 대표적인 자기 B. Mandeville이다.51)

---

50) 세계의 창조자인 神이 세상일에 관여하거나 계시에 의해 자기를 나타내지 않고, 세계는 독자적인 법칙에 따라 움직인다고 하는 이상적인 종교관이며, 18세기 계몽주의 시대의 대표적인 기독교 사상임. 自然神論.

51) "In the century prior to 1776 liberal criticism of mercantilism reached a high pitch. One of the most effective proponents of the new liberalism

어떤 권력도 사람들의 행동에 간섭하지 않을 때, 그들의 행동은 자기를 사랑하는 이기심으로부터 나오기 때문에 보이지 않는 손에 인도되어 사회전체의 일반 이익을 달성하게 된다고 보는 스미스는 특수한 경우를 제외하고는 대부분의 경우 인간의 행동은 타애심(他愛心)에서가 아니라 자애심(自愛心)에 발로되어 생긴다고 한다. 외국무역의 경우에 있어서도 그는 자유를 보장함이 공익과 공존한다고 주장한다.[52] 스미스의 자연법철학과 공리주의 정신은 경제적 자유주의라는 하나의 통일을 이룬다. 사악(私惡)의 추구가 공익(公益)으로 직결된다[53]는 공리주의는 자연적 질서의 존재를 보장할 것을 주장하는 자연법 철학에 뒷받침되어 자유방임주의 사상을 구축한다. 따라서 이하 보게 될 스미스가 전개한 이론의 체계는 아직까지도 하나의 성서(聖書)로서 자본주의 경제조직을 힘 있게 대변하고 있다.

국부론(1776년)은 그가 도덕철학을 강의하면서 구상하던 때로부터

---

during this period was Bernard Mandeville.

　　Mandeville, ……was also one of the most vigorous proponents of economic liberalism. In 1705, he published an allegorical poem entitled The Grumbling Hive; or Knaves Turn'd Honest, ……in which he argued that individual vices (self-interest) produce public virtues (maximize society welfare), one of the central themes of Smith's Wealth of Nations." R. B. Ekelund Jr., op. cit., p. 54.

52) "……, led by an invisible hand to promote an end which was no part of his intention. Nor is it always the worse for the society that it was no part of it. ……I have never known much good done by those who affected to trade for the public good." Adam Smith, an Inquiry into the Nature and Causes of the Wealth of Nations. The Modern Library, New York, 1937. p. 423.

53) Bernard de Mandeville, the Fable of the Bees or Private Vices, Publick Benefits. Penguin, London, (f. e., 1713), 1989.

27년이 지났고, 집필하던 때로부터는 9년이 소요된 그것도 독신으로 생을 마쳐야 했던 전 생애의 노작(勞作)이며 그의 생명이다.[54]

그의 이론체계에서 찾을 수 있는 특징은 첫째, 부의 본질을 노동에서 구한 점이다. 중상주의 학설이 금·은에서 국부의 본질을 구한 점과는 전적으로 다르다. 화폐는 교환의 매개물(medium of exchange)에 불과하다고 하여 잉여가치의 창출은 재화의 유통과정에서 생기는 것이 아니고 생산적 노동(productive labour)이 행해질 때만, 즉 생산과정에서 나온다고 하여 사람들의 관심을 거래에서부터 생산에로 전환시켰다. 가치증식의 본질을 노동에서 발견한 점은 비단 중상주의와의 싸움에서 승리자로 될 뿐만 아니라 상품의 가치가 무엇에 의해 이루어지는가 하는 문제의 해답이 되고 더욱 나아가 노동이 지니는 사회적 의의를 평가하게 된다. 둘째, 경제현상을 구체적 귀납으로 관찰하지 않고 고전학파 모두가 그러하였듯이 추상적 연역에서 일반법칙을 얻은 것은 방법론상의 특징이 될 것이다. 학문이 적어도 학문답고자 한다면 사회과학의 방법론은 연역하는 힘의 도움 없이는 이론이 되지 못하고 설명에 지나지 않는다. 왜냐하면 이론은 역시 앞에 던져지는 가설이 있어야 하고 이때 이 가설은 사유(思惟)의 힘이기 때문이다. 셋째, 당시까지 악으로 간주하던 이기심에 대한 개인의 행동동기가 그에 의해서 사회의 총생산을 풍부케 함으로써 국부와 행복의 힘이 된다고 본 점은 도덕적으로 사회 선(善)을 입증하는 의식전환을 달성했다. 이러한 전환은 철학을 지닌 사상가만이 해낼

---

54) 스미스는 출판을 위해 London으로 떠나기에 앞서 쇠약한 자신을 두려워하여 친구인 D. Hume에게 자신이 죽을 경우, 원고를 출판해 줄 것을 서신으로 부탁할 정도로 이 勞作은 생사를 건 산모의 아들이다.

수 있는 작업이다.

  이러한 특징들은 다 함께 천대받던 공산(工産)계층의 시민으로서의 경제적 자유를 보장하는 사상적 전환이다. 공장제 수공업에 얽매어 있는 생산력 앞에 산업자본주의적 생산양식에로의 해방의 길을 열어 준 공헌(貢獻)은 모두 스미스에게 돌려도 남음이 없다.55)

  경제학이 추구하는 궁극의 목적을 아담 스미스는 국가와 시민을 다 함께 부유케 하는 길을 모색하는 것이라고 오늘에도 누구도 수정할 곳이 없는 생각을 피력했으며, 생활필수품과 편의품을 공급하는 본원이 인간의 노동임을 바로 지적하였다. 즉 모든 생산물은 그에게 있어서는 노동의 생산물인 것이다. 이는 대단히 큰 명제를 우리 경제학에 밝혀 준 것이다. 그가 다른 것을 말하지 않고, 이 사실 하나만 우리에게 주었다고 해도 경제학의 학문적 아버지로서의 위치에는 결코 다른 사람이 가 앉을 수 없을 정도가 아닌가 한다.56)

---

55) "Like all great books, The Wealth of Nations is the outpouring not only of a great mind, but of a whole epoch. The man who wrote it had learning, wisdom, a talent for words; but equally important was the fact that he stood with these gifts at the dawn of new science and the opening of a new era in Europe. What he wrote was the expression of forces which were working at the very time he wrote it, to fashion that strange and terrible new species — homo oeconomicus, or the economic man of the modern world. ……The wealth of Nations is undoubtedly the foundation — work of modern economic thught." Adam Smith, op. cit., in introduction by Max Lerner, p. v.

56) "Political oeconomy, considered as a branch of the science of a statesman or legislator, proposes two distinct objects: first, to provide a plentiful revenue or subsistence for the people. ……, and secondly, to supply the state or commonwealth with a revenue sufficient for the public services. It proposes to enrich both the people and the sovereign." ibid., p. 397.

국부를 증대시키는 요인을 스미스는 유용한 생산적 노동이 많이 고용될수록, 또 분업에 의한 노동생산성이 높아질수록 증대한다고 보았다. 이 분업의 동기는 교환성향(交換性向: propensity to exchange)에 있다고 하고, 노동자의 기공(技巧: dexterity), 작업 중 이동시간의 절약 및 기계의 발명을 분업의 내용으로 하였다. 노동생산성이 늘면 생산이 는다고 볼 때 그 노동생산성은 분업(division of labour)의 힘이라고 하여 분업이야말로 국부의 원인이라고 표명하였다. 아울러 아리스토텔레스에서 그 상원을 찾을 수 있는 사용가치와 교환가치의 구분도 바로 하였다.[57]

모든 상품의 교환가치의 진실한 척도는 스미스에게서는 노동이다. 이러한 표명은 그가 모든 생산물은 노동의 생산물이라고 말할 때, 이미 분명히 되었으나 여기서 노동의 본질과 가치의 본질을 다 함께 선명하게 말해 주고 있다.[58]

"The annual labour of every nation is the fund which originally supplies it with all the necessaries and conveniences of life which it annually consumes, and which consist always either in the immediate produce of that labour, or in what is purchased with that produce from other nations." Ibid., p.1 ⅶ.

57) "The wealth of a nation, he said, will depend upon two conditions: first, the degree of productivity of the labour to which it is due; and secondly, the amount of useful labour, that is to say, labour productive of wealth, which is employed, ……

Smith begins his analysis with the division of labour because he wishes to find the principle which transforms particular concrete forms of labour, which produce particular goods (useful−value), into labour as a social element, which becomes the source of wealth in the abstract (exchange−value). Division of labour becomes for Smith the principal cause of the increasing productivity of labour." Eric Roll, op. cit., p. 154.

국부론은 그의 표현대로 부의 원인과 본질의 규명이면서도 그 이면에는 스미스가 중상주의 경제정책, 아니 직언해 말하면 정책과의 싸움에서 정책 없는 경제사회의 실현을 주장코자 함이었다. 외국과의 무역에서 얻는 주된 이익은 금·은과 같은 귀금속의 수입이 아니고, 자국민이 필요로 하는 재화의 공급을 외국에서 들여오는 데 있으며, 이를 위해서 국내의 비교적 과잉되는 상품을 해외에 수출하는 데 있을 뿐이라고 하였다. 이는 화폐 그 자체는 우리의 경제생활에서 하나의 수단이지 목적은 될 수 없는 점을 바로 관찰하였다. 여러 가지 면에서 그는 고전학파의 창시자답다.[59]

국부를 증대시키는 요인의 하나 중에는 위에서 언급하였듯이 유용한 노동, 즉 생산적 노동이 있다. 그의 이러한 노동에 관한 생산적 노동과 불생산적 노동으로의 구별은 과거 군주(君主)와 학자(學者) 등 존경받으려고 했던 사회층이 어쩔 수 없이 생산적 노동자의 사회적 공헌 속에 기생하여 먹고사는 벌레와 같은 불미스러운 존재로 격하됨을 선언한 것이다. 이런 뜻에서는 국부론은 정치경제학을 넘어선 사회철학 서적의 하나가 됨을 강조해 둔다. 이는 봉건사회의 제도에 마지막 타격을 가한 것이고 그 후 이어진 산업자본(industrial

---

58) "The value of any commodity, therefore, to the person who possesses it, and who means not to use or consume it himself, but to exchange it for other commodities, is equal to the quantity of labour which it enables him to purchase or command. Labour, therefore, is the real measure of the exchangeable value of all commodities." Adam Smith, op. cit., p. 30.

59) "The principal benefit of foreign trade is not the importation of gold and silver, but is the carrying out of surplus produce for which there is no demand and bringing back something for which there is." Ibid., p. 415.

capital)의 생성전개에 기수적(旗手的) 사명을 다한 역사적 의의를 지닌다.

또한 자본의 축적에는 낭비는 금물이고 검약(parsimony)만이 도움이 된다고 하였다. 이는 현대 경제학에서 저축보다도 소비수요의 증대에서 경제발전요인을 찾고 있는 점과 매우 대조적이다. 어쨌든 이러한 결론적 견해의 차이는 시대의 문제의식이 경제발전의 단계에서 서로 달리하지 않을 수 없기 때문이다. 더욱이 후진 사회의 경우는 검약은 저축으로 연결되고 이는 부족한 자본을 조달하는 투자기금이 됨은 더 말할 나위없다.[60)]

자본의 축적으로 인하여 분업이 증진하고 노동생산성이 늘어 가는데, 이는 같은 시간에 전보다 많은 생산물을 생산함을 뜻한다. 이때 스미스는 자본을 유동자본과 고정자본으로 구분하면서도, 자본은 모두 노동력의 고용에 투하되는 것으로 보았다. 자본의 증가는 이윤이 소비되지 않고 생산에 투자될 때 달성된다. 여기에 투자하는 자본이 생산적 노동자의 고용에 사용되면 년 년의 생산물은 그만큼 증대한다. 아울러 일국 전체에서 보아서도, 불생산적 노동을 하는 층의 수가 적을수록 생산물은 늘어나고 나라는 부유해질 것이다. 이렇게 자본의 축적을 생산적 노동자의 고용과 동일시한 점은 자본의 재생산과정에서 고정자본이 고려되지 않았다고 하는 오류가 지적될 수도 있겠으나, 당시의 산업조직이 기계보다도 수공업이 지배적이었음을

---

60) "Capitals are increased by parsimony, and diminished by prodigality and misconduct······. Parsimony, and not industry, is the immediate cause of the increase of capital······But whatever industry might acquire, if parsimony did not save and store up, the capital would never be the greater." Ibid., p. 321.

볼 때, 자본의 사용은 모두 노동자의 임금으로 지불되기 때문에 고용과 동일시했을 것이고, 또한 분석상 장기적 관점에서가 아니라면 단기적 모형에서는 잘못이 없다고 보아진다.

어쨌든 자본을 고정자본과 유동자본으로 구분한 것은 중농학파의 케네가 구분한 원전불(原前拂)과 연전불(年前拂)의 개념을 이어받은 것이고, 훗날 다시 생산물의 가치구성을 불변자본(不變資本: constant capital), 가변자본(可變資本: variable capital) 및 잉여가치(剩餘價值: surplus value)의 세 부분으로 구분하여 생산부문을 생산재 생산부문, 소비재 생산부문으로 나누면서 공식화한 마르크스의 재생산이론의 기초를 이루었다.

재정에 관해서도, 그는 가장 작은 정부, 즉 비용이 적은 안가(安價)한 정부가 가장 좋은 정부라고 하여 공채홍수(公債洪水)의 종착역은 언제나 파산을 피할 길이 없다고 하면서 인플레이션을 통해 화폐의 명목가치(名目價値)의 인상으로 국가적 파산을 은폐코자 함은 하나의 사기행위라고까지 하였다.61)

이상과 같이, 아담 스미스는 정책에 반대하는 방임의 정신으로서 중상주의 및 중농학파에 다 같이 결정적 승리를 하였으며, 국부의 본질을 노동에서 찾고 국부증진의 원인을 분업에 의한 노동생산성의 향상에 구한 점은 노동이 주는 경제적 사회적 의의를 동시에 분명히 하였다. 이는 후에 올 산업혁명과 자본주의의 발전에 정신적 지원을

---

61) "Bankruptcy is always the end of great accumulation of debt. Raising the coin has been the usual method of disguising bankruptcy, though this expedient has much worse consequences than open bankruptcy. ⋯⋯ but this is a treacherous fraud." ibid., pp. 882−885.

한 것이다. 이런 뜻에서 그 후의 모든 경제학자는, 마르크스까지 포함해서, 좋든 싫든 그로부터 배운 제자이다. 스미스는 경제학의 학문적 아버지다.

② 데이비드 리카도(David Ricardo, 1772~1823)

지금까지 경제학은 그 과제가 생산의 증대, 즉 부의 증대에 있었으나 리카도에 와서는 이에 반하여 생산된 사회생산물이 사회성원 간에 어떻게 분배되는가 하는 분배법칙의 발전에 그 초점이 바뀌어졌다.

이는 물론 당시 이미 산업혁명이 절정에 달하여 생산물의 풍부한 공급이 있음에도 불구하고 사회의 구석구석에는 어렵게 살고 있는 사회층이 그의 시야에 비추어졌기 때문일 것이다. 스미스와 같이 리카도도 추상적 연역적 방법을 택했다고 하더라도 그의 의식은 그가 직면한 존재의 현실의 반영에 불과하였다.

1820년 동시대의 학자인 맬서스에게 보낸 서신 속에서 리카도의 정치경제학의 주요과제의 위와 같은 전환, 즉 생산론과 이별하고, 분배론으로 넘어와야 함을 선언하고 있다. 이는 물론 지난날과는 달라서 당시의 문제의식의 표명이겠으나 어쨌는 학설상 큰 변화임에는 틀림이 없다.[62]

---

62) "In the preface to the first edition he begins with the statement that the whole produce is devided among the three classes of the community, that the proportions of this division vary in different stages of society, that 'to determine the laws which regulate this distribution is the principal problem in Political Economy', ……He makes this point even

스미스 경제학의 2대지주였던 자연법사상이 서서히 빛을 잃어가는 순간에 공리주의사상이 그 빛을 더하여 최대다수의 이익은 이제 방임된 생산의 무정부적 활동에서 보다도, 분배의 인위적인 정책의 필요성이 서서히나마 요청되고 있었다. 그러한 생산된 사회생산물이 그 생산에 요소를 제공한 자들 사이에 어떻게 분배되는가, 아니 분배되어야만 하는가 하는 문제가 성장 그 자체보다도 더욱 중대하게 되었다. 다시 표현해서 무엇을 먹는가 하는 것이 중대한 것이 아니라, 누구와 함께 먹는가 하는 것이 중대하게 되었다. 이러한 문제의식의 전환은 경제학의 내용은 물론이고 사회에 주는 공헌에 중대한 차이가 있는 것이다. 열매의 과학인 경제학이 비록 학문으로서의 연륜(年輪)은 짧으나 진로에 바로 진입한 듯하다.

당시 영국은 산업혁명이 절정에 달하여 있으며 또한 나폴레옹전쟁을 승리로 이끌기 위하여 고전하고 있었다. 이런 정세하에서 리카도가 본 것은 희망이 아니라 오히려 사회의 불안이었을 것이다. 전쟁기간 동안 지주들은 enclosure과정[63]을 완료하고 토지에 자본의 투자를 증대시키고 있었다. 나폴레옹의 대륙봉쇄와 1809년의 흉작은 곡물가격을 앙등시켜 노동자들에게 큰 타격을 주고 있었다. 이때 곡물의 자유로운 수입은 빵 가격을 하락시켜줌으로써 신흥자본가의 이익

---

more emphatically in a letter to Malthus. Against the latter's definition of political economy as an inquiry into the nature and causes of wealth, he urges that 'it should rather be called on inquiry into the laws which determine the division of the produce of industry amongst the classes who concur in its formation'", Eric Roll, op, cit., p. 176.

63) 영국을 중심으로 한 목장경영을 위해 농토에 양을 키워, 양털을 판매코자 하는 농업경영형태의 변화로서 소작인이 눈물을 머금고 농토를 떠나 도시 임금노동자로 전락하고 있었다.

과 일치하나 지주계급에게는 손해였다. 리카도는 여기에서 곡물의 수입에 찬성함으로써 지주계급에 등을 돌리고, 자본가와 노동자의 이익을 옹호하고자 하였다.

인구의 증가는 식량의 수요를 늘려 열등지(劣等地)를 경작케 함으로써 이는 한계생산물체감의 법칙이 작용하여 식량의 생산비가 오르고 곡물가격을 상승케 하여 지대와 임금을 올리지 않을 수 없고, 이는 다시 기업의 이윤을 압박하게 되어 자본축적에 제동을 가하게 되고, 결국 자본주의 경제로 하여금 장기침체의 늪에 넣게 된다고 보았다. 이러한 이윤율 저하경향은 그에게 있어서는 하나의 자연법칙으로서 세 분배형태, 즉 지대, 임금과 이윤(rent, wage 및 profit) 사이의 변동을 밝혀 세 사회계급을 선명히 표현하였다.

이와 같이 지대의 등귀는 실질임금 수준을 더 하락시킬 수 없게 된다는 인간의 생리적 욕구 때문에 필연적으로 이윤을 하락시키지 않을 수 없으므로 이는 사회의 세 계급 간의 충돌을 피할 길이 없다. 이러한 충돌은 현실적으로는 사회생산물의 가치분배에 있어서 임금과 이윤, 즉 노동과 자본의 대결로 표현되지 않을 수 없다고 하여 노동가치설과 함께 훗날 마르크스에게 그 사상이 이어졌다. 스미스적 조화의 세계는 종말을 고하고 불화(不和)를 예언하는 세계가 오고 있었다.

그에 의하면 모든 생산물의 교환가치는 그것을 생산함에 투입된 상대적 노동량에 의해서 결정된다. 상품의 가치를 스미스와 같이, 아니 멀리는 아리스토텔레스와도 같이 사용가치와 교환가치(value in use, value in exchange)로 나누고 후자, 즉 상품의 교환가치를 결정하는 것은 인간의 노동에 의하여 증가시킬 수 없는 것을 제외하면 모든 상품의 가치는 투하된 노동량에 의해서 결정된다고 보았다. 그가 상품의 가치와 생산가격의 괴리를 인정치 않은 오류에도 불구하고 이 투하노동가치 학설은 하나의 경제학상의 중대한 교의(敎義)가 된다. 마르크스와 엥겔스가 자기들의 견해야말로 과학적 사회주의 사상이라고 하나, 실은 스미스, 리카도로 이어진 노동가치설을 사회철학에 도입한 것에 지나지 않는다. 영국의 고전학파 경제학은 이런 뜻에서 자본주의와 사회주의에 다 함께 후손을 가졌다.[64]

(2) 역사학파 – 프리드리히 리스트(Friedrich List, 1789~1846)

19세기 중반 이미 영국은 산업혁명을 완성하였다. 그러나 후진국이었던 독일은 경제발전 단계만이 늦은 것이 아니라 정치적으로도 영토의 통일도 이루지 못하고 지방 영주들이 득세하여 국토의 통일과 중앙집권을 요청하던 시대였다.

학문에는 국경이 없어도 학자에게는 자기 조국이 있다. 두 발로 밟고 선 땅과 눈앞에 놓인 현실은 생각 깊은 자에게는 문제의식을

---

64) "To understand Ricardo's development of theory of value it is important to remember the position in which Smith had left it. He had wrestled with the determination of value by labour(i.e. the actual time of labour used to produce a commodity) and its determination by the value of labour. ⋯⋯in capitalist production the value of the labour which the capitalist bought was greater than the amount of labour embodied in the wages which he gave for it. Thus a surplus appeared which was appropriated by the capitalist. ⋯⋯This argument was chosen by Marx." Ibid, p. 177.

정립시키고 그로부터 사상이 형성된다. 스미스가 중상주의적 정책과 도전했듯이 리스트가 행한 고전학파에 던진 비판, 즉 「국부론」에 가한 공격은 자기조국의 목전(目前)에 놓인 현상에서 이루어진 반영에 지나지 않는다. 다시 정책의 필요성이 국민 전체를 단위로 한 「정치경제학의 국민적 체계」(1841)의 이름으로 진행되었다.[65]

산업자본주의 진로개척에 지대한 공헌을 한 스미스의 자유방임 경제사상은 이미 무적의 생산력을 가지고 세계시장을 독점하고 있던 영국을 위해서는 타당한지 모르나, 독일과 같이 후주산업국의 경제발전에는 오히려 부당한 견해라고 보아 리스트는 이러한 방임 무정책 사상은 후진국의 선진국에로의 속박을 뜻한다고 고전학파에 공격을 가했다.

리스트가 살던 시대의 유럽은 군주(君主)의 의지가 국민의지로, 신분(status)에서 계약(contract)에로의 사회의 정신적 전환이 일반화되어 가던 시대였고, 이미 만민주의[66] 기치 아래 세계 공장화되어 버린 영국의 생산력이 나폴레옹의 대륙봉쇄가 해제되면서 후진 독일로 상품을 앞세우고 쇄도하고 있었다. 이런 정세하에서 자유무역에 의하여 농산물을 고가로 판매할 수 있었던 동부독일의 융커(Junker)층[67]과 상업이윤을 노리는 신흥 국내 부르조아층과 싸우면서, 영국의 세력에서 해방되어 자국의 산업을 보호육성키 위한 강력한 정부의 징책적 힘이 요청되었다. 이러한 시대적 요청을 반영한 정신적 산물이

---

65) F. List, Das nationale System der politischen Oekonomie. Basel und Tuebingen 1959, 이주성 옮김, 「國民經濟學」(서울: 단국대 출판부, 1983).
66) 요즈음 말로는 cosmopolitanism, or Globalism.
67) 동부독일의 농산물 판매업자.

리스트의 국민경제학이며 그 발전이 바로 역사학파로 나타났다.

앞에서 케네나 스미스가 전개한 이론은 우리 인류가 앞날에 도달해야 할 희망과 이상이라고 규정한 리스트는 당면한 경제문제의 실천적 작업을 위한 이론도 그 시대 역사성에서 찾아야 한다고 주장한다. 현재는 과거의 누적된 필연적 표현이기 때문에 오늘날 눈에 보이는 모든 현상은 역사적 이유가 있다. 따라서 리스트에게 있어서는 스미스적 앞날에 올 인류의 이상을 논하는 것이 아니고 오늘 자기국민이 위치한 사정을 설명하고 그에 적응할 수 있는 국민을 육성할 책임이 정부에 있다고 사물의 역사의식, 즉 시대정신(Zeitgeist)을 표명했다.[68]

이러한 역사의식에서부터 경제적인 발전상태를 달리하는 국민은 그들이 가지는 정치적 세력도 다르고 문명의 수준도 다르다고 보면서, 경제적으로 낮은 수준에 있는 국민은 높은 위치에 속히 추적하지 못하면 그들이 바라는 독립과 발전을 이룩할 수 없고 드디어 낙후와 종속을 결과한다고 교훈하였다. 이는 현실의 문제의식을 역사에 조명하여 해결코자 함으로써 우리 인류의 발전에 준 공헌으로 간

---

68) "이에 반해, Quesnay에 의해 夢想되고 Adam Smith에 의해 완성된 지배적 理論은 오직 오늘의 萬民主義적 요구를, 가장 더욱 먼 앞날의 要求를 원하고 있다. 그것은 世界聯合이나 國際貿易의 절대적 자유와 같은 지금으로서는 아마도 數百 年 후에 이르러 비로소 실현될 수 있는 만민주의적 이념에 불과한 것을 벌써 實現할 수 있는 것처럼 보고 있다. 그것은 現在의 요구와 국가의 本質과를 誤認하고 국민의 존재와 또 국민을 獨立으로까지 육성하는 眞理를 못 보고 있다. 그것은 전혀 萬民주의적이고, 그리고 이르는 곳은 오직 모든 인류만을, 모든 種族의 복지만을 보고, 국민 및 국민의 복지를 바라보지 못하고, ……"이주성, 앞의 책., p. 46.

주된다.[69]

역사의식과 국민주의정신에 기초하여 국민의 정신적 생산력의 이론으로 고전학파의 교환가치의 이론에 대항한 것이 바로 리스트 경제학설이다. 자유무역의 원리에 반대하여 보호관세제도의 확립으로 유치산업을 육성하여 국민경제의 훗날의 생산력을 증대시킴으로써 국민의 이익과 행복을 증진시킬 것을 주장하였다. 이는 오늘의 교환가치의 희생으로서 내일의 생산력 증대와 행복 증진이라고 하는 동태적 국제분업 이론이었고 후진국 개발 이론이었다.

한마디로 스미스의 보편적 연역법, 교환가치의 이론, 그로부터 자유무역의 정책론이 귀결되었다고 하면, 리스트는 역사적 귀납법, 국민의 정신적 생산력의 이론, 그로부터 보호무역의 정책의지가 귀결되었다. 스미스적 만민주의 정치경제학을 국민주의(國民主義) 정치경제학, 아니 더 간단하게 표현해서 국민경제학으로 성립시킨 공헌은 전적으로 리스트에게 속한다.

(3) 사회주의 – 칼 마르크스(Karl Marx, 1818~1883)

19세기 전반 역사학파 국민주의 사상과 함께, 노동계급의 이익을 대변하는 사회주의 사상과 그 운동이 전개되고 있었다. 마르크스에

---

69) "그들의 경제가 발전되고 완성되면 될수록 그만큼 국민의 文明과 勢力은 증대한다. 그 문명과 세력이 증대하면 할수록 그만큼 그 국민의 경제적 발전은 할 수 있는 것이다.
　국민경제의 발전과 관련해서 다음과 같은 모든 국민의 주요 발전단계가 있다. 즉 미계상태, 목축상태, 농업상태, 농공업상태 및 농공상업상태가 그것이다." 위의 책. pp. 52, 53.

게 있어서는 자본주의사회도 하나의 역사적 과정이며 사회진화의 하나의 필연적 단계에 불과하다고 보며, 그 사회 모순의 자기해결은 사회주의에로의 전환이라고 한다. 바로 그 해결의 요인을 계급투쟁에서 찾고 이를 또한 자본과 임금노동자 간의 물적 이해의 충돌에서 해명코자 하였는데, 그 이론적 근거를 노동가치설(the labour theory of value)에서 찾고 있다.

이러한 작업을 마르크스는 앞의 리카도 경제학에서 미완성으로 끝난 투하노동가치설을 완성함으로써 시작한다. 노동력의 가치가 무엇에 의해서 결정 되는가 함에 답함으로써 투하노동가치설이 객관적 가치학설로 성립되고 자본가가 취하는 이윤의 본질을 규명한다. 자본주의 사회의 발전은 자본축적과정인 바, 이는 바로 잉여가치의 축적이며, 이것은 노동자가 당연히 받아야 할 것이 그들에게 지불되지 않은 것에서 가능하다고 하여 그 본질을 부지불(不支拂)노동으로 표현하고 있다. 이는 동시에 자본의 본질을 말하는 것이기도 하다. 그 방법론에 있어서도 리스트적 귀납이 아니라 리카도적 추상적 연역을 택했다.70)

경제학의 초점을 분배에 둔 점은 리카도와 같다. 생산수단의 소유자와 소유치 못한 자 사이에는 생산물의 공평한 분배는 이루어질 수 없고 항상 잉여가치에 해당하는 양만큼 노동자는 착취당한다고 보아,71) 이러한 생산수단을 공유로 할 때만이 바람직한 인간의 사회가

---

70) "In the analysis of economic forms, moreover, neither microscopes nor chemical reagents are of use. The force of abstraction must replace both." Karl Marx, Capital: a Critique of Political Economy. The Modern Library, New York, 1906, p. 12.

71) 不支拂노동으로 규정한 잉여가치 surplus value(s)와 그 율, rate of surplus

도래하고 분배문제도 해결된다고 역설하였다. 그가 전개한 잉여가치
의 형태구분도, 즉 절대적 잉여가치 및 상대적 잉여가치의 생산,[72]
자본에 의한 임금노동의 착취형태를 논증한 것에 불과하고 궁극의
목적은 생산수단의 사적 소유에 바로 자본가적 생산관계의 모순이
있다고 하여 그 폐절을 주장한다.

부단히 성장해 가고 있는 생산력에도 불구하고 그 소유의 법적
관계인 생산관계가 이를 해방시켜 주지 못할 때 사회는 항상 고통스
럽고 생산은 비능률적으로 되고 분배는 정의로부터 멀어지게 된다고
한다.[73]

---

value(s'),은 마르크스에게는 투하노동가치설에 입각한 매우 중대한 분석도구이다. "in Capital, Marx set out to analyze the production and distribution of commodities. Such an explanation would indeed be the empty without a theory of value, and Marx, who was well grounded in classical economics, turned to Smith and Ricardo on this point. ······ Surplus value(s)=contribution of workers for which they are not paid, or excess of gross receipts over the sum of constant and variable capital; Rate of surplus value(s')=ratio of surplus value to variable capital employed, or s/v; Rate of profit(p')=ratio of surplus value to outlay, or s/(c+v), [c: charge on fixed capital; v: total wages paid to labour]" R. B. Ekelund Jr., et al, op. cit., pp. 236, 239.

72) 노동강도 labour intensity에서 오는 잉여가치는 두 형태의 生産中에 어느 범주에 속하는 가함을 마르크스는 불투명하게 기술하고 있다. 역시 未完成으로 남겨놓았다. Cf. Rhie Joosung, Economy, and Economic Thought, Sungshinjoza Univ. press, Seoul 2001, pp. 477 f. (in: journal History of Economic Ideas, "Labour Intensity and Surplus Value in Karl Marx", VII / 1999 / 3, IPET, pp. 181 − 191, Pisa \ Rome 2000).

73) "The productive relationship in society, Marx claimed, can be said to consist in essence of a distribution of the members of society in relation to ownership of the material means of production. In legal terms, it is a property relationship. When there is private property

한편 富의 축적은 언제나 다른 편의 빈곤의 축적이라는 일반법칙이 그에 의하면 성립한다. 그에 따르면 이러한 계급적 이해의 조화란 사적 생산수단의 소유를 그대로 두고는 불가능하다고 하였다.

이 이론체계의 진위에 관해 그 어떤 깊은 연구를 하기에 앞서, 단기적 관점에서는 우리가 지금 지구상에서 보고 있는 생산수단의 사적 소유가 없어진 곳에서는 빈부의 격차 없이 잘 살고 있는가를 보면 알 수 있을 것이다. 어쨌든 진보적 사회사상은 보수적 현실과의 그칠 줄 모르는 싸움 속에서 자기 진로가 다듬어지는 것이다.

(4) 한계효용학파 – 헤르만 하인리히 고센
(Hermann Heinrich Gossen, 1810~1858)

과거의 마르크스 경제학이나 역사학파의 생각과 같은 계급적 및 국민 경제적 거시분석태도를 떠나 미시적인 개인의 소비행위로부터 얻는 한계효용이 무엇에 의하여 결정되는가를 고찰함으로써 수요에로 그 분석의 초점을 바꾸어 놓았다.

한계효용학파의 시조는 Gossen[74]이나 그의 생각을 발전시킨 학자

---

society is divided into classes which can be defined according to their position vis–a'–vis the means of production. This division determines the place which each class occupies in the process of production, and it is also the basis of all other economic phenomena. ……He is not prepared to accept as sacrosanct the existing property relations which are at the basis of capitalist society", Eric Roll, op. cit,, pp. 256 f.

74) "……he wrote his one great work in 1854, a book entitled Develolpment of the Laws of Human Relationships and of Rules to be derived there

들은 Menger, Pareto 등이다. 인간의 소비행위 목적이 효용의 극대화에 있다고 전제하고 철저한 공리주의에 입각하여 수학을 원용하면서 교환가치를 결정하는 요인이 사회적 필요노동량과 같은 생산비, 즉 공급 쪽에서 찾고자 하지 않고 소비로부터 얻는 한계효용인 수요 쪽에서 찾고자 하였다.

고전학파 이후의 경제학의 관점이 생산·공급 면에 있었는데, 이들에 의하여 19세기 후반부터는 소비·수요 면으로 옮겨졌다고 하는 점이 큰 특징이다. 이는 독점자본주의의 성립과 일치한다고 볼 때 우연은 아니며, 가격분석이 경제학설의 역사에서 정밀화하는 시기가 온 것이다. 생산물의 가격뿐만 아니라 요소의 가격도, 이로부터 미시적 관점이기는 하나, 소득의 기능적 분배문제까지도 한계효용체감의 법칙으로 대답코자 한다. 이러한 역사적 의의를 우리는 한계혁명(marginal revolution)이라고 한다.

한계효용학파 이후 케인즈의 국민소득 분석방법이 출현할 때까지, 그리고 Marshall 경제학까지 포함하여 근대경제학의 범주에 속한다. 효용가측성(效用可測性)을 전제로 하여 한계효용체감의 법칙(Gossen의 제1법칙)을 함축하면서 두 재화(x, y)의 소비에서 얻는 어떤 개인의 총 효용극대화 달성조건을, 화폐 1원이 주는 x재의 한계효용과 y재의 한계효용이 같을 때인 한계효용 균등의 법칙(Gossen의 제2법칙)으로 명시하는 학파는 원했든 원하지 않았든, 결국 GNP라고 하

from for Human Action. Despite is author's high expectations, the book passed almost unnoticed, so that is bitter disappointment. Gossen recalled all of the unsold copies from the publisher (who had published it on commission only) and destroyed them." R. B. Ekelund Jr., op. cit., p. 280.

는 하나의 재화를 A와 B라고 하는 사회계급 사이에 어떻게 분배하여야 그들의 합계인 총 국민후생을 최대화할 수 있는가에 대답하는 것이기도 하다.

순수이론의 중요성을 강조한 점은 역사학파에 준 반론이고, 주관적 효용가치설은 고전학파의 생산비설과 마르크스의 노동가치설과 같은 객관적 가치학설에 대한 뜻 깊은 외면이었다.

(5) 신고전학파 – 알프레드 마샬(Alfred Marshall, 1842~1924)

대륙에서 사회주의 운동이 부활하고 자기 조국 영국에서도 노동조합(trade union)이 합법성을 얻고 런던의 거리는 8시간 노동제를 요구하는 등 변화 많던 시대였으며, 학설상에서도 신역사학파, 사회주의 및 한계효용학파가 사상적으로 엄존하던 시기였다. 이러한 역사적 배경 속에서 Cambridge school로도 불리는 이 학파는, "자연가격이나 장기균형에서의 공급가격을 어떻게 정의할 것인가 하는 문제에 얽매었던 고전학파가 가치의 생산비설밖에 인정하지 않게 되어 버렸던 데 반해, 또 제본즈가 반대의 극으로 향하고 교조적으로 '가치는 모두 효용에 의존한다'고 단언했던 데 대해, 마샬은 양자의 측면을 동시에 고려한 이론을 완성했다."[75] 고전학파의 생산비가치설과, 오지리 학파의 한계효용가치설을 종합하는, 즉 전자를 공급함수로 후자를 수요함수로 하는 수요·공급의 법칙으로서 균형가격의 기초가되는 가치를 결정한다는 절충가치설을 확립했다. 교환가치가 바로

---

75) Phyllis Deane, 황의각 옮김, 앞의 책, p. 165.

이 두 함수의 일치점에서 결정된다고 한다.

경제분석 용구로서 마샬의 elasticity of demand, quasi-rent, external economies, consumer's surplus 등은 학문에 준 공헌이며, 더욱이 그의 화폐수량설인 현금잔고수량설은 훗날 케인즈의 유동성 선호설로 발전되었다. 소득 중 현금보유비율을 우리는 Marshallian k라고 하고 통화량 M=k·py로 표시되는바, k의 역수가 Fisher의 화폐의 유통속도 v와 일치함을 알 수 있다. 또한 k의 변화는 물가 p를 변화시키게 된다. 단기에서는 k와 y가 일정하다고 할 때, 통화량(money supply)의 증가는 inflation의 원인이다.

political economy와 economics라는 용어를 같은 뜻으로 사용하면서도 후의 것(economics)을 처음으로 사용한 사람인 그는 경제학의 연구는 역시 인간과 인간의 관계, 즉 국민의 전체 후생을 높이는 일에 그 과제가 놓임을 자기의 연구기조로 하였다. 그러나 신고전학파는 가격을 설명변수로 하는 학파로서는 마지막이었다.[76]

3) 현대의 경제학설

오늘의 경제학은 상원(想源)이 J. M. Keynes(1883~1946)에 의해

---

76) "Political Economy or Economics is a study of mankind in the ordinary business of life; ……Thus it is on the one side a study of wealth; and on the other, and more important side, a part of the study of man." Alfred Marshall, Principles of Economics: an Introductory Volume. The Macmillan Co., New York, 1953, p. 1.

서 국민소득분석으로 알려진, 1930년대 세계공황이라는 deflation의 산물이다. 따라서 그 구성은 첫째, 케인즈 자신의 이론체계와, 둘째, 그 후 이것을 놓고 전개된 논쟁들이다.

(1) Keynes의 학설

현실에 주는 문제의식이 심각할수록 이를 해결키 위하여 나오는 학자의 분석방법도 기존의 방법과는 달리 새로운 것으로 나타난다. 이러할 때 학설의 역사는 자기 진로의 방향을 굴절시켜 놓는다. 경제학에서 집계치(aggregate) 개념을 도입하여 국민경제의 활동수준을 표시해 주는 생산과 소비의 움직임을 국민경제의 순환과정에서 해명코자 한 것은 경제학설사에서 Keynes뿐만은 아니었으나, 유효수요 부족의 원인을 국민소득에서 발견한 사실은 하나의 사상이 이론과 방법의 통일이라고 볼 때, 역시 방법론상의 혁명이 아닐 수 없다.

국민경제의 규모의 크기를 결정하게 되는 소득결정기구를 자기의 과제로 짊어지고 집계치 개념을 분석용구로 사용함으로써 거시적 분석방법을 경제학에서 하나의 과학의 수준에 올려놓은 것은 Keynes의 공헌인 1936년에 나온 "일반이론(一般理論: The General Theory of Employment, Interest, and Money)"에서 비롯된다. 자본과 노동력이라는 자원의 잠재적 생산능력이 생산과정에 흡수되지 못한 채 생산수준이 그 생산능력을 하회하고 있던 1930년대 선진자본주의 국가가 직면한 대공항(the great depression)을 Keynes는 과소고용(過少雇傭: less than full employment equilibrium)으로 명백히 인식하고 있었으며, 이 같은 경제현실의 분석에 당시까지 사용해 온, 설명변수였던 가격변수가 아니라, 이것 대신에 소득변수를 도입하였다. 바로 이 점이 이론경제학 방법에 준 Keynes의 위대한 공헌이다.

당시 시대적 요청이었으며, 사회와 국가가 함께 짊어진 과제였던 실업문제를 분석하고 그 해답을 역설한 Keynes의 문제 해결방법은 역시 불황의 경제학이라고 불린다면, 2차 세계대전 이후 오늘날 세계의 각국은 심각한 실업현상 없는 경제성장과 물가의 상승을 경험하고 있기 때문에 그 분석방향상, 성장과 안정을 지속할 수 있어 오늘의 거시경제학은 호황의 경제학의 성격을 지니면서 전개되었다.

고전학파 경제학에 가한 비판으로부터 Keynes는 자신의 이론체계를 한편으로는 통화의 수요를 표시하는 유동성 선호(選好)곡선과 통화의 공급곡선이 일치하는 교차점에서 이루어지는 이자율과 자본의 한계효율이 균형이 될 때, 사회의 총투자량이 결정되고, 다른 한편으로는 사회의 소비함수가 국민의 소비수준과 저축수준을 결정하는 것으로 보았다. 여기서 Keynes는 이 양자의 균형 I=S의 조건하에서 국민소득의 균형수준이 이루어진다고 하는 유효수요의 이론을 정립하였다.

이 분석은 설명의 명료성을 돕기 위해서 대외거래와 정부의 존재를 잠깐 없는 것으로 본, 오직 가계부문과 기업부문만이 있는 국민경제를 상정한 것이다.

우리가 살고 있는 현실의 경제는 유효수요의 제약으로 인하여 자원의 완전고용 이전에도 I=S를 이룩할 수 있다고 하여 Keynes는 실업을 가진 채, 이루어지는 현실의 국민소득 수준을 과소고용균형이라고 하였다. Keynes는 이러한 이론체계로부터 실업문제의 해결책으로서 통화당국의 통화량을 증가시켜 이자율을 하락시키면 투자곡선을 상향시켜 국민소득수준을 높여 소비수요와 투자수요, 즉 유효수요를 늘린다는 불황타개의 경제학을 제시한 것이다. 그러나 이에는 유동성 함정(liquidity trap) 때문에 이자율을 하락시키는 데는 한계가 있음을 Keynes는 잘 인식하고 정부의 개입에 의한 재정지출에 불황타개의 적극적 수단을 발견했다.

따라서 S=I+G가 국민소득 수준결정을 위한 균형조건으로 된다. 이로써 또한 조세국가의 원리에서 공채국가의 원리로, 균형예산에서 적자예산에로의 변천과, 안가한 정부는 이제 더 최상의 정부가 될 수 없고 비용이 들어도 정부는 민간의 경제활동에 간섭·조정할 수 있다고 하는 당위성을 발견하게 된다. 이러한 이론구조로 요약되는 Keynes의 착상을 놓고 오늘의 학자들은 비판과 반비판을 통해 그가 던진 사상적 곡률반경을 넓혀가면서 발전하고 있다.

(2) Keynes 이후의 학설

① Schumpeter: Theory of Economic Development, 1934(f.e. 1912).
   Capitalism, Socialism and Democracy, 1943.

Karl Marx가 그러했듯이 슘페터도 경제발전의 과정을 사회·정치·역사적인 면에서 고찰하여 넓은 안목에서 이론과 개념을 전개하였다. 고전학파가 분업에서, 신고전학파가 경제학의 초점을 자원의 최적배분에서 부의 증대와 정상상태의 보장에 두었던 반면, Schumpeter

는 생산성을 증가시키는 내재적 원인을 이윤을 극대화하려는 기업가의 기술혁신에서 찾았다.

그는 일부 기업가의 혁신적(革新的) 기술의 도입은 은행제도로부터 자금차입→통화량 증가→물가상승→강제저축의 과정을 거쳐 자본형성이 추가되어 경제는 동태적으로 발전한다고 보았다. 그러나 모방기업에 의해 다시 혁신의 이익이 소멸하게 되며, 이에 높은 수준의 혁신을 기업가가 행하는 창조적 파괴(creative destruction)의 과정에서 자본주의 사회의 동태성을 보고, 훗날 그 투자기회의 소멸로 기업은 단순한 생산과 유통을 위한 행정사무를 보는 존재로 된다고 하는 자기vision을 제시하고, 사회주의도 작동한다고 함으로써 자본주의의 장기침체를 그 발전과 함께, Keynes가 그러했듯이, 한계저축성향(mps)이 증대하여 S＞I가 일반적인 상태라고 결론을 내렸다. 즉 자본주의의 침체성을 예언하고 사회주의를 부정하지 않았다.

② Hansen: Business Cycles and National Income, 1951.

Hansen은 자본주의 사회에서는 케인즈와 같이 투자의 생산성이 하락하는 경향이 있는바 그 원인을 한계저축성향(mps)의 상승, 인구의 성장률의 저하, 개척할 지역의 소멸경향 및 노동절약석인 기술의 발명에서 찾았다.

그는 소득 증대와 함께 한계소비성향은 하락하고, 한계저축성향이 증대함으로써 S＞I 현상이 된다고 본점은 Keynes의 분석과 같은바, 이는 기업의 기대를 위축시켜 기술혁신을 억제하고 이에 더하여 노동조합(trade union)의 강세, 자본축적을 억제하는 세제와 같은 정부의 개입은 경제성장을 가로막는다고 보았다. 오늘날 비우량성(非優良性) subprime으로 문제가 되고 있는 주택담보 대출(mortgage loan)을 이미 상기 저서(P. 77)에서 금융투자의 한 형태로 기술한 바 있다. 금융투자(financial investment)는 real investment 즉 capital goods 구매와 구분하면서 투자(I)로 보지 않았다.

③ Robinson: The Accumulation of Capital, 1956

로빈슨女史는 Cambridge school의 대표자인 Marshall의 영향하에서 교육받은 점은 Keynes와 같으며, 훗날 Keynesian의 대열에 깊이 가담했다. 그는 예측보다도 설명과 이론, 균형조건보다도 변화의 원인을 중시하였다. 자연이라고 하는 여건(data)을 움직일 수 없는 주어진 외적 변수(external variable)로 보고, 기술, 환경, 투자정책, 한계저축성향, 단체교섭(collective bargaining)과 같은 항목은 현대자본주의 사회의 균형적 발전요인으로 작용한다고 보았다. 여기서 한계저축성향(mps)과 같은 사회의 심리적 상태를 제외한 기술의 진보와 투자 및 노조와의 교섭력은 기업의 힘에도 영향을 받겠으나 무엇보다도 정부의 정책적 개입을 의중에 두었다고 보아진다.

앞의 학자들의 주장 점에서, 다음과 같은 공통성이 그들의 성장이론에 함유하고 있음을 발견하는데, post-Keynesian들의 성장모형이 간단하면서도 고찰의 대상이 광범한 변수를 취급함으로써 일반화에는 실패하였다. 그러나 그들의 특징은 투자가 저축을 결정하는 것이며 그 역(逆)은 아니라고 하는 점인데, 그런 뜻에서 Keynes의 사상적 곡률반경을 크게 벗어나지 못하고, 분석의 초점을 국민소득을 설명변수로 하고 말았으며 이념상의 편향마저 그들 간에는 노출하는 듯하다.

지금까지 요약한 후기 Keynesian들의 생각과는 달리, 시카고학파로서 통화주의를 대표하는 Milton Friedman은 투자는 Keynesian들의 재정정책과 같은 정부의 재량적 정책에 따를 것이 아니라, 시장의 원리에 입각하여 GDP성장률과 비례하여 통화량을 증가시킬 때, inflation도 없는 통화의 공급이 가장 합리적이라고 하는 통화정책, 특히 이자율의 기능을 신봉하는 자유주의 논자들의 주장도 있다.

화폐이론에서 post-Keynesian은, 일반균형론자들이 명목화폐 수량보다 실질통화량(real money-supply)이 유효수요의 증대에 효과적이라고 보고, monetarists가 통화량이 소비재, 투자재, 금융자산의 지출계획에 직접적인 영향을 준다고 본 데 반하여, post-Keynesian들은 통화량의 증가는 물가에 영향을 주나, 그 자체로서는 소비수요와 투자수요(D1+D2)에 별로 영향을 주지 않는다고 하여 통화정책보다는 재정정책에 역점을 두고 있다. 그러나 70년대 이후 오늘날까지도 stagflation에 대한 처방에서는 시장경제와 정부개입의 한계를 놓고 사상상의 문제가 있었고, 균형분석이냐 불균형분석이냐의 선택에서 방법상의 문제가 있었다.

경제사상에서 Marxism이 차지하는 위치는 결코 무시할 수 없다. 이와 똑같이 오늘날 독점자본주의(monopolistic capitalism)가 낳은 계급 간의 분배문제는 단순한 경제만의 문제가 아니고, 정치·사회적 성격을 띠기 때문에 종합과학으로서 사회과학의 한 분과임을 인식하여, 학제 간 및 학파 간의 통합으로서 새로운 paradigm이 우리의 경제 질서를 설명할 방법으로 출현할 때까지는 부질없는 검증되지 못할 공리는 삼가함이 옳다고 여긴다.

〈한민족이 유념할 사항〉

다시 한 번, Keynes를 돌이켜 볼 때, 그의 이론구조가 오늘날 자본주의 경제의 현실과 맞고, 또 맞지 않는 것으로 평가해서는 아니 되리라고 본다. 사회과학의 한 분과로서 경제학은 많은 변수를 대상으로 하여야만 하기 때문에, 던져진 가설과 발전하는 현실 간의 적중이 중대한 것이 아니고, 오히려 그 방향이 중대하다. 자연과학과는 달리 사회과학에서는 적중이 오히려 우연이고 방향이 필연을 보여주기 때문이다.

18세기 Smith에서 진수(進水)되어 19세기 Marx에 의해 정면충돌하면서도 완파되지 않은 자본주의라는 배는 20세기에 와서 Keynes에 의해서 측면 충돌되고, 많은 학자들에 의해 수정 보완되면서 자기항로를 진행하고 있다. 다시 말하면 20세기 전반에 나온 Keynes의 수정자본주의 사상은 독점자본주의로 발전한 자본주의 경제체제에 대한 측면충돌이었다. 즉 19세기 Marxism이 산업자본주의에 대한 정면충돌이라고 하면, 20세기 Keynes의 사상은 자본주의를 전제로 한 수정의 이론으로서 자본주의의 폐절을 의미하는 것은 더욱 아니었으며, 독점자본의 폐단을 수정하고 자본주의 시장경제원리의 존립을 옹호하였던 것이다.

19세기 후반 선진 자본주의 국가들의 산업화가 고도화하면서 경제학은 지난날의 생산에서 소비로 초점을 바꾸었듯이, 이제 21세기 고도산업사회가 세계적 지평에서 보편화한 단계에서는 투자 내지 자본의 축적보다도 생산물의 분배에 관한 연구, 즉 규범을 찾는 도덕

과학으로 그 방향을 전환하여야 하겠다. 세계가 다르면 의식이 다르다. 새로운 현실은 낡은 사상으로부터 도피할 것을 요청한다. 낡은 생각에 사로잡혀 있는 자기와의 싸움에서 이길 수 있는 자만이 새로운 생각을 표현할 능력이 있다.

1930년대에 Keynes경제이론이 나오기 전, 러시아에서의 10월 혁명은 마르크스주의에 기초한 계획경제체제이며, 시장경제를 기반으로 한 자본주의에 대한 부정이었다. 그러나 계획경제체제는 약 70년의 수명으로 끝났으며, 오늘날 지구상에서 유일하게 북한체제만이 남아 있다. 이와 같은 경제사를 회고하여 볼 때, 우리가 택해야 할 경제체제는 자유시장경제를 기반으로 한 자본주의체제를 택하지 않을 수 없음을 역사는 가르쳐주고 있다. 여기에 통일Korea가 지녀야 할 경제체제상의 이념이 자명해진다.

3. 통일의 외적 조건과 교훈

1) 통일의 외적 조건

1980년대 중반 소련과 동구 공산권에서는 개방(glasnost)과 개혁(perestroika)의 물결이 일어나면서, 1982년 12월 2~3일 부시 미국대통령과 고르바쵸프 소련 공산당 당서기장은 국제질서를 세력권 분할과 이념적 대립이라는 '얄타체제'에서 벗어나, 이념적 초월과 공존권 확대를 표방하는 '몰타체제'로 변하게 하였다.[77] 그 결과 1990년 10월 3일에는 동·서독통일이 이루어졌으며, 1991년에는 소련의 공산주의 체제가 와해되고 1992년 러시아연합국의 탄생을 가져왔다. 이에 따라 한국분단의 직접적 동기와 원인을 제공하였던 냉전적 국제질서인 극단적 대립구조는 거의 사라졌다.

이와 같은 이념적 명분보다 국가적 실리를 중시하는 국제질서 및 환경의 변화는 한반도 주변상황도 변화시켜 1990년 6월 5일에는 미국의 샌프란시스코에서 한·소 정상회담을 하게 하였으며, 1991년 12월 13일에는 「남·북 사이의 화해와 불가침 및 교류·협력에 관한 합의서」를 작성하였고,[78] 1991년 9월 17일에는 남·북한이 국제연합에 동시가입 하였다. 2000년 6월 15일에는 남·북 정상 간에 '6·15 남북공동선언'을 통해 이정표가 마련되었으며, 핵문제로 인한 6자회담의 앞날이 안개 속에 있으나, 요지부동인 것처럼 보이던 남·북 간의 적대관계는 화해·협력무드로 바뀌어 가고 있다.

2) 독일 통일의 교훈[79]

급격히 추진된 독일통일은 많은 후유증을 남겼다. 통일 후 잘못된

---

77) 권성아, 『弘益人間思想과 統一敎育』(서울: 集文堂), 1999), p. 3.
78) 통일원 통일정책실 편, 「통일백서」(1995). pp. 471-474.
79) 김상규, "독일 통일에 비추어본 한국의 통일이념과 통일외교노선의 성찰", 「21세기 정치학회보」제15집 1호(2005. 5.), pp. 235-255.

동독재건정책에 관해서 현재 독일 내에서는 밀도 있는 자성의 논의가 일고 있다. 풍요의 공유라는 동독인들의 기대는 상당히 충족되었으나, 그들이 과거 생활수준과 비교하기보다는 같은 독일 땅에 사는 서독출신 주민들과 비교함으로써 소득격차에서 오는 상대적 박탈감은 여전히 존재하고 있다.

여기에다 동독인지역의 높은 실업률(서독의 약 2배)은 커다란 불안요소로 대두되고, 또한 동독인은 기본적으로 자본주의적 사고와 가치관에 대해 내심 저항감을 갖고 있다. 그것은 동독에 없었던 정치적 자유는 좋으나, 개인주의에 바탕을 둔 물질중심 가치관이 집단주의적 생활방식과 사회주의적 정신에 익숙한 이들에게 적응하기에 어렵거나 적응하고 싶지 않은 것이다.

시장경제체제가 주는 극심한 경쟁원리와 서독출신인 수준으로의 생산성 제고 압력은 그들에게 상당한 심리적 압박감을 주고 있다. 실제로 이들의 생산성은 상당히 높아졌으나 서독출신인 수준에는 아직 미치지 못한다. 게다가 과거 동독에서의 느슨한 노동방식에 비해 강도 높은 서독식 집약적 노동방식이 힘들어, 일자리를 피하고 실업수당과 사회보조금으로만 살아가는 주민들도 늘고 있다.

한편 서독출신 주민들은 막대한 동독지역 재건비용과 동독출신 주민들에 대한 사회보장비용이 고스란히 그들의 부담이라는 피해의식에서 상당한 불만을 갖고 있다. 한 여론조사에서 서독출신 주민들 중 24%가 동서독 간의 장벽이 다시 세워졌으면 한다는 충격적인 결과가 나왔다(이보다 5년 전인 1999년의 여론조사에서는 낮은 비율인 서독출신 주민들의 20%가 장벽재건을 희망하는 것으로 나타났다). 이러한 현상은 '분단 상태의 통일(getrennte Vereinigung)'이라는 개념의 출현으로도 잘 설명된다.

1948년 소규모의 교류·접촉이 시작되어 20여 년 후인 1970년대 초부터 본격적인 교류·협력의 경험을 합쳐 40여 년의 인적·물적 왕래를 했던 양독의 주민들이 통일 후 18년이 되면서도, 통일의 후유증은 여전히 양 집단 상호간에 '정신적 장벽(Mauer in den Koepfen)'으로 남아 있어 '내적통합'에 이르지 못하는 점은 주목하지 않을 수 없다.

〈제2장 소결론〉

동서의 정치사상, 경제사상 및 통일의 외적 조건과 교훈을 연구하면서 얻은 역사적 교훈은, 우리 인류가 강자의 탄압에 대항하여 약자가 저항 투쟁하여 온 궁극의 목표가 자유를 쟁취함에 있었다. 이 투쟁은 정치적으로 인격의 보장을 위한 인권운동이며, 경제적으로는 생존을 위한 소득과 재산의 소유보장을 확인받는 치자와 국민 간의 투쟁의 역사였다. 특히 우리 인류가 계급사회로 진입한 이래 정치·경제적으로 가진 자(haves)와 못 가진 자(have-nots)의 싸움은 지속되어 왔다. 대립물의 투쟁과 통일은 사물의 자유를 보다 완성시키는 변증법적 자기운동이다. 이 운동은 사물의 존재양식이다. 지금까지 고찰한 2300년에 걸친 정치·경제사상의 발전과 독일통일의 후유증을 보면, 시(時)·공(空)을 따라 정치·경제문제의 인식과 그 해결방법은 달랐으나, 일국의 경제체제를 치자가 권력으로 통제하느냐, 아니면 국민의 자유로운 활동에 방임해 두었느냐의 정책적 과정이 엿보인다. 즉 경제체제를 정부의 정책적 수단으로 운영하느냐, 아니면 최소한의 국가간섭으로 경제활동의 자유를 보장하는 자본주의 경제체제로 운영하느냐 선택의 문제에서 통일 후에 가져야 할 경제, 정치이념 및 슬기로운 통일진행과정을 약술해 본다.

화사첨족(畵蛇添足)하지 말라는 뜻에서 노자이론에 "천하를 차지하려면 항상 일거리를 만들지 않는다. 일거리를 만들면 천하를 차지할 수 없다."[80)는 말이 있다. 인류역사를 거치면서 이루어진 시장경제를 부정하고 사회주의 계획경제운영의 결과가 오늘의 어려운 북한경제 실상을 가져왔다. 인공적이고 인위적인 행위는 자연적이며 자발적인 행위와 대립된다.

북한의 계획경제에 따르는 전체주의체제와 남한의 시장경제에 따른 자유민주주의 체제와의 슬기로운 통합을 위해, 현재 상항을 화해협력단계라고 한다면, 다음 단계인 국가연합단계[81)를 지나면서 남과 북의 중간 완충지대에 현대형 홍익화백제도의 실험지역(3태극화백정부)을 만들어, 남·북한과 3태극화백정부를 연합하는 3태극화백체제[82)를 만들기 위한 연구가 남·북의 학자 간은 물론 전체국민의 교양사업 차원에서 진행되어야 하겠다. 그리하여 이 3태극화백체제 내에서 왕래하면서, 서서히 남·북 간 정치체제의 대립요소와 경제적 불균형을 완화하면서 1민족, 1국가, 1체제, 3지역 정부로 가는 절차를 택하는 것이 바람직하다.[83) 이 과정을 통해 북은 지금과 같은 통제경제에서 벗어나야 한다. 즉 북쪽은 사유재산제노를 광빔위하게

---

80) 取天下常以無事 及其有事不足以取天下, <老子 第48章>
81) 1민족 2국가 2체제 2정부단계, 즉 이는 통일이 아니고 통일지향단계임.
82) 1민족 1국가 3체제 3지역정부단계이다. 이 단계는 남·북통일이 되었다고 할 수 있다.
83) 현 남한의 통일방안은 1민족 1국가 1체제 1정부이며, 북한은 1민족 1국가 2체제 2정부체제이다.

인정하여 인성(人性)이 지니는 소유욕을 갖도록 함으로써 생산의지와 자유로운 소비활동을 보장하는 시장경제체제로의 방향전환을 꾀해야 한다. 이렇게 될 때, 비로소 우리의 통일에 인류역사상 발전하여 온 경제사상의 공헌이 있을 것이다.

한편 통일 후에 올 우리의 경제는 시장경제원리를 복지차원에서 부분적으로 보완하고, 점유모순[84]을 내포하는 분배정의에 역행하는 독점자본의 존재를 부정해야 한다. 정치문제 역시 모순 많은 남·북의 현행체제에 근본적이면서 슬기로운 개선책을 화백제도에서 찾아야 하겠다.

---

84) 노동생산물은 사회적으로 이루어졌는데 그 생산물의 점유는 사적이라고 하는 것에 자본주의사회는 제도적 모순을 지닌다는 이론임.

제3장

우리 민족의 정통사상

1. 한민족의 역사와 현실

선사(先史)시대의 일이어서 설화(說話)에서 우리의 역사적 기원을 찾아보면, 한웅천왕(桓雄天王)께서 5905년 전 홍익인간이념과 재세이화정신으로 배달국(밝다는 나라)을 세우시고, 오랜 숙원인 광명세계(光明世界)의 뜻을 펴기 시작한 이후, 그 정통이 고조선과 북부여시대까지 이어져 오다가 북부여의 국력이 쇠약해지면서, 다국시대에 들어섰다.

그리하여 천지화랑(天指花郞)의 무궁화정신으로 가장 강대했던, 고구려가 인도의 불교와 당나라 도교의 일파인 오두미교(五斗米敎)를 신봉하면서, 고구려의 얼을 잃고 망하였다. 즉 연개소문의 작은 아들인 남건은 불교를, 큰아들 남생은 오두미교를 믿어, 권력다툼이 종교다툼으로 변하여 남생은 대신 발기(勃起)와 작당하여 오두미교의 종주국인 당(唐)나라에 군사정보를 주고, 성문을 열어주어 나당연합군에 무너졌다. 그 후 한 민족은 역사의 전통으로부터 단절된 민족이 되었으며, 뒤이은 고려는 불교에 너무 심취한 나머지 고려의 얼을 잃고, 국력을 기르지 못하여 몽고의 침략을 당하였다. 근세조선도 유교의 일파인 성리학(性理學)에 심취되어, 민족의 얼을 회복하지 못하고, 중독(中毒)에 빠져, 명분 위주의 당쟁만을 일삼다가 임진왜란을 겪었으며, 근세에는 소 중화주의에 안주하여, 선진문명을 받아들이지 못한 연고로 낙후되어, 일제에 의한 강제 병탄을 당하여 나라까지 빼앗겼다.

이렇게 우리는 수난의 역사 속에서 잃었던 민족의 얼과 주체성을 회복하지 못한 채, 일제로부터 신문화를 배운다는 미명 아래 친일하였으며, 그 결과 우리는 왜독(倭毒)에 빠졌다. 지금은 우리도 모르는 사이 미국이나 서양 것이면 무조건 좋게 여기어 흉내를 내려는 양독(洋毒)에 빠지어, 민족의 얼과 주체성마저 잃어가고 있다.

그리하여 고구려가 나당연합군에 패망 이후, 1340년(신라가 고구려를 합병한 것은 기원 668년)이 되도록 중원대륙을 지배하였던 배달국, 고조선, 북부여 및 고구려의 흔적은 찾아볼 수 없고, 아세아대륙의 변방에 접한,

변경국가(邊境國家: Rim-land nation),

교량국가(橋梁國家: Bridge country),

완충국가(緩衝國家: Buffer state)의 위치로 전락하고 있는 것이 우리의 현실이나, 지정학상의 위협과 완충국가로서의 중화(中和)에 유리한 점도 있는 것이 한반도의 지정학적인 위치이다.[85] 선진문명을

---

85) 1. 한반도가 아시아 廣大國 - 중국과 러시아 - 에 인접되어 있는 지리적 위치에 놓여 있음을 말하고,
   2. 한반도의 지정학적 위치가 러시아와 중국, 일본의 세력투쟁에 교량

배워야 한다는 현실을 인정하나, 이에 너무 치우쳐 우리의 민족정신 (ethos)까지 잊어서는 아니 되겠다.

인류역사가 전란시대를 마감하며, 오늘날 IT(Information and technology), BT(Bio-technology), NT(Nano technology)의 지식 디지털 기술문명 시대를 향하고 있음이 현실이라고 본다면, 평화이념[弘益人間]의 종주국으로서 세계만방을 지도하여야 할 우리의 민족사적 사명을 명심하게 된다. 따라서 우리 민족은 우리의 정통사상을 깊이 연구하여 평화적 통일은 물론, 세계 인류 평화에 기여하는 방안을 찾아야 할 때가 왔다.

2. 민족사상 개관

1) 선도사상(仙道思想)

우리 고유의 사상에 관해 여러 문헌에서는 선(仙), 선인(仙人), 신선(神仙) 등으로 표현을 다르게 했지만 사상적·종교적·문화적인

적 위치로서 청·일전쟁(1894~1895)과 러·일전쟁(1904~1905)의 마당이 되었으며,
3. 중국 일본 러시아 및 미국의 세력이 충돌할 때에는, 한반도의 국력이 우세하면 세력투쟁을 중화(中和)시키는 지정학상에 완충국의 유리한 점도 있으며, 현재는 완충국의 지정학적 성격을 띠고 있다.

면을 모두 포괄한 삼신사상을 선도(仙道)라고 하는 것이 가장 바람직할 것이다. 선도는 중국으로부터 불교·유교·도교가 들어오기 전에 이미 존재한 우리 고유의 사상이었다. 그러므로 선도사상은 바로 우리 민족의 고유사상으로서 한국사상의 원형이라 할 수 있는데 그 핵심적 개념이 「천부경」에 담겨 있다.

특히 「천부경」의 '삼(三)'은 우주의 존재원리가 형상계의 구성 원리로 나타나는 개념이며, 우주와 인간의 근본을 깨우치는 선도의 핵심사상이라고 말하고, 「천부경」에서 '일(一)'은 우주 만물의 근원적 본체라는 측면에서는 체(體)요, '삼'은 현상계의 생성과 구성 및 변화라는 작용을 담당하는 용(用)이라 할 수 있다. 이때의 '삼'은 「천부경」의 문장 흐름상 바로 '천(天)·지(地)·인(人)을 뜻한다고 볼 수 있다. 따라서 여기서 '천'은 만물의 성품을 통하게 하는 원리를 뜻한다고 할 수 있고, '지'는 만물의 생명을 알게 하는 본체라 할 수 있으며, '인'은 만물의 정기(精氣)를 보전하는 주체를 말한다고 볼 수 있다.[86]

또한 존재 자체에 무수한 의문을 갖고 있는 사람들에게 보이는 현상의 차원(地) 외에도, 현상을 존재하게 한 본질의 차원(天), 또 주인 된 자리에서 본질의 세계와 현상의 세계를 연결시키고 주재하는 주체(人, 에너지)까지 인식하고 체험하게 함으로써 존재의 실체를 명확히 자각하게 한다. 더하여 주체의 확고한 중심을 갖고 본질차원의 정보를 현상차원 속에 정확하게 구현하는 삶의 모델로서 '홍익인간

---

86) 이근철, "『천부경』의 '三'에 관한 선도적 고찰", 『천부경 철학과 역사적 재해석』국학원 제6회 학술대회(2007년 7월 13일. 서울 역사박물관), pp. 37-38.

(弘益人間) 재세이화(在世理化)'를[87] 원리로서 제시한다.[88]

그런데 「천부경」 속의 '삼(三)'에는, 우주의 근본원리인 '일(一)'이 천·지·인으로 상징되는 세 가지 요소들로 나뉘어져 서로 유기적으로 조화를 이루어 다양한 역할들을 함으로써 모든 만물을 생성하고 구성하여 변화를 이끌어 낸다는 3원론(三元論)의 논리를 담고 있다. 2원론(二元論)은 상호 대립적이고 경쟁적이 될 수밖에 없는 데 비해, 3원론은 대립과 갈등을 극복하는 조화와 화합의 원리를 내포하고 있어 우주와 인간의 합일(合一)을 추구하는 선도 사상으로 이해할 수 있다.

그리고 '천·지·인'의 삼원이 인체의 上·中·下의 삼단전에 작용하여 기운을 조절함으로써 건강과 균형을 유지함을 나타내고 있다. 또한 「천부경」의 천·지·인이 「삼일신고」에서는 성(性)·명(命)·정(精)의 3진(三眞)으로 나타난다고 말하면서 '지감(止感)·조식(調息)·금촉(禁觸)'이라는 삼수행법을 통하여 '심(心)·기(氣)·신(身)이라는 3망(三妄)을 돌이켜 삼진에 이르면 선도수행의 최고경지인 '성통공완(性通功完)'에 이른다고 말하고 있다.[89]

현대에 이르러 선도는 심신이 지친 현대인들에게 효과적인 심신수련법의 방식으로 대응, 현대사회의 시의성에 부합하는 방식으로 현대화되었다. 오랜 시대의 간격을 뛰어넘어 현대사회에서도 여전히 빛을 발하는 한국선도의 생명력은 존재의 본질에 대한 깊은 통찰력

---

87) 『三國遺事』古朝鮮 "庶子桓雄 數意天下 貪求人世 父知子意 下視三危 太伯 可以弘益人間……凡主人間三百六十餘事 在世理化."
88) 정경희, "符都誌에 나타난 한국선도의 一·三論", 「仙道文化」－2집－ (천안: 선도문화연구원, 2007, p. 168.
89) 이근철, 앞의 글, 앞의 책, p. 38.

및 통찰된 인식 내용을 현실화해내는 강력한 실천성을 갖고 있다 하겠다.

2) 천부경(天符經)

天符經은 천·지·인 3재(三才)에 부합되는 경이라 한다. 천부경은 뜻 그대로 인간이 출생하여 살아가는 단계로 천지조화원리를 밝혔기 때문에 조화경이라 한다. 예로서 사람이 부부간에 합덕으로 잉태하는 새 생명은, 인위적인 계획과 관계없이 창조되는 것이니, 조화에 해당한다. 즉 천부경은 천지만물만사(天地萬物萬事)의 생장쇠멸(生長衰滅)의 우주섭리를 81자로 요약 계시한 한민족의 천경(天經)이라 하겠다.

이와 같은 「천부경」은 신라 말의 孤雲 崔致遠 선생이 이를 발견하고, 다시 한자 천부경으로 번역 재조명하였다 한다.

천부경은 자존적이며, 자율적인 창조성을 가진 우주가 대생명력에 의하여 존재하고 운행되고 있는 원리, 즉 대자연의 생성과 존재 및 운행의 원리나 이치를 숫자 31자와 한자 50자, 도합 81자로 함축하여 나타낸, 우주적 진리요, 천리인 경이며, 동시에 소우주적 존재인 사람의 도리와 인생의 노정을 설명한 것이다. 결국 천부경을 공부하고 배우는 목적은 바로 인간생활 속에서 인간의 자아(自我)발견과 자아완성인 성통공완(性通功完)에 있다 하겠다.[90]

---

90) 손경식, 『생명의 씨알: 弘益三經』(서울: 도서출판 휴먼스, 2005), pp. 29-34.

제도권에서의 연구 없이 은퇴학자들에 의해, 재야에서만 연구가 진행되고 있었으므로[91] 통일된 이론전개가 미흡하여, 이 분야연구의 초심자들에게 어려움이 많았으나, 2005년 3월 국학연구원 주관하에 제1회 천부경 연구발표 학술대회가 개최되었으며, 2007년 7월에는 천부경 연구 제3차 학술발표회가 개최되어 천부경 연구자들에게 귀중한 자료를 제공하여 주었다. 이와 같은 연구가 계속되어 천부경의 본뜻을 찾아냄으로써, 흐트러진 민심을 규합하여 재세이화에 따른 홍익이념을 토대로 하는 조국통일의 날이 오기를 간절히 기원한다.

(1) 천부경의 해설

① 원문 천부경

中	本	衍	運	三	三	一	盡	一
天	本	萬	三	大	天	三	本	始
地	心	往	四	三	二	一	天	無
一	本	萬	成	合	三	積	一	始
一	太	來	環	六	地	十	一	一
終	陽	用	五	生	二	鉅	地	析
無	昻	變	七	七	三	無	一	三
終	明	不	一	八	人	匱	二	極
一	人	動	妙	九	二	化	人	無

---

91) 대한민국 초대 문교부장관을 지낸 安浩相 박사, 2005년 말에 105세로 作故하신 학술원 회원 최태영 박사, 학술원 회원 李恒寧 박사를 위시하여, 申喆均 박사, 및 단군학회 학자들.

② 한글 천부경[92]

태초 대우주의 생성은 하나의 생명력으로부터 시작되었으나 그 시작의 때는 알 수 없고, 그 생명력은 세 근원으로 나누어졌으나 그 생명력은 없어지거나 다 소모되지 않는다.

그 하나의 생명력에서 나누어진 세 근원이란 첫째는 우주인 한울(天)이요, 둘째는 우주(한울) 속의 땅(地)이요, 셋째는 한울(天)과 땅(地) 가운데 있는 사람과 만물(人)이다. 하나의 생명력에서 세 근원인 한울(天)과 땅(地)과 사람(人)이 생성되고 완성되는 과정은, 하나에서부터 시작하여 둘, 셋 또는 두 단계, 세 단계로 쌓이고 높아져서 다섯이 되고, 일곱, 열이 되는, 또는 다섯 단계, 일곱 단계, 열 단계로 점차 완성되도록 쌓이고 높아져서 차원을 달리하는 물리적 변화를 일으켜 어떤 틀이나 형식에 구애됨이 없이 각양각색인 천태만상의 대우주로 완성되는 것이다. 이렇게 완성된 하늘과 땅과 사람은 음(−)과 양(+), 내성(內性)과 외형(外形) 등, 주체와 대상의 상대성을 이루고 있으며, 그 존재양상은 삼수를 근본으로 하는 삼상으로 존재한다. 이렇게 상대성을 이루고 있는 하늘과 땅과 사람이 크게 합하여 만물만상의 근본인 6수가 이루어졌으며, 이 육수를 기본으로 하여 7수, 8수, 9수의 대우주를 형성하였다. 하늘(天)과 땅(地)이 조화하여 3개월씩 4계절(봄, 여름, 가을, 겨울)로 운행되며, 오행(水木火土金)과 7요(曜−日月火水木金土)가 고리가 되어 한 해를 이루듯, 돌고 돌아 원과 같이 운행되는 것이다. 이렇게 하나의 생명력은 신

---

92) 송부웅, 『한(桓−KHAN)문화 세계를 돌아오다』(서울: 지혜원출판사, 2006), pp. 224−225.

묘하게 화학적 또는 물리적 변화 등, 대우주생성과 운행으로 만 번 가고, 만 번 오는 쓰임의 변화가 있을지라도 그 근본인 생명력과 그 근본이치는 항상 변함이 없는 것이다. 마음의 근본인 사람의 성품이 태초의 근본인 건양(乾陽)으로 밝게 비쳐 나타나면, 비로소 사람(人)을 중심으로 하늘(天)과 땅(地)이 하나로 되는 것이다. 태초 하나의 생명력으로부터 시작된 대우주의 시작을 알 수 없듯이, 그 대우주의 끝도 알 수 없다.

대우주의 존재와 운행은, 시작과 끝을 알 수 없는 원과 같이, 그 끝이 곧바로 시작으로 연결되어 돌고 돌듯이 무한히 영속되는 생명력인 것이다. 그 가운데 땅도 사람도 한울도 끝이 없이 영존하는 생명인 것이다.

③ 천부경의 분류와 풀이

천부경을 이해하기 쉽게 문단별, 주제별로 나누어 그 심오한 뜻을 알 수 있도록 구분하여 풀이하여 본다.

〈1〉 문단별 분류와 풀이: 필자의 미숙한 풀이를 소개한다.
一始無始 一析三極無盡本: 모든 것은 하나에서 시작되나 그 하나는 시작이 없고, 하나가 나뉘어 셋이 되지만 그 다함이 없는 근본은 그대로이다.

天一一 地一二 人一三: 셋 중 하늘이 첫 번째로 나온 하나고, 땅이 두 번째로 나온 하나이며, 사람이 세 번째로 나온 하나다.

一積十鉅無匱化三: 하나가 모여 열이 되고, 우주의 기틀이 갖추어지되, 모두 셋으로 이루어져 있으니

天二三 地二三 人二三: 하늘이 둘을 얻어 셋이 되고, 땅이 둘을 얻어 셋이 되고, 사람이 둘을 얻어 셋이 된다.

大三合六生七八九運: 크게 합하여 여섯이 되고, 여섯이 일곱과 여덟을 만들며, 아홉에서 순환한다.

運三四成環五七一: 셋과 넷이 어울려 고리를 만들고, 다섯과 일곱이 어울려 일체가 된다.

妙衍萬往萬來 用變不動本: 만물이 이와 같은 질서 속에 오묘히 오고 가며 온갖 모양과 쓰임을 지어내지만, 그 근본에 있어서는 변함이 없다.

本心本太陽昂明人中天地一: 본마음은 태양과 같아서 오직 빛을 향하니 사람 안에 하늘과 땅이 있어 셋이 일체를 이룬다.

一終無終一: 모든 것이 하나로 끝나되, 그 하나는 끝이 없다.

〈2〉 주제별 분류 풀이를 하여 보면 다음과 같다.[93]

<2>-1. 시동훈(始動訓): 이는 이 광대무변하고 신기 망측한 대우주와 대우주 내의 모든 현상에 대한 천리를 밝힌 가운데 그 시발이 되는 생명력, 이른바 역학원리인 정극이동(靜極而動)에서의 동이 시작되는 그 천리를 깨우쳐 놓은 것이다. 이는 천부경 81자 가운데 제일 첫 구절이 이에 속한다. 즉,

一始無始 一析三極 無盡本　天一一 地一二 人一三

一積十鉅 無匱化三을 말한다.

<풀이>: 태초에 대우주 생성의 시작은 하나의 생명력으로부터 시작되었으나, 그 시작의 때는 알 수 없다. 대우주는 태초에 하나의 생명력으로부터 세 근원으로 나누어졌으나, 그 하나의 생명력은 없어지거나 다 소모됨이 없는 것이다. 하나의 생명력에서 나누어진 세 근원이란, 첫째는 우주인 하늘(天)이요, 둘째는 대우주 속의 땅(地)이요, 셋째는 하늘(天)과 땅(地) 가운데 사람과 만물(人)이다. 세 근원인 하늘(天)과 땅(地)과 사람(人)이 생성되고 완성되어 가는 과정은 하나에서부터 시작하여 둘, 셋 또는 두 단계, 세 단계로 쌓이고 높아져서 다섯이 되고, 일곱이 되고 열이 되는, 또는 다섯 단계, 일곱 단계, 열 단계로 점차 쌓이고 높아져서, 완성(10수)이 되도록 쌓이고 커져서, 완성(10수) 단계로 차원을 달리하는 물리직 변회를 일으켜, 어떤 틀이나 형식에 구애됨이 없이 각양각색의 천태만상인 대우주로 완성되는 것이다.

---

93) 송부웅, 위의 책, pp. 230-233.

<2>-2. 조화훈(造化訓): 이것은 그러한 시동이 어떠한 조화를 펼치고 있는가에 관하여 깨우쳐 놓은 것이다. 즉

天二三 地二三 人二三 大三合六 生七八九를 말한다.

<풀이> 완성된 한울과 땅과 사람과 만물은 음(-)과 양(+), 내성과 외형, 주제와 대상의 상대성을 이루고 있으며, 그 존재양상은 삼수를 근본으로 하는 삼상(三相: 삼원색, 삼신, 머리 몸통 사지 등)으로 존재한다. 한울과 땅과 사람의 음과 양인 2수가 합하여 만물만상의 구분수인 6수가 이루어졌으며, 이 근본 6수에서 7수(눈 둘, 코 구멍 둘, 귀 둘, 입 하나)인 얼굴의 7성(七星)과 7회 제신력(諸神曆), 북두칠성과 8수 9수(9규)의 대우주를 형성하였다.

<2>-3. 중축훈(中軸訓): 이는 앞에서 논한 造化를 이루게 하는 중심이 되는 축이 있는데, 그 축에 관하여 깨우쳐 놓은 것이다. 즉

運三四成 環五七 一妙衍 萬往萬來 用變不動本을 말한다.

<풀이> 하늘(天)과 땅(地)이 조화 운행하여 3개월씩 4계절(봄, 여름, 가을, 겨울)을 이루고, 오행(水木火土金)과 7요(曜-日月火水木金土)가 고리가 되어 한 해를 이루듯 돌고 도는 원과 같이 운행되는 것이다. 이렇게 하나의 생명력은 신묘하게 화학적 또는 물리적 변화 등, 만 번 가고 만 번 오는 쓰임의 변화가 있을지라도 그 근본인 생명력과 그 근본의 이치는 변함이 없는 것이다.

<2>-4. 인성훈(人性訓): 이는 대우주의 조화에 의하여 생성된 생명에는 제각기 성품이라는 소위 천리부명(天理賦命)이 있다는 것인바, 그 가운데 사람이 이른바 만물지수(萬物之秀)인 까닭에 人자로

서 대표하여 깨우쳐 놓은 것이다. 즉

本心本太陽昂明人中天地一을 말한다.

<풀이> 마음의 근본인 사람의 타고난 성품과 목숨(生命)과 감정은 태초의 근본인 건양으로 밝게 비치어 나타나면 비로소 사람을 중심으로 하늘(天)과 땅(地)이 하나가 되는 것이다.

<2>-5. 순환훈(循環訓): 이렇게 하나 된 대우주와 대우주 내의 일체현상의 운행원리는, 그가 진행하다가 단절되는 것의 이른바 유한한 것이 아니고, 원운동으로서의 무한속성의 발전적 연속임을 깨우쳐 놓은 것이다. 즉

一始卽一終而 一終卽一始로서, 一終無終一을 말한다.

<풀이> 태초에 하나의 생명력으로부터 시작된 대우주 생성의 시작을 알 수 없듯이, 대우주의 존재와 운행의 끝도 알 수 없는 것이다. 이는 원(圓)의 시작과 끝을 알 수 없듯이 대우주의 존재와 운행의 생명력도 그 끝은 곧바로 새로운 시작의 원으로 연결되듯이 무한히 연속되는 생명력인 것이다.

무한한 대우주, 늘 변함없는 하늘, 그 가운데 땅도 사람도 하늘도 끝이 없이 영원히 영존하는 생명이라는 것이다.

(2) 천부경의 독경[94]

천부경의 또 다른 의미는 대우주의 생명력인 氣를 받아들이는 經

---

94) 송부웅, 위의 책, pp. 233-234.

으로서 우리에게 주어진 것이기도 하다. 따라서 천부경을 학문적으로 이해하지 못할지라도 대우주의 기를 받는 경으로서, 천부경을 열심히 독경하면 대우주의 기를 통하여 성통공완에 이르는 신비의 능력과 신통력을 얻어 대자연의 원리를 깨닫고, 인체와 자연의 원리를 환히 아는 길이 있다. 이때 사람에 따라 깨달음도 다르고, 능력도 다를 수 있는 것이다. 그 깨달음과 능력의 범위는,

첫째, 보는 것으로서 가깝게는 저와 남의 6장 6부와 털구멍으로부터, 멀리로는 하늘 위와 땅속과 물속의 모든 정형을 밝혀 보는 것이다.

둘째, 듣는 것으로서 하늘과 땅 위와 뭇 누리에 있는 사람과 만물의 말과 소리를 모두 듣는 것이요.

셋째, 아는 것으로서 하늘 위와 하늘 아래, 전생과 내생, 과거와 미래의 모든 일들과 사람과 만물의 마음속에 잠겨 있는 모든 비밀을 빠짐없이 다 아는 것이요,

넷째, 행하는 것으로서 눈, 귀, 입, 코의 능한 바를 모두 쓰고, 헤아릴 수 없는 뭇 누리를 번개같이 오고 가며, 허공 속과 땅 속과 쇠와 돌과 물과 불 속을 거침없이 통해 다니며, 몸을 억만 개로 나누어 온갖 것으로 변화하여 제 마음대로 다니는 것 등의 신비한 능력을 얻을 수 있는 것으로 천부경은 인간 수양과 성통공완을 위한 주경으로서, 조화경인 것이다.

(3) 한민족이 유념할 사항

천부경은 기존의 경전들과는 달리 수리를 기본으로 하고 있는데,

수리는 진리를 전하는 가장 효율적인 수단이며, 동서고금을 막론하고 언어와 문화의 장벽을 뛰어 넘어 사상과 문화를 하나 되게 하는 가장 효율적인 수단임을 간파한 조상들의 지혜와 천손민족의 자긍심을 오늘에 되살리게 한다. 또 하나 간과하면 안 될 것은, 천부경을 풀이한 책을 보면 百人百色이라는 사실이다. 천부경은 본래 천지(天地)의 본체인 '나'를 밝히기 위한 성경이었으나, 나를 몇 마디의 말로 나타낸다는 것은 불가능한 일이나, 천부경 81자 속에는 하나에서 시작하여 하나로 돌아가되 그 하나는 시작도 끝도 없다는 '한사상,' 하나의 원리가 세 가지 모습인 하늘·땅·사람으로 작용하여 우주만물을 생성 변화시킨다는 '천지인사상' 그리고 이러한 원리에서 나오는 실천적 지침으로 모든 인간, 모든 생명을 크게 돕는다는 '홍익인간 사상'이 두루 담겨 있음을 알게 한다.

우리의 상고 환웅, 단군시대는 홍익이념이 구현된 태평의 진리화 세계가 수천 년간 지속되어, 일찍이 아시아의 황금시대를 이루었음은 고기에, 또한 인도의 타고르는 혹독한 일제시대하에서도 장차 한 민족이 '동방의 등불'이 될 것임을 예견한 바 있다(1929). 우리는 조국의 통일을 목전에 둔 시점에서 우리의 민족사상을 찾아, 세계에 전파 교화할 만한 이념인 홍익인간에 의해 재세이화할 수 있는 '홍익인간의 틀: 통일헌법'을 창안하여 남·북의 사이에 그 제도외 실험장을 만들어야 하겠다. 21세기는 대서양시대의 물질제일주의에서 영육쌍전(靈肉雙全)의 태평양시대로 전환하여야 할 시점이기에, 홍익인간과 홍익화백 연구에서 논의될 '홍익화백제도' 연구를 깊이 하여, 오늘날 크게 도전받고 있는 자유민주주의의 모순을 시정 보완한 민주주의의 극복책으로서 발전적 모형인 홍익인간 이념에 따른 홍익화백주의체제를 창안 통일한국의 정치체제로 정립코자 한다.

3) 삼일신고(三一神誥)[95]

三一神誥는 하나님의 가르침으로서 총 366자를 천훈(天訓), 신훈(神訓), 천궁훈(天宮訓), 세계훈(世界訓), 진리훈(眞理訓) 등 5훈으로 분류한 홍익정신의 핵심 교화경이다.

첫째, 천훈은 하늘의 가르침이니, 하늘이 무엇이냐고 물을 때에 올바른 답변이 어려울 것이다. 여기에서 하늘의 개념을 명백하게 밝혀주고 있다.

둘째, 신훈은 하나님의 가르침이니, 큰 덕·큰 지혜·큰 능력으로 무수한 세계를 창조, 주재하시는 하나님께서, 인간의 뇌에 강림한 신자(神子)를 통하여 절묘하게 친견하는 견성의 원리를 밝히고 있다.

셋째, 천궁훈은 하나님 궁전의 가르침이니, 만선(萬善) 만덕(萬德)의 계단 문호로서 모든 영철(靈哲)이 호위하는 큰 길상 광명의 곳이며, 성통공완자의 길이 쾌락을 누리는 곳임을 밝히고 있다.

넷째, 세계훈은 우주의 생성과정 등의 가르침이니, 지구를 하나의 둥근 구슬에다 비교하여, 태양계에 속해 있는 별과 같은 존재임과, 우주의 구성 상태를 밝히고 있으며, 일세계사자(태양신)가 7백 세계를 통할하고 있음을 밝히고 있다.

다섯째, 진리훈은 인간이 필수적으로 알아야 할 진리의 가르침이

---

95) 손경식, 앞의 책, pp. 61-83.

니, 사람이 만물과 달리 성명정(性命精) 삼진(三眞)을 받았으나 심기신(心氣身) 삼망(三妄)에 뿌리를 박음으로 인하여 선악 청탁 후박으로 섞여져 있다. 중생은 생(生)·장(長)·초(肖)·병(病)·몰(沒)의 고통에 떨어지니, 철인(哲人)은 지감(止感)·조식(調息)·금촉(禁觸)으로 한결같이 수행하여 망령됨을 돌이켜 대신기(大神機)를 발휘하며, 성통공완할 수 있는 이치를 밝혀 주고 있다.

삼일신고의 핵심은 지감, 조식, 금촉으로 성통공완이 되게 하는 데 있다. 그런데 오늘날 현대인에게는 커다란 장벽이 가로놓여 있다. 그것은 물질문명에 대한 최면이 깊어 이와 같이 고귀한 진리가 보이지 않으며, 또한 마음에 접근이 쉽지 않기 때문이다.

현대의 물질과학은 인간의 호기심을 이끄는 온갖 기구가 일상생활 속에 깊이 파고들어가 있어, 거기에 사람의 마음은 다 빼앗기고 있다 하여도 과언이 아니며, 사치와 허영은 극도에 이르고 있다. 또한 사행심을 부추기는 온갖 기구는 어린아이들의 정신을 몽땅 빼앗고 있으니 남녀노소를 막론하고 본성을 생각하고 진리를 탐구하여 생명의 빛을 보존하는 데는 관심을 가질 겨를이 없다.

오늘날의 대세가 현재의 조류를 그대로 지속할 경우 자연의 공해와 인간의 사악함이 극도에 다다르고 있는 것이 현실이니, 참으로 냉철하게 우리의 시대를 살펴보는 지혜가 요구된다.

지금 이 시점에서 주변 일본의 경제력, 중국의 중화중심사상(Sinocentrism)을 바탕으로 한 우월주의, 미국의 세계적 패권주의가 우세한 현실이나, 이들 주변 강대국들이 아무리 무너니 해도 태평양 시대의 상등국은 앞으로 한국이 되도록 우리 민족은 심혈을 기울여야 하겠다.

여기에는 대순진리회의 다음의 전경(典經)을 밝혀 둘 필요가 있다.

만국활계(萬國活計) 남조선(南朝鮮)

청풍명월(淸風明月) 금산사(金山寺)

문명개화(文明開花) 삼천국(三千國)

도술운통(道術運通) 구만리(九萬里)[96]

(온 세계가 살아갈 계책은 남한에 있으니, 밝은 바람, 밝은 달이 뜬 금산사(金山寺) 일대문명으로 개화된 3천 개 국가가 도술로 운통이 되어 하늘 9만 리에 뻗는구나)

이 비구(秘句)가 시사하는 교훈은 오늘의 우리 남한이 전 세계에서 살아갈, 활개 칠 샘터가 될 것임을 예언하고 있다.

한민족은 이 같은 웅장한 한국의 미래를 내다보면서 남·북은 민족의 갈등을 해소하고, 모든 국민이 공감하고 힘을 발휘할 수 있는 '홍익화백제도'를 창안하여 평화통일을 이룩하면서, 전 세계인이 동경하고 모방하게 될 정치적 선진 국가를 이루도록 노력하는 길만이 중요하고 시급한 당면과제인 것이다. 일찍이 서구의 기계문명, 물질문명을 비판한 「25시」의 작가이며 불란서 신부인 게오르규는 "Korea의 홍익이념과 선비사상이 세계를 지배하는 산소역할을 할 것이다."라고 하였다.[97]

---

96) 대순진리회 典經에서 14, p. 314.
97) 신철균, "민족과 평화통일사상", 『증산사상 연구』−제113집−(1989), p. 121.

4) 참전계경(參佺戒經)98)

참전계경은 전(佺)에 참여하여 계(戒)를 받는 경(經)이라는 뜻이며, 또한 치화경(治化經)이라 하니 이는 지치(至治) 즉, 이상적인 통치를 목표로 한 최고의 치화지침서이다.

참전계경 366사(事)는 삼국유사 고조선 편에 범주인간삼백육십여 사 재세이화(凡主人間三百六十餘事 在世理化) 즉 모든 인간의 360여 사리를 위주로 하여 현재 세상을 진리화하라 한 데서 근거를 찾을 수 있다. 여기에서 홍익이념은 홍익인간 외에 재세이화(在世理化)·이화세계(理化世界)도 포함되었음을 알아야 하며, 참전계경 366사가 상고(上古)로부터 있었던 것을, 고구려 초기 을파소 국상에 의하여 재조명되었음을 알 수 있다.

을파소 선생이 일찍이 백운산에 들어가 지성으로 수도 끝에 신선(佺)의 협조를 받아, 4천여 년 전부터 전해져 오다가 국운쇠퇴와 더불어 자취를 감추게 된 참전계경 366사를 재조명하여, 상고시대 이후 홍익문화를 다시 일으킨 것은 사실이다.99)

그러나 삼신신앙의 우리 민족이 대삼합육(大三合六)에 의하여 천존지존(天尊地尊): 1, 2, 3, 4, 5, 6시대를 거쳐, 21세기 인존: 7, 8, 9시대에 결실하게 된 것은 하늘의 계획이라고 한다. 따라서 현대의 정보문화시대에 원시반본(源始返本)으로 소도삼경(蘇塗三經)은 인류의 생활지침이 될 것으로 믿는다.

98) 손경식, 앞의 책, pp. 87-185.
99) 손경식, 위의 책, p. 87.

참전계경은 팔리훈(八理訓)이라고도 하니 이는 성(誠)·신(信)·애(愛)·제(濟)·화(禍)·복(福)·보(報)·응(應) 등 팔리(八理)로 분류하고 있음이며, 다시 45절에 366사로서 세분하고 있어, 三一神誥와 같이 1년 366일, 인체 366穴, 366骨과 일치하고 있으니, 천지인의 창조원리에 부합한 경이라는 데서, 타 경전에서는 볼 수 없는 진리경임을 알 수 있다.

참전계경은 편의상 장·절·사로 표시하여 8장 45절 366사로 분류하였으나, 원문은 8리를 각각 달리 표시하여 8리의 특색을 나타내고 있으니,

1理 誠은 6體 46用에 합 54事

2理 信은 5團 35部에 합 41事

3理 愛는 6範 43圍에 합 50事

4理 濟는 4規 32模에 합 37事

5理 禍는 6條 42目에 합 49事

6理 福은 6門 45戶에 합 52事

7理 報는 6階 30級에 합 37事

8理 應은 6果 39形에 합 46事로 분류되고 있다.

이는 현대국가의 법령과도 같은 의미를 내포하고 있다 할 수 있으며, 治化經이라는 이름이 시사하듯 수신제가치국평천하(修身齊家治國平天下)의 도리가 여기에 완전히 구비되어 있다. 그러므로 인간을 홍익하고 만물을 제도함이 참전계경으로 말미암아 이루어지지 않음이 없다고 하였다.

물질문명이 발달된 현대에도 남쪽의 외딴 섬나라에서는 나체에 원시생활을 하면서 춤추고 즐기는 것을 볼 수 있으며, 또한 자유경제

와 문명이 발달한 오늘날에도 이를 등지고 고립하다 보니 수백만 국민을 아사시키는 북한과 같은 경우도 있는 반면에, 싱가포르와 같이 소수민이라도 세계 제일의 기록이 다수 있는 풍부한 생활을 하는 나라도 있다. 그러므로 지도자를 잘 뽑아 화합하고 근면한 나라는 부강할 수 있다는 증거를 현실에서 볼 수 있다.

이러한 면에서 볼 때에 우리나라는 한때 아세아의 4룡으로 각광을 받았었고, 현재도 무역 10위권에서 IT강국으로 경제적인 면에서나 체육 분야에 있어서 무한한 가능성을 기대할 수 있다. 이를 위해 국민의 정신면에 있어서 하나로 결집시키는 방법을 찾아야 하겠다.

기후가 바뀌면 기후에 따라 의복을 갈아입어야 하듯이 21세기는 신인(神人)의 합일에 의하여 새 시대를 열어가는 때이므로 과거와 같은 불투명한 사실이 통하지 않는 투명한 사회로 바뀌고 있다는 사실을 알아야 한다.

오늘날 과학문명이 인류의 생활에 매우 편리한 것은 사실이나, 그 과학문명으로 인하여 인류는 희망을 잃은 인생으로 전락하고 말았다. "하나님이 과학기술은 서쪽 사람에게 주어 성인의 역사를 협조하는 데 쓰고, 하나님이 조화로써 우리 대도에게 주어 서인의 악을 제거하는 데 쓰느니라."고 하였다. 여기에서 서양의 과학정보는 성인(聖人)의 구제 역사를 돕도록 하기 위하여 준 것이며, 우리에게 조화를 주는 것은 서양 사람의 살인무기 등 악을 제거하기 위함임을 명쾌하게 밝히고 있는 것이다.[100]

이를 현대적 논법으로 서술하면, 20세기까지는 공리적 자유민주주

---

100) 손경식, 위의 책, pp. 87-92.

의에 의해 물질문명의 획기적 발전이 있었다면, 21세기 이후에는 한국의 홍익화백주의를 통하여 정신문화의 발전과 인류평화가 보장되는 시대를 개화(開花)시켜야 할 책임을 한민족에게 강요하는 암시(暗示)로 우리는 받아들여야 하겠다.

오늘의 한민족에게는 원칙 없는 남·북의 통일에 대한 기대를 버리고,[101] 21세기가 요구하는 홍익화백제도를 창안하여, 남·북의 통일과정에 적용, 실험, 발전시켜, 이 제도가 자연스럽게 남·북에 파급되는 방안을 모색하여야 하겠다. 그리하여 남과 북이 다 같이 승리자가 되어, 한반도의 평화적 통일은 물론, 통일과정이 21세기 인류의 정치발전에 향도적 역할을 다하도록 함과 동시에 홍익화백제도가 지니는 홍익인간이념이 인류평화에 기여토록 하여야 하겠다.

5) '한(桓)' 사상

(1) '한'의 어원과 어휘

천부경의 연원인 '한'사상의 뿌리는 옛 한국의 환인이 환웅에게 말씀한 홍익인간에서 나온 것으로서[102] 아마도 지구상에서 존재의

---

101) 우리는 사라져가는 1人전제체제인 북한의 사회주의체제나, 모든 국민에게 실망을 안겨주는 남한의 서구식 민주주의체제는 안 되겠다. 통일한국은 이 시대를 동서로 갈라놓았던 그런 이념이 아니라, 세계를 통합할 수 있는 汎世界的 통일이념을 찾아야 하겠다.
102) 『三國遺事』古朝鮮: 昔有桓國(桓仁)……父知子意……可以弘益人間.

근원을 '한'이라는 한 글자로 표현한 집단은 없을 것이다. 한단고기에 보면,

"'한桓'은 全一이며 光明이다. 全一은 三神의 지혜와 능력이라 하고, 光明을 三神의 참된 덕(德)이라고 하니, 곧 우주만물에 앞섬을 말함이다."[103]라고 함으로써, '한'은 '전일'과 '광명'이며 우주만물에 앞서는 것으로 이해했다. '한'은 우리 민족 믿음의 근원이요 삶의 원천이라는 것이다. 태양은 광명이 만나는 곳이며 三神이 계시는 곳으로, 인간은 빛을 얻음으로써 농사를 짓고 스스로 교화된다는 말도 이와 통하는 말이다.[104]

천·지·인 합일, 조화, 통일 등을 의미하고 있는 '한'의 여러 뜻[105]을 살펴볼 때, '한'은 크다, 하늘이다, 하나다, 으뜸이다, 바름(正)이다, 길다, 전체, 밝음 등 무한대의 최선과 근원적 의미를 갖고 있음을 알 수 있다.

이와 같은 의미에서 우리의 조상들은 우주 삼라만상의 근본적 실재를 '一'이라고 했으며, 이것은 '한'을 의미한 것이다. '一'은 순환하여 그치지 않는다. 이 같은 '一'은 가장 크고 가장 미세하여 그것은 바깥도 안도 없으며, 앞도 뒤도 없는 것으로서 모든 만물의 근본적 실재가 된다. 여기서 말하는 '一'은 산술학에서 말하는 숫자의 '一'이 아니며, 그것을 초월한 것을 뜻한다. 다시 말하어 숫자로는

---

103) "桓國注曰桓者全一也光明也全一爲三神之智能光明爲三神之寶德乃宇宙萬物之所先也." (桓國本紀第二, 桓檀古記, 57).
104) 김동환, "우리의 哲學과 국학" 『國學 그 意味規定을 위한 試圖』(서울: 국학 학술원 2006년 2월 14일 제8차 국학 학술발표회), p. 109.
105) 신철균, "민족화합의 뿌리로써의 '한'사상", 『國祖檀君』(서울: 단군정신선양회, 1982), pp. 250-252.

설명할 수 없는 무한의 의미의 크기를 말한다. 따라서 이러한 의미의 '一'은 만물생성의 근본적 실재가 된다고 했다.

'한'이란 말은 외래사상의 영향을 받지 않은 순수한 우리 민족의 정신적 뿌리로서 일반적으로 여러 가지 뜻을 가진 '한'의 어원에 대한 학설을 문헌상으로 종합하여 정리한 학자들도 많으며, '한'사상은 무한히 광범하면서도 너무나도 심오한 뜻을 지니고 있기 때문에 시대나 지역에 따라 의미하는 바가 다소 다를 뿐만 아니라 믿음의 대상에 따라서도 그 개념이 다양하게 나타나고 있음을 볼 수 있다.

'한'사상이 "밝다, 크다, 희다, 제일 높은 자, 우두머리라는 한이요, 다양하다는 한으로서, 한(韓), 한(汗), 한(漢), 탄(TAN), 칸(KHAN), 하나, 전체적 하나, 하나님[106]" 등으로 압축해서 볼 수 있는바, 이는 우리 민족의 태양숭배사상과 삼신오제본기(三神五帝本紀)에 "대시(大始)에 위, 아래, 사방은 일찍이 아직 암흑으로 덮여 보이지 않다가, 옛 것은 가고, 지금은 오니, 오직 한빛이 있어 밝더라."고 한 '밝다'에서 나왔다. 종교적으로 '하나님'의 뜻을 지닌 것은 역시 삼신오제본기(三神五帝本紀)와 천부경의 一始無始一 一終無終一의 일(一)에서 나왔으며, '크다, 밝다, 희다'고 한 것도 우리 민족의 우주관(宇宙觀)과 신관(神觀)에 따라 옛날 우리 민족을 '배달민족' 또 그들의 국가를 배달국, 한국으로 이름 한 데서 비롯되었다고 보는 것이 온당하다고 본다.

대전(大田)을 '한밭'이라고 별칭하는데 가장 큰 밭을 '한밭'이라고 하여, 가장 밝은 낮 시간을 '한낮'이라고 하는 것처럼, '한'은 크고

---

106) 하느님은 天神을 말하고 하나님(一神)은 全一 모두를 하나(一)로 하는 이념을 말한다. 一神(하나님): 天神(하느님), 地神(검님), 人神(太神님).

밝다는 뜻에서 연유했으며, 밝다와 희다와의 연관성은 밝은 대낮을 '백주(白晝)'라고 하는 것만 보아도 알 수 있다. 우리 민족을 '한민족'이요 '배달겨레'라고 부르는 것도 이러한 뜻에서 유래한 것으로 보아야 하며, 우리가 명심해야 할 것은 '한'의 어원이 비록 우리 민족에서부터 기원했다고 하더라도 그 말이 생겨날 당시에는 우리 민족이 여러 민족으로 갈라지기 전의 '한'이었기 때문에 그 의미가 세계 공통성을 띠고 있었다는 사실이다. 그러므로 '한'사상은 우리 민족의 사상인 동시에 전 세계 인류를 포용하는 홍익인간사상과 같은 넓은 의미를 지니고 있는 사상으로 보아야 할 것이다.[107]

(2) '한' 사상의 뿌리(弘益人間)와 '한' 문화권(文化圈)

'한사상(桓思想)': 인류 12개 나라를 하나로 한 옛 한국사상(오늘의 UN과 같은 사상). '일사상(一思想)': 모두를 하나로 하는 사상을 뜻한다. '한'의 대아(大我)정신[108]에서 분파된 교리가 유・불・도 3교라 할 수 있다. 분파되었다는 것은 삼국유사 고조선 기록에 의한 가이 홍익인간……솔도……삼천(可以 弘益人間……率徒……三千)의 후예에서 탄생된 홍익인간 전수족을 말한다. 따라서 모든 종교가 홍익인간에서 파생되었다고 할 수 있다.

---

107) 河泓鎭, 『'한'文化의 새發見』(서울: 도서출판 꿈이 있는 집, 2005), pp. 24-31.
108) ①. 우주의 유일・절대적인 本體→大宇宙. ②. 좁은 견해나 執着을 떠난 경지, 곧 '참된 나'를 佛家에서 이르는 말↔小我. ③. 나, 너, 그가 한 몸이 된 삶의 정신.

이와 같이 생각해 볼 때, 홍익인간 정신은 ① 하늘과 땅의 의미를 인간유익을 위한 가치체계로 융화시키는 영생주의(永生主義), 민본주의(民本主義), 인간존엄주의(人間尊嚴主義)를 바탕으로 하고 있고, ② 이것을 바탕으로 하는 유일하고, 높은 '한'의 민족사의 정통성은 바로 우리 고유의 독창적 문화의식을 갖고 있을 뿐만 아니라, 더 나아가서 세계문화의식과 연류되는 보편적 문화가치를 시사하고 있는 것이다.

'한'문화권의 뿌리는 곧 홍익인간에서 유래되었다. 세계문화권 형성에 있어 Hebraism(헤브라 사람들: 유태사람들의 유태주의)인 신본주의(Theo-centralism)와 Hellenism(헬라스 사람들: 그리스사람)인 인본주의(Humanism)가 있는데 이를 종합한 근원적 문화권을 바로 필자는 동방의 '한'문화권으로서 이를 Hanism라고 말하고 싶다.[109]고 했다. 이 점에서 '한이즘'은 유·불·선 3교를 이미 포용하고 있다. 따라서 '한'문화권은 세계문화의 근원지다. '한'문화권은 곧 동방의 문화권이며, 동방의 문화권은 동이(東夷)의 후예인 한민족의 문화권이다. 여기서 '한'문화는 단순한 '한'이 아니고, 자기 속에 유·불·선 등 동양문화의 정수(精髓)를 담고 조화시켰던 동양문화의 상징으로 확인된다.

동이문화권의 유일한 주체는 우리 한민족이다. 이같이 한민족이 주체가 되어 쌓고 이어 온 동이문화의 유구한 성격이 '군자불사지국(君子不死之國)' 등의 영원성으로 설명되고 있는 것은 동이문화 그 자체의 본질 때문이다.

---

109) 신철균, 앞의 글, p. 254.

동이문화의 지주국(支柱國) 한민족은 자기(민족)이라는 주체가 나아가서 인류라는 전체와 만나며 전체는 하나(一)가 되어 그것은 언제나 온(全 또는 大)을 이룬다. 이것은 개체와 전체를 하나로 조화시키는 '한'의 대아개념이며, 한민족이 지탱해 온 '한'문화권은 언제나 주체와 세계성이 동화되기를 바란다. 이 점에서 '한'의 사상은 인류평화사상, 세계보편성을 내포하고 있다.

(3) '한'은 평화의 실천사상

'한' 곧 평화사상이며 평화의 실천사상이다. 한민족은 지금 5천 년 이상을 살아가고 있는 민족이다. 우리는 남의 나라를 한 번도 침략한 역사가 없었으며, 선린 우호주의였다. 그러나 우리 민족이 걸어온 역사의 길은 어느 민족보다도 어려웠다. 우리 민족은 평화 홍익인간 전수족으로 평화 선호민족이기에 다툼을 기피하였다. 그러나 역사상 이민족의 침략만도 천여 회에 달하고, 홍익인간 이념을 수호하기 위해, 온 국민이 함께 전면전쟁 형식으로 막아야 했던 커다란 민족적 고난만도 근 백회에 다다르고 있다. 그런데도 한민족은 살아남았다. 17세기에 침략해 왔던 만주족(여진의 후예)은 지상에서 거의 사라졌고, 13세기 우리를 괴롭혔던 몽고족은 그 절반도 살아남지 못하였는데도 한민족은 지금 살아남았다. 그렇다면 이같이 5천 년 이상 살아남게 한 본질과 저력은 무엇인가?

여기서 본질적으로 한민족에게 추구되고 형성되어 온 평화의 저력이 발견된다. 그것은 무수한 전쟁 속에서도 평화를 받들고 살아온 한민족으로 요약된다. 고구려 영양왕(嬰陽王) 23년(612) 수(隋)의 30만 대군과 싸우면서 을지문덕(乙支文德) 장군은 다음과 같은 화평의 시(詩)를 적장 우중문(宇仲文)에게 보냈다.

"신기한 책략은 하늘의 이치를 다했고 오묘한 계획은 땅의 이치를 다했소, 이제 전쟁에서 그대 공이 높으니 족함을 알고 그만두기 바란다……."(三國史記 本傳 중에서)

이같이 침략해 온 적장에게까지 '지족원지운(知足願止云)'을 종용했을 때 그것은 곧 전쟁을 끝내기를 바라는 평화의 염원에서였다. 이는 상대방에도 만족을 주는 화평(和平)의 상호관계에서 이루려는 평화사상이었다. 그러나 이 같은 평화사상은 상대가 그 뜻을 몰라 끝까지 따르지 않을 때 이를 공격하여 좌절시키는 (隨軍생존자는 겨우 2천여 명) 적극적 평화 실천력으로 나왔던 것이다.[110]

따라서 '한'사상은 평화의 실천 주체사상이다. 평화에 대한 인식에 있어서 동·서양은 근원적으로 상치된 배경과 사유를 보이고 있다. 서양은 평화에 대한 인식을 전쟁과 갈등 면에서 보는 경향이 있으나 동양은 우주, 자연, 天·地·人의 조화인식에서 평화를 사유한다. 세계사에서 전쟁이 가장 많이 일어난 지역이 구라파이고, 따라서 서구는 평화인식을 전쟁을 떠나서 생각할 수 없다. 전쟁은 갈등의 한 형태이며, 집단적 존재에 언제나 있을 수 있는 일이다. 이것이 평화에 대한 서구의 인식이다. Kant의 「영구평화론」(Zum ewigen Frieden)도 사실은 그의 집필동기가 수세기에 걸친 유럽에서의 전쟁의 참화를 의식한 데서 전쟁의 원인을 없애고자 나온 이상론이었다. 서양은 전

---

110) 최창규, 『韓國의 思想』(서울: 서문사, 1975), pp. 14-15.

쟁, 침략, 투쟁지향의 역사였으며, 싸우면 수단과 방법을 가리지 않고 이겨야만 한다는 전승공취(戰勝攻取)의 잔악성을 보이고 있다.

우리의 평화사상의 위대성은 서구인의 전쟁관 이전에 이미 천・지・인 조화사상에 바탕을 둔 사유라는 점에 있다. 서구는 평화에 대한 인식을 전쟁, 투쟁, 갈등 등 대립적 요인에서 보기 시작했지만, 한국은 조화관, 포용성에서 보기 시작했다는 점을 알 수 있다. 이와 같이 살펴볼 때, 한민족의 민족사적 정통성은 우리 민족의 얼인 홍익인간의 뿌리인 '한'의 민족사관이 주맥이며, 이러한 '한'사상은 평화의 실천사상에서 찾아야 한다.

(4) '한' 민족이 유념할 사항

상술한 바와 같이 우리의 '한'사상은 옛 한국 한인(桓仁)이 한웅(桓雄)에게 당부한 가이 홍익인간(可以 弘益人間)[111]의 정신이 단군조선에 이어져, 경천(敬天) 숭조(崇祖) 애인(愛人)을 실현함으로써 홍익인간의 얼을 심었다. 만민만사가 하나이기에 너 죽고 나 살자가 아니라 너도 살고 나도 사는 평등을 상징하는, 이 홍익인간이 지니고 있는 '얼'이야말로 그것은 비단 우리 배달민족에 있어서 뿐만 아니라, 세계 모든 인류와 국가의 최고의 이념이며 지상의 목적이라 하겠다.

---

111) 僧 一然, 「三國遺事」.

6) 풍류도(風流道) 사상112)

홍익인간(弘益人間) 이념이 외래사상인 유교·불교·도교와 만나게 될 때, 여기에 풍류도라는 조화사상을 낳게 하였다. 최치원은 한국 고유의 주체사상을 현묘(玄妙)하다 하고 그것을 풍류도(風流道)라고 했다. 그 풍류도의 주된 내용을 3교를 포함하는 것과 군생(群生)을 접화(接化)하는 것이라고 하고, 3교를 포함한 구체적인 실증으로 풍류도의 충효사상은 유교와 같고, 풍류도의 무위(無爲)사상은 도교와 같고, 풍류도의 봉선(奉善)사상은 불교와 같다고 했다.

고운 최치원(孤雲 崔致遠)의 낙랑비서문113)에 의하면 "나라에 현묘(玄妙)한 도가 있으니, 풍류라고 한다. 자세한 것은 선사(仙史)에 적혀 있는데, 실로 삼교(三敎)를 포함하고 민중을 교화한다. 가정에서는 孝를 하고 국가에는 忠을 하는 것은 공자의 유교와 같고, 무위(無爲)의 일을 하고 불언의 교(敎)를 행하는 것은 노자의 도교(道敎) 또는 선교(仙敎)와 같고, 제악을 하지 않고 제선을 하라는 것은 석가의 불교와 같다."고 하였다.

---

112) 李恒寧, "檀君의 이념과 민족의 正統思想"「國祖檀君」(서울: 檀君精神宣揚會, 1981). pp. 23 - 29. 이이화, "한국의 정신 그 실체는 무엇인가"「겨레 얼 연구논총」-제1집-(서울: 한민족종교협의회, 2005), pp. 117 - 132.

113) 國有玄妙之道 曰風流 說敎之源 備詳仙史實乃包含三敎 接化群生 且如入則孝於家 出則忠於國 魯司冠之旨也 處無爲之事 行不言之敎 周柱史之宗也 諸惡莫作 諸善奉作 竺乾子之化也. (이이화, "한국의 정신, 그 실체는 무엇인가"「겨례얼 연구논총」-제1집-(서울: 한민족종교협의회, 2005), p. 124.

풍류도는 화랑도라고도 하는데, 이는 홍익사상에 연유한 것이라고 할 수 있다. 그것은 누가 창시한 것도 아니고, 계절풍적 풍토에 연유하는 농경생활에서 자연히 우러난 홍익사상의 발전적 형태이다.

풍류도의 원류인 홍익사상은 웬일인지 백제나 고구려에서는 그 전통이 유지되지 못하고, 외래사상에 흡수된 것 같으며, 유독 신라에서만 외래사상을 잘 소화시켜 홍익사상을 풍류도로 발전시켰다. 우리는 신라의 그러한 문화적 자주성을 불교의 수용과정에서 엿볼 수 있다.

신라에서는 불교의 수용에 있어서 고유사상의 저항이 심하였고, 이차돈(異次頓)의 순교가 있고서야 불교가 정식으로 받아들여졌다. 이차돈의 순교는 불교사뿐만 아니라 한국의 고유사상에 있어서도 중요한 위치를 차지한다. 이차돈의 순교로 말미암아 불교나 고유사상은 각각 더 한층 발전의 계기를 갖게 되었다. 그리하여 신라는 홍익사상을 풍류도로 승화(昇華)시켜 폭넓은 민족문화를 형성시켰다. 여기에 불교와 풍류도 사이에는 협력적 관계가 성립되어 다 같이 공존하면서, 다 같이 발전했다.

풍류도에는 유교적인 충효사상과 도교적인 무위(無爲)사상 그리고 불교적인 권선(勸善)사상이 다 포함되어 있는 외에 유교·불교·도교와는 또 다른 요소가 들어 있는 것이 분명하다. 풍류도에 관한 자세한 기록인 선사(仙史)가 지금에 전해지지 않아서 그 내용을 알 수 없으나, 풍류도가 단순하게 유(儒)·불(佛)·도(道) 3교를 종합한 것에 그치지 않고, 그 이상의 무엇을 가지고 있는가 하는 것은 오늘날 우리들의 최대의 관심사가 아닐 수 없다.

삼국유사에는 한인(桓仁)을 인도의 제석천(帝釋天)이라고 했다. 그럼에도 불구하고 석유한국(昔有桓國)의 성격은 결코 불교적이 아니다. 천상(天上)의 국가보다 지상(地上)의 국가, 내세(來世)보다 현세(現世)에 장점을 둔 것은, 오히려 유교적 색채가 있다.

단군이 돌아가신 뒤에 산신이 되었다는 것은, 도교적 색채라고도 할 수 있다. 그러나 재세이화의 사상은 유교보다도 훨씬 진보적이며, 국가를 다스리는 데 있어서 결코 권력을 내세우지는 않았다. 한웅(桓雄)이 사람을 다스리는 과정에서 볼 수 있는 것은 일방적인 권력적 강제를 위주로 한 독재적 방법이 아니라, 설득과 동의를 위주로 한 민주방법이다. 또 그렇다고 무위지화(無爲之化)만을 바라는 덕화주의도 아니다. 덕화주의는 이상적인 정치방법이기는 하지만, 막연하고 상호성이 적다.

덕치(德治)냐, 법치(法治)냐 하는 것은 오랫동안 문제되어 왔지만, 우리의 고대사에 있어서는 덕치도 아닌 이치를 내세워 왔다. 재세이화라고 했는데, 천하를 통치하는 데 있어서 가장 중요한 것이 이치라고 생각한다. 이치라는 것은 인간에 있어서는 이성이요, 자연에 있어서는 법칙이요, 사회에 있어서는 규범이다. 천지 대자연의 자연법과 인간의 이성(理性)과 사회의 규범에 맞도록 정치하자는 것이 이치주의(理治主義)이므로, 이것은 가장 과학적이고 가장 진보적인 사상이라고 할 수 있다.

홍익사상의 구현방법은 결국 권력이나 무위(無爲)에 임한 것이 아니고, 이화(理化)에 의한 것이다. 이와 같은 이상이 유교적이면서도 유교를 넘어섰고, 도교적이면서도 도교를 넘어섰고, 불교적이면서도 불교를 넘어서서, 결국 유교·불교·도교를 다 포함하면서 그 이상의 고차원적인 이상을 지향하고 있다 할 수 있는데, 그것이 바로 홍익인간의 이념이다.

신라의 풍류도도 이와 비슷하다. 유교·불교·도교를 다 포함하면서도 그것의 종합에 그치지 않고, 좀 더 높은 차원에서 그것들을 다 살릴 수 있는 별개의 원리를 가지고 있다.

우리는 그 당시 유교나 불교나 도교의 총본산지인 당(唐)나라에서 최치원이 신라에 돌아와서 신라의 풍류도를 높이 평가한 것을 보면, 풍류도는 편협한 것이 아니고, 보편적 성격을 띠고 있는 것이 틀림없다.

오늘날 세계적으로 아쉬운 것이 바로 보편성이요, 조화성이요, 관용성이다. 풍류도에 나타난 위대한 포용성은 바로 홍익이념(弘益理念)의 신라적 발전 형태다.

위의 글에서 보면 풍류도가 후기신라시대에 있었음을 알 수 있다. 그 내용은 유·불·선의 요지를 뽑아 엮은 것이나, 유·불·선이라는 이파리들이 모여 한 송이의 꽃이 되는 풍류도가 되었다 하겠다. 그러므로 삼교(三敎)의 내용을 단순한 인용이나 조립이나 나열이 아닌 새로운 완성된 별개의 작품으로 만들었다는 말이 성립된다. 이런 모습이 바로 한국인의 사유이며 홍익이념의 화(和)를 바탕으로 한민족은 역사적으로 외부세계의 이질적인 문화를 흡수 포용하는 민족정신을 가지고 있다.

이런 풍류도가 비록 그 이름은 달리했을 뿐, 고려와 조선을 통하여 면면히 이어져 오다가 19세기에 들어 새로운 모습으로 민중에게 제시된 것이 유·불·선을 표방한 동학(東學)의 출현이 아닌가 한다.

7) 원효(元曉)의 화쟁(和諍)사상[114]

원효(617~686)는 삼국통일에 있어 사상사적인 시각에서 우리에게 삼국통일의 거시적 비전을 보여주었다. 오늘의 남북통일도 현실의 이질화된 모든 포장을 뜯어버리고, 알몸으로 다시 만나기 위해서는 눈물겨운 노력 없이는 불가능한 일이다. 따라서 분열된 사회에서 통일시대로 진입하기 위해서 원효가 보여준 사상적 Frame작업은 통일가로서의 그의 비전을 잘 드러내 주고 있으며, 통일을 눈앞에 둔 우리에게는 원효가 제시한 전체에 대한 통찰의 길이 무엇보다도 절실히 요구되는 시대에 살고 있다. 이 저서에서는 3국이 분열에서 통합을 모색하는 통일 전·후기에 누구보다도 진지하게 산 원효의 사상과 삶을 통해, 오늘 이 땅에서 남·북의 이질화된 모순성 해결에 통일이념 사상의 하나로서 원효의 화쟁사상을 살펴본다.

신라가 백제(660)와 고구려(668)를 항복시킬 무렵 가장 왕성한 저작활동을 한 원효는 여러 왕대(王代)에 걸치는 삶의 역정 동안 제도권의 안팎을 넘나들며 모순과 가식으로 가득 찬 기성 정치권과 사상계에 중대한 인식전환의 문제를 제기하였다. 즉 아상(我相)과 아집(我執)으로 똘똘 뭉쳐 있는 인간들에게 인간의 진정한 해탈과 자유의 모습이 어떠한가를 많은 저서를 통해 이론적으로 밝혔을 뿐만 아니라, 참다운 인간의 모습을 온몸으로 보여주었다. 그것이 바로 그의

---

114) 고영섭, "원효의 통일학", 고영섭 편, 『한국의 사상가 10人 원효』(서울: 예문서원, 2002), pp. 164-227. 강정중, "원효의 '삶에의 보상(報償)'에 관한 序說", 『원효사상』(서울: 불교춘추사, 2001), pp. 6-27.

일심(一心)과 화쟁(和諍)과 무애(無碍)로 표현되는 일관된 삶의 모습이었다. 다시 말해서 그는 마음의 세계로서의 일심(一心)과 마음의 통일방법으로서의 화쟁, 그리고 자유인(自由人)의 몸짓으로서의 무애를 통해 시대와 민족과 종교의 울타리를 뛰어 넘은 보편성을 우리에게 보여주었다. 따라서 원효의 화쟁사상은 이 보편적 인간이해(人間理解) 위에서 비롯된 인간의 조화, 통일로서의 일심(一心)의 개념을 통해서 정립될 수 있었다.

다시 말하면, 원효가 시종일관 강조하여 보여주고 있는 일심(一心)은 바로 이 통합과 분열, 사랑과 미움, 동포와 원수 등의 상대적 대립을 회동하는 따뜻한 마음이며 넓은 마음이다. 갈라진 국토와 찢어진 민심, 분열된 정서를 화해하는 넉넉한 마음이 바로 일심(一心)이다. 전쟁이 주는 비참함을 딛고 일어설 수 있는 핵심적 메시지는 무엇일까? 아니 참혹한 전쟁을 멈출 수 있게 하는 것은 무엇인가? 원효는 그것을 일심(一心), 즉 '한 마음'으로 파악했다. 그리고 원효의 화쟁은 바로 이 一心의 구체적 표현이며 실험방법이다. 나아가 원효의 무애는 일심과 화쟁의 실천적 모습이었다.

원효는 한 생각을 돌이킴으로써 눈앞에 벌어진 세계의 모든 차별성을 극복한 것이다. 즉 구체적인 사태(事)와 추상적인 원리(理)가 어떠한 인식 전환에 의해 하나의 초점(焦點)으로 모아진 것이다. 그리하여 마음의 일어남과 사라짐에 의해 벌어지는 세계의 다양한 모습은 마음의 조절을 통해 하나의 과녁으로 겨냥될 수 있다고 원효는 말한다. 다시 말해서 상대적 2분(二分)을 넘어서는 어떠한 통합의 논리로서 제기된 화쟁법은 바로 일심(一心)과 일미(一味)와 일각(一覺)으로 회귀를 전제로 한 원효의 탁절(卓絶)한 선교(善巧)[115] 방편이었다.

그는 앞 시대의 뭇 인연들을 종합한, 진정한 의미에 있어서 한국 사상사의 서막을 연 인물이며, 한국사상사의 서두를 화려하게 장식한 거인이다. 그는 신라의 삼국통일 전·후기에 살면서 통일 이후의 민족적 연대감을 이념적으로 떠받친 사상가이며, 몸소 통일작업에 참가한 '신라 사람'이었다.

(1) 원효의 화쟁, 일심의 통일관

원효가 보여준 비전은 곧 보편적 인간에 대한 이해였다. 그는 어떻게 인간을 이해해야 되며, 벌거숭이 인간의 모습은 어떠한 것인가를 몸소 보여 주었으며, 중생(衆生)과 부처가 따로 있는 것이 아니라, 한 생각을 돌이킴에 의해 중생과 부처가 만날 수 있음을 보여 주었다.

일심(一心)은 바로 이 귀족과 인민이 만나고, 중생과 부처가 만나는 핵심 고리이다. 그러면 어떻게 만날 것인가? 그 방법론이 바로 화쟁이다. 화쟁은 다양한 주장(異諍)을 다 감싸 안는, 다양성 중의 통일성이다. '나는 옳고 너는 그릇되었다(我是他非, 自讚毁他)'고 하는 것이 아니라, 그가 처한 상황에 따라 적절한 처방전을 내려줌으로써 모두가 옳고, 모두가 그릇될 수 있음을 보여주는 것이다. 무애는 바로 이러한 일심과 화쟁의 구체적 모습이다. 다시 말해서 무애는 일심과 화쟁 위에서 솟아 나오는 삶의 모습이다.

---

115) 부처가 중생의 자질에 맞추어 교묘한 방법으로 중생을 가르치는 일.

원효가 보여준 화쟁, 일심의 통일관은 바로 이러한 보편적 인간이 추구할 수 있는 모든 가능성에 대한 이해 위에서 성립될 수 있었다.

① 마음의 통일(一心): 넉넉한 마음

원효는 분열된 온갖 마음들을 통일하기 위해 모색한 중요술어가 바로 일심(一心)이다. 원효는 갈라져 있는 뭇 주장들을 한데 모아 넉넉한 마음(一心)으로 회통시켰다. 그 회통의 계기는 보살의 대비심(大悲心)이며, 대비심의 구체적 표현이 곧 일심(一心)이다.

불교에는 싸움이 없다. 다만 다양한 주장이 있을 뿐이다. 원효는 이러한 다양한 주장(異諍)을 한줄기로 회통시킨다. 즉 삶(生)과 죽음(滅), 움직임(動)과 고요함(寂) 등의 상대적 이분을 과정으로만 허용할 뿐 끝내는 한 길로 통합시킨다. 그의 화쟁법은 바로 이 다양한 주장을 일심(一心)으로 회통시키는 방법론이다. 그 주장이 긍정이든 부정이든 가리지 않고 상대적 편견을 아우르고 새로운 통합의 길을 제시한다. 화쟁은 바로 이 화해와 회통을 통한 모색의 결과이다.

원효는 3국이 국토팽창정책에서 주장하는 다양한 전략들조차도 결국은 '삼한통일'이라는 기치 아래 묶어 버렸다. 원효는 진체(眞諦)(초세속적 진실)의 입장도 속체(俗諦: 속세적 진실)의 입장으로 환원한다. 그에게 있어 진여문(眞如門: 귀족의 삶)[116]은 생멸문(生滅門: 국민의 삶)[117]에 포용되며, 생멸문은 동시에 진여문에 포용된다. 그는 인민의 삶이나 귀족의 삶을 중생심으로 묶어세운다. 중생심은 곧

---

116) 고영섭 편, 앞의 책, p. 166.
117) 위의 책, p. 166.

一心이다. 一心은 대승(大乘)118)의 마음이다.

중생들은 제 어리석음을 스스로 비춰보지 못하므로 어떠한 인식전환의 계기가 필요하다. 원효는 일심(一心)을 통해 중생 스스로가 자신을 되돌아보게 만들고자 한다. 불교의 목적은 뭇 중생들로 하여금 깨달음에 들게 하는 것이다. 그 깨달음은 한결같은 맛(一味)이며 길이다. 갈라진 온갖 지류들도 끝내는 바다에 이르게 마련이다. 하나의 민족, 하나의 핏줄은 일미(一味)라는 통일성에서 다 녹아난다.

원효는 연기(緣起)에 대한 사무친 통찰 위에서 욕망의 자발적 절제를 이끌어 내고자 하였다. 마음의 분열은, 다름 아닌 이 욕망의 확장에서 비롯되는 것이다. '일심(一心)'은 바로 이 욕망의 절제를 위한 모색의 산물이다. 통치자들의 영토팽창정책이 주는 인민의 고통과 인간의 증오심을 어떻게 하면 최소화할 수 있는가를 몸부림치면서 물었던 과정이 원효의 삶의 역정이었다.

원효는 예토(穢土)와 정토(淨土)가 한 마음에서 비롯되며 삶과 죽음이 일심(一心)에서 비롯된다고 힘주어 설(說)하고 있다. 한 생각

---

118) 大乘이란 큰 수레이고 우주 森羅萬象이 이 수레를 타고 佛地로 행해서 간다는 의미에서 나온 말이다. 大乘이라는 것은 衆生心을 가리키는 말이다. 이 衆生心에는 현실적인 존재와 초현실적인 존재가 함께 포섭되어 있는 것이기에 이 衆生心에 입각해서 대중이 무엇인가, 그 뜻을 나타내어 밝힌다. 즉 사람의 마음은 현상적인 면으로 보면 온갖 念이 생겼다가 사라지는 생멸의 마음이지만, 동시에 초현상적인 면으로 보면 恒久不變한 宇宙적인 진리가 내재되어 있기에 실은 그 진리에 의해서 설명하는 마음도 있을 수 있는 것이다. 그러므로 '이 마음 자체가 大乘인 것이다'라는 해석이 된다. 이는 '종이 한 장의 두 쪽'과 같이 마음을 두면으로 보는 해석을 강정중 저 「원효사상」(서울: 불교춘추사, 2001), p. 21)에서 하고 있다.

돌이킴이 땅막과 무덤이 둘이 아님을 알게 하는 어떠한 계기의 통쾌함으로 작용하듯, 인식의 전환은 삶의 질의 전환을 도모하게 마련이다. 그러므로 넉넉한 마음이자 넓은 마음인 이 일심(一心)의 의미를 제대로 통찰할 때, 분열과 대립과 갈등을 모두 녹일 수 있다. 원효는 이 넉넉한 마음(一心)을 통해 3국 백성의 분열된 마음을 하나로 묶고자 했다. 마음의 통일 없이 국토의 통일과 민족의 통일이 될 수 없듯이 원효는 이 일심(一心)을 통해 보다 넉넉한 마음, 보다 넓은 마음으로 삼한통일의 비전을 제시하였다.

원효는 마음의 통일(一心)을 통해 국토의 분열, 마음의 분열을 한 줄기 회통의 길로 초점을 모아 갔다. 즉 일심은 바로 생멸문과 진여문을 포괄하는 대승심이며 중생심인 것이다. 다시 말해서 원효는 삼국의 분열은 결국 분열된 마음의 극복을 통해서 통일이 가능하며, 그 통일은 중생심이며 대승심이며 여래장(如來藏)[119]인 일심(一心)의 회복을 통해서 가능하다는 것이다.

원효가 궁극적으로 나아가고자 한 것도 바로 이 갈라진 온갖 마음들을 한 줄기 마음의 통일로 묶어세우는 것이었다. 넉넉한 마음, 따뜻한 마음, 넓은 마음으로 온갖 주장(異諍)들을 하나로 회통시키려는 것이었다. 그는 이러한 '한 마음'을 통해 부정과 긍정의 상대적 대립을 지향하는 어떠한 통합의 계기를 마련하고자 했다.

---

[119] 여래장 사상의 계통에서는 '법성'이라는 용어를 如來로 바꾸어 설하고 있다. 석존의 말을 빌리면 如來는 '보이지 않는 존재'가 '보이는 존재' 속에 여실하게 들어와 있다는 의미에서 붙여진 이름이다. 眞과 俗이 둘이 아니고 一實의 法은 일체의 佛이 모두 돌아가는 바인 것으로 여래장이라 한다.

② 조화의 화쟁(和諍): 일미(一味)의 융화(融和)

　화쟁은 뭇 주장(異諍)을 화해시키는 원리이다. 다양한 주장들을 감싸 안으려면 '따뜻함'이 필요하다. 화쟁(和諍)은 원효의 독특한 방법론이며, 부처의 올바른 진리를 알게 한다. 원효는 백가의 다른 주장(異諍)을 지극히 공평(至公)하고, 사사로움이 없는(無私) 부처의 뜻에 근거하여 전개함으로써 모두 화해시키고 있다. 따라서 화쟁이 가능할 수 있는 토대는 그것이 바로 부처의 올바른 진리 위에 서 있기 때문이다.

　원효시대에도 이미 정립된 다양한 불교학파들이 자신의 주장만이 옳다고 주장하고, 다른 학파의 주장들은 잘못되었다고 역설하고 있었다. 따라서 원효는 중국으로부터 물밀듯이 쏟아져 들어오는 여러 불교이론들을 일정한 체계에 의해 정리할 필요를 느꼈다. 다양한 주장들이 결론의 바다로 들어가기 위해서는 어떠한 통합의 계기와 논리가 필요하다. 원효는 그것을 일미(一味)로 전개한다. 일미는 같음(同)과 다름(異), 세움(立)과 깨뜨림(破) 등의 상대적 二分을 넘어서서 다양한 주장(異諍)의 초점을 한 곳으로 이끌어 가는 실마리가 된다. 마치 모든 강물들이 바다에 들어가 한결같이 소금기의 짠맛이 되듯이 일미는 어떠한 통합의 모색을 위해 전제되는 필수적인 요소이다. 원효는 이러한 통합의 계기로서 화쟁이라는 그의 독특한 방법론을 제시하였다.

　불교경전의 부분을 통합하여 온갖 흐름이 한 맛(一味)으로 돌아가게 하고, 부처의 뜻의 지극히 공정함을 전개하여 백가의 뭇 주장을 화해시킨다.[120]

경(經)과 율(律)과 론(論)을 포괄하는 삼장(三藏)이 깔려 있는 부처의 참다운 뜻은 바로 진리가 갖는 원융성이며 포괄성이다. 연기란 바로 이 원융성과 포괄성에 근거한 원리이다. 연기는 나의 존재성을 연이라는 타자를 통해 규정하는 이법(理法)이며, 나를 넘어서는 어떠한 도덕적 질서이며, 동시에 이것은 나의 욕망의 절제를 통해서만이 가능한 가치론이다. 그러므로 和諍은 이 '一味'라는 도덕적 명분을 전제로 한 통합의 원리이자 방법이다. 삼국의 분열이 이 '삼한통일'이라는 '一'의 의미에 의해 통일의 가능성이 모색될 수 있듯이 이 '一'은 전체성과 완전성을 뜻한다.

온갖 물줄기들이 바다에서 똑같이 소금기를 드러내듯이 일체의 다양한 논의들도 일미라는 어떠한 결론의 계기를 통해 통합된다. 즉 상대적 2분(二分)을 넘어서는 어떠한 계기는 바로 1미(一味)라는 동기부여(motive)를 통해 가능해진다. 이러한 일미의 길을 보여 주기 위해 부처님은 이 세상에 오셨다. 즉 부처는 평등하여 차별이 없는 상태를 일미로 보여 주고 있다. 원효는 이 一味를 一心과 상응시킨다. 원효가 一心과 一味와 일각(一覺)의 '일성(一性)' 위에서 전개하는 생멸문(生滅門)과 진여문(眞如門)도 결국은 이 중생심에서 출발한다. 즉 중생(衆生)의 마음은 곧 대승의 마음이며, 모든 것을 감싸 안는 마음이다. 중생은 이미 깨달은(本覺) 존재이기에 다시 깨달을 것이 없는 존재이다. 하지만 아직 무명(無明)[121]의 상속심에 의해 아

---

120) 고영섭, 앞의 논문, p. 196.
121) 衆生들은 그저 눈에 보이는 것만으로 인식하고, 인식을 하는 어느 한 쪽에만 집착하면서 그 집착에 의해서 과거나 현재나 미래를 보지 못하는 것, 어느 한쪽에만 집념을 갖고 있는 상태.

직 깨닫지 못한(不覺) 존재이다. 그러나 중생들은 넉넉한 마음(一心)과 한 맛의 깨달음(一覺味)을 지니고 있으므로 어떠한 계기(和諍)를 통해 一味의 바다에서 모두 다 만날 수 있다. 갈등과 증오로 얼룩진 사바세계[122]에서 한 생각을 돌이키는 어떠한 계기(和諍)를 통해 2항대립(二項對立)의 굴레에서 벗어날(不羈) 수 있는 것을 원효는 제시하고 있다.

화쟁은 조화와 화해를 모색하는 인식전환의 한 방법이다. 다시 말해서 상대적 2분과 2항대립(二項對立)의 갈등을 넘어서는 어떠한 계기가 바로 화쟁인 것이다. 따라서 긍정과 부정을 넘어서는 인식의 전환방법인 화쟁법은 바로 원효가 제시하는 새로운 사유방식이다. 이러한 사유방식을 통해 원효는 3국의 통일을 인간들의 마음의 통일로부터 제시해 가고 있었다.

③ 자유의 실천(無碍): 해탈의 모습(不羈)

원효의 삶은 무애의 실천을 통해 질적 승화를 도모했다. 그는 일체의 굴레에서 벗어난(不羈) 해탈한 자의 소박한 모습을 보여주었다. 소유와 집착에 얽매이지 않은 자유인의 모습, 어떠한 명예나 계율이나 지식이나 권위로부터도 자유로운 모습이었다. 즉 자유의 실천(無碍)을 통해 모든 사람과 만나며 그 만남 속에 자기를 투영시켰다. 그는 무애행(無碍行)을 통해 1심과 화쟁의 구체적인 모습을 보여주었으며, 그 모습은 자신을 한없이 낮추는 것으로 나타났다. 원효는

---

122) 娑婆(裟婆)世界: 불교에서 衆生의 갖가지 고통을 참고 견뎌야 하는 이 세상(俗世, 人間世界, 濁世)

일체의 굴레에서 벗어난 인간이었으며, 벌거숭이 인간의 모습을 체득한 선 지식인이었다. 그는 무애(無碍)를 통해 모든 욕망을 버리면 자유인이 될 수 있다는 것을 보여주었다. 완전히 해탈한 자의 모습은 지극히 상식적인 인간의 평범한 모습이었다. 결론적으로 말하면 원효의 무애는 바로 이 1심(一心)과 화쟁의 실천적 모습이자 원효의 삶이 필연적으로 나아갈 귀결점이었다.

(2) 한민족이 유념할 사항

원효의 통일사상(哲學)은 보편적 인간들이 공유하고 있는 어떠한 생각의 이해 위에서 성립될 수 있었다. 그 핵은 바로 인간들이 지니고 있는 1심(一心) 즉 중생심이었다.

3국의 통일은 바로 이 一心의 고리를 통해 감싸 안을 수 있음을 우리에게 보여주었다. 一心은 따뜻한 마음이며, 넉넉한 마음이듯이 3국 인민들에 대한 '따뜻함'과 '넉넉함'이 바로 국토를 통일하고 민족을 통일하는 동기부여(motive)임을 역설하였다. 화쟁은 일심의 실현방법이며, 무애는 일심을 지닌 삶의 구체적인 실천모습이다. 이것이 바로 이질화된 남·북의 다양성 중의 조화와 통일성을 지향하는 우리의 미래지향적 노력이어야 하겠다. 그것은 곧 살아 있는 모든 것들은 연기적 존재일 수밖에 없다는 통찰 위에서 가능한 일이다.

원효가 오늘 우리에게 보여주는 것은 바로 이 전체적 통찰에 의한 화합과 일심, 즉 보편적 인간에 대한 이해 위에서 펼쳐지는 넉넉한 마음, 따뜻한 마음을 통해 자신의 욕망을 자발적으로 절제하는 하나의 건강성 회복의 촉구이다.

　한반도의 분열상도 우리들이 잘 챙기어 간수할, 이 1심(一心)의 통찰 위에서만이 극복이 가능하다 하겠다. 남·북 문제를 대립으로 파악하지 않고, 우리들은 '본래부터 하나요', '한 바탕'이요, '한 뿌리'라는 연기적 통찰 위에서 자신의 욕망을 자발적으로 절제할 때, 비로소 一心이 '넉넉한 바다' 속에서 만날 수 있게 될 것이다. 통일은 영토적 통일뿐만 아니라 민족의 갈라진 온갖 마음들을 한줄기 마음의 통일로 묶어세우는 작업에서부터 전개되어야 함을, 우리는 선각자 원효로부터 배울 수 있다.

8) 동학사상(東學思想)

(1) '동학' 사상과 '한' 사상

　수운 최제우(崔濟愚: 1824~1864)의 동학은 그때까지 정신계를 지배했던 유·불·도(선)의 효험이 다한 것을 깨닫고 유·불·선을 비판, 유·불·선 3교인 동학을 발전시켜 왔으며, 이 동학은 그 후 '인내천(人乃天)'사상으로 발전되었다.[123] 동학은 유·불·선이 내포된 우리 민족의 주체적 고유사상으로 발전시켰을 뿐만 아니라 최초의 민족종교의 태동이었다는 점에서 그 위대성이 있다. 이제 '한'사상이

---

123) 金炳基 博士學位 청구논문 "20世紀 前半 後天開闢思想의 硏究." (서울: 한양대학교 대학원, 2002), pp. 38－44.

동학사상에 연계된 구체적 내용을 살펴보고자 한다.

수운 선생의 안목에는 유·불·도는 이제 그 효험이 다한 것으로 보였다. 수운 선생은 유·불·도 3교를 비판하기를 유교는 명목과 형식에 구애되어 아직 현묘한 데에까지 도달하지 못하였고, 불교는 적멸(寂滅)(열반: 해탈)에 빠져 현실의 인간사 상윤을 저버렸으며, 또한 도, 즉 선은 자연만을 부르짖어 치평(治平)의 방법을 결하고 있다고 하였다. 이는 그때까지 우리의 정신적 지주로 군림하던 사상계에 대한 준엄한 반성이었다. 수운 선생은 유교는 종교성이 약하고, 불교는 윤리성이 약하고, 선교는 정치성이 약하다는 것이며, 동학은 이러한 면들을 모두 살렸다는 것이다.[124]

이 점이 바로 동학이 가지는 '한'의 포용적 대아(大我)정신을 뜻한다. 유·불·선 3교의 합일치, 이는 '한'의 대아정신과 연결된다. 사실상 수운 선생은 오륜오상(五倫五常)[125]을 세워, 어짐에 머물고 옳음을 행하여 마음을 바로 하고 뜻을 정성되게 하여 몸을 닦되 세상에 그것을 미치게 하자는 것은 유교에서 취한 것이며, 자비와 평등을 근본 뜻으로 삼고 자기를 버려서라도 세상을 구하겠다는 기원의 마음은 불교에서 취한 것이며, 일체의 영리와 명분을 버리고 무욕과 청정으로 심신을 연마하여 끝내 영원하겠다는 희망은 道敎(仙)에서 취한 것이나, 이 3도(三道)를 깊이 살펴보면 그 진리가 다른 데서 나온 것이 아니라 모두 천도(天道)의 틀 안, 즉 '한'속에 있다.

그런데 이 비판의 표적과 그 장점을 취한 것을 종합해 보면 우리

---

124) 김형석 외, 「國民과 倫理」(서울: 박영사, 1976), p. 173.
125) 유교에서 말하는, 다섯 가지의 인륜(君臣有義, 父子有親, 夫婦有別, 長幼有序, 朋友有信)과 사람으로서 지켜야 할 다섯 가지 道(仁義禮智信).

의 고유사상과 일맥상통하는 것이니, 한울님의 밝음에 대한 동경, 현세에서 영생을 기리는 마음, 따라서 윤리적 정치적으로 능동적이고 적극적이었던 것은 우리 민족의 고유사상인바[126] 이는 곧 옛 한국 한인(桓仁)께서 한웅(桓雄)을 통해 단군(檀君)에게 전수한 홍익인간에서 연유된 것이라 할 수 있다.

수운 선생은 자기가 받은 도를 형용하여 '무극의 도', '무궁무궁한 도' 또는 '무극대도'라고 하였다.[127] 또 동경대전연집 좌잠을 보면 "우리 도(道)는 넓으면서도 간략하니 많은 말을 할 것이 아니라, 별로 다른 도리가 없고, 정성(誠)과 공경(敬)과 믿음(信)의 세 글자뿐이니라, 이 속에서 공부를 힘써 하여, 진리를 통달한 뒤에는 저절로 알게 되리니……(吾道博而約 不用多言義 別無他道理 誠敬信三字 這裏做工夫 透後方可知……)[128]"라고 지적하고 있다.

해월 선생은 "무릇 천지는 모두 신적인 것으로 모두 일기의 조화요. 천지만물은 시천주(侍天主) 아닌 것이 없다."[129]고 했다. 따라서 범신론적 성격을 띠게 된다. 일기란 성리학에서 우주의 근원적 존재로 본 것이다. 그러므로 천지만물은 다 1기(一氣)에서 나오고 또 일기로 돌아가는 것으로 본다. 그러나 성리학의 일기는 형이상학적 본체를 말한 것으로 종교적 의미는 희박하다. 그런데 해월선생에 있어 일기는 바로 한울님이므로 기화로 나타나는 만물이 모두 숭고한 가치를 가지게 된다.[130]

---

126) 김형석 외, 앞의 책, pp. 173 – 174.
127) 위의 책, p. 174.
128) 東經大全演集 座箴, 「天道敎經典」(서울: 천도교중앙총본부 포덕142), p. 74.
129) 위의 책, p. 180.
130) 위의 책, p. 181.

동경대전연의 포덕문을 보면 "저 먼 한 옛적부터 봄과 가을이 서로 갈아들며 춘·하·추·동 사계절이 성하고 쇠함이 변하지도 아니하고, 바뀌지도 아니하니 이 또한 한울님 조화의 자취가 온 천하에 밝게 들어난 것이로되……"[131]라 하여 모든 만물이 1기(一氣)의 조화, 바로 한울님의 조화를 강조하였다. 그러나 "……어리석은 백성들은 비와 이슬의 혜택을 알지 못하고 무위이화(無爲而化)로만 알았더라."[132]라고 지적하고 있다.

손의암(孫義庵) 선생도 천·지·인 삼재가 모두 일기의 조화[133]라고 말했다. 또한 같은 동경대전연의 논학문에서도 "음과 양이 서로 고루어 비록 백천 만물이 그 속에서 나오지마는 오직 사람이 가장 신령한 것이니라. 그러므로 3재(三才)의 이치를 정하고 五行의 수를 내었으니……한울은 오행의 벼리(근본)가 되고 땅은 오행의 바탕이 되고 사람은 오행의 기운이 되었으니 천·지·인 3재(三才)의 수를 여기에서 볼 수 있느니라."[134]

이와 같이 해월선생 의암 선생은 천·지·인 삼재가 곧 일기의 조화요 일기의 조화가 곧 한울님이라 하여 무궁한 '한'의 대도를 말하여 주고 있다. 앞서 동경대전연의에서 "……유독히 사람이 가장 신령한 것이라"고 강조하고 있는데 "한울림 마음이 곧 사람의 마음이다(曰天心 卽人心則)."[135] 사람이 곧 한울림이요(人卽天), 힌울이 곧 사람이다. 사람 밖에 한울 없고 한울 밖에 사람 없다(天道敎書 제2

131) 東經大全演義, 布德文, 앞의 책, p. 15.
132) 위의 책, pp. 15-16.
133) 김형석 외, 앞의 책, p. 184.
134) 東經大全演義 論學文 .앞의 책, p. 24.
135) 위의 책, p. 35.

편)는 것이 참진리이다. "사람을 섬기되 하늘을 섬기듯 하라(事人如天)." 이와 같이 인내천주의(人乃天主義)는 인간중심의 의지적 사상이라고 볼 수 있다. 義庵은 "자기의 마음으로 스스로에 절하는(自心自拜) 교체로 한울의 진정한(眞素的) 뜻을 세웠다."고 말하여, 한울님을 아주 사람 속으로 끌어 들임으로써 우리 민족의 의지와 우월감을 드높였던 것이다.

인내천(人乃天)은 바로 이러한 주체적 긍지의 구호다. 해월 선생의 고귀한 자존사상은 한울님을 떠난 인간이나, 인간을 떠난 한울님은 있을 수 없다. 한울님과 인간 나아가서 만물이 합일한 상태 이것이 '한'의 원융의 정신이다.

결론적으로 동학은 유·불·도 삼교의 포용 발전, 천·지·인 삼재의 일기조화, 무극대도, 성·경·신, 인내천사상은 무궁한 천·지·인 조화와 원융의 '한'의 대도, '한'의 대아정신을 나타내고 있는 것이다. 동학은 내외도전에 대한 민족자각 평등운동에 있어서 볼 때 ① 민족의 평등원칙, ② 민주주의 의식에의 발전, ③ '한'의 저변의 홍익인간적 심성의 발로로서 사회에 표출된 것이다.

(2) 민권사상

수운 최제우가 개혁의 대상으로 생각했던 부분은 국제적 외압에서 오는 민족적 위기감, 부패, 신분적 가슴앓이(冤), 이교도(천주학)에 대한 전통문화의 침윤, 그리고 도덕적 타락 등이다. 그는 이러한 모습들이 서로 하늘처럼 사랑함으로써(侍天主) 극복될 수 있다고 생각하고, 민중의 계몽에 헌신했다.

이에 東學의 민권사상을 요약하면,

첫째, 인간의 존엄에 대한 각성: 사람답게 살고 대접받고 싶은 충동에 그 뿌리를 두고, 동학의 종지인 '시천주'는 손병희에 이르러 '인내천'으로 발전하고, 이는 '사인여천'으로 해석되었다. 이러한 사상은 절대군주 체제하에서 매몰된 개인의 인격적 가치에 대한 자각이며, 한국적 휴머니즘의 정화이다.

둘째, 민본사상: 유교에 민본사상이 있었다고는 하나, 그것은 하향적(top down) 의미로서의 시혜였지, 밑으로부터(bottom up) 인민의 권익을 주장한 일은 없었다. 그들은 절대왕조에 대한 충성만이 시민의 도리라고 생각하고 스스로를 비하하여 왔다. 이러한 상황 속에서 전봉준이 갑오년 4월 기포(起泡)때에, "······팔로(八路)가 어육(魚肉)이 되고 만민이 도탄에 들었다. 수재(守宰)의 탐학에 백성이 어찌 곤궁치 아니하리, ······우리 등이 비록 재야의 유민이나 군토(君土)를 먹고 군의(君衣)를 입고 사는지라 어찌 참아 국가의 멸망을 앉아서 보겠느냐."[136]라고 외친 바 있다.

셋째, 계급타파의 사상: 조선조 후기의 최대의 사회적 모순은 곧 지나친 사회계급의 형성이었으며, 수운이 이러한 모순을 타개하기 위한 사회개혁의 방편으로 동학을 창도하였다. 동학의 교리에서는 인류의 재해는 계급에 있는 것이요 경제적 계급의 차별에 있는 것이므로, 계급차별이 없고 이해가 일치하면 인간의 행복은 이루어질 수 있는 것이라고 해석된다.[137]

---

136) 오지영, 「東學史」(서울: 영창서관, 1973), p. 109.
137) 李敦化, 「新人哲學」(사을: 천도교중앙총본부 출판부, 1982), p. 153.

넷째, 여성의 지위 각성: 유교의 남존여비 관념은 한국사회의 균형 있는 발전을 저해하였으며, 여성 특유의 능력으로 개발될 수 있는 분야가 외면되었다. 수운은 한 종교의 교주로서 노비를 며느리로 삼았으며, "집안사람을 한울같이 존경하라, 며느리를 사랑하라, 노예를 자식같이 사랑하라, ……만일 그렇지 못하면 한울님이 노하시니라."라고 가르치고 있었다. 이상과 같이 동학의 민권사상이란 당시 민중의 가슴속에 맺힌 피압박 계급의 항변을 요약한 것이었다.

(3) 한민족이 유념할 사항

동학은 그때까지 정신계를 지배했던 유·불·도의 효험이 다한 것을 깨닫고, 이 3교를 비판, 유·불·도 3교를 포용 발전시켰으며, 그 후 인내천(人乃天)사상으로 발전시켰다. 뿐만 아니라 우리 민족 최초의 민족종교의 태동이었다는 점에 그 위대성이 있다. 유·불·도 3교의 합일치, 이는 '한'의 大我정신과 연계되며, 유·불·도 3교가 모두 천도의 틀 안, 즉 '한'속에 있음을 가르쳐 주었다.

사상적 측면에서,

① 민권사상을 요약하면, 첫째 인간의 존엄에 대한 각성, 둘째 민본사상, 셋째 계급타파의 사상, 넷째 여성의 지위향상을 각성시켰다 하겠다.

② 정치사상 면에서 한국 민족주의의 정수는 중화주의에서의 탈피였다.

특히 민권사상은 오늘날 북한의 인권탄압의 비참함을 생각할 때,

남·북 통일을 위한 화해이전에, 특히 미국의 북한인권 탄압에 대한 강력한 경고와 UN의 북한인권 탄압에 각성을 촉구한 것은 크게 평가되어야 할 일이다.

9) 충효사상(忠孝思想)

한단고기의 충효(忠孝)는 구서지문(九誓之文)에 다음과 같이 기록하고 있다.[138]

효우가(孝于家): 효는 가정에,

충우국(忠于國): 충은 나라에,

효(孝)는 어버이가 자식으로부터 받는 것이 아니라 어버이도 같이 가정에 효하여야 하고, 忠은 대통령이 국민으로부터 받는 것이 아니라 대통령도 나라와 국민을 위해 충을 올려야 한다는 것이다. 홍익인간의 충효사상은 상하계층을 두고, 주고받는 것이 아니라, 다 같이 공동목표를 정해 충효하여야 한다는 개념이다.

(1) 충(忠)사상[139]

충(忠)은 하늘이 참사랑으로 빛을 은혜로 베푸시고, 땅이 보은으로

---

138) 蘇塗經典本訓第五 桓壇古記九六, 九七.
139) 金澈運, 「忠·孝·禮와 人格」(서울: 충효예 교육출판사, 2002), pp. 111-114.

만물을 생육하시니, 우리 인간에게 축복을 주사, 사람이 만물의 영장으로서 만물을 소유하게 하고 누리게 하신다. 따라서 나를 낳아주신 하나님과 어버이에게 효로 충을 다함으로써 나와 우리 후손에게 더 많은 축복을 받을 수 있는 수수적 계승형 윤회의 원리를 터득하고 그 원리를 바탕으로 되돌림 하는 삶을 살아가는 것이 베푸는 삶이며 충을 이루는 것이며 신의로서 지키며 자기 몸과 마음을 다하는 삶이 충(忠)된 것이라고 하였다.

① 충(忠)은 중정(中正)한 것

충경(忠經) 제1편에 충이란 중정(中正)한 것이니 지극히 공평하고 무사한 것이라고 기록되어 있다. 그러므로 충은 중정한 것으로 곧고 바르게 하여 지나치거나 모자람이 없어야 한다는 뜻이다. 하늘은 사사로움이 없이 공평(公平)하기 때문에 사계절이 있게 하고(天無私四時行), 땅은 사사로움이 없어 공평하기 때문에 만물을 소생(地無私萬物生)케 하며, 사람은 사사로움이 없이 공평하기 때문에 모든 일이 형통되고 바르게 할 수 있으며(人無私大亨貞)이라고 하였으니, 여기에서 알 수 있는 것처럼 오로지 公에만 뜻을 두고 사(私)를 가까이 하지 않는 것이 충(忠)의 길에 임하는 자세라 하였다.

② 충(忠)은 진기지위충(盡己之爲忠)

충(忠)은 자기 자신의 몸과 마음을 다 바쳐 의(義)를 위한 삶이라 하겠으며, 자기의 유익을 버리고 남을 위하여 베푸는 삶 즉 나를 낳

아주신 부모와 내 조상과 가족을 있게 한 인류사회를 위하여 몸과 마음을 다 바치는 것이다. 곧 처지에 따라 공경심을 다 바치는 것이다.

③ 충(忠)은 마음을 하나로 모으는 것

사사로움이 없이 오직 나라를 위하여 마음을 하나로 하고 정성을 다하는 것이 충의 근본됨이다. 忠經에 惟精惟一 爲國之本이라 하였으니 오직 조국을 생각하고 조국과 나의 마음이 하나가 되는 것을 의미한다.

따라서 자신의 마음을 하나로 하는 것은 忠의 시작이요, 집안의 마음을 하나로 하는 것은 忠의 중간단계이며, 나라를 위하여 마음을 하나로 모을 때 忠의 마지막 단계이다. 그리고 자신의 마음을 하나로 하면 온갖 복록을 받게 되며 집안의 마음을 하나로 하면 가정이 화목하게 되며 나라가 마음을 하나로 모으면 온 백성이 잘 다스려진다(身一則百祿至 家一則六親和 國一則萬人理)고 하였으니, 모든 백성의 마음이 나라를 위하는 마음으로 한결같아야 함을 말해주고 있는 것이다.

하나님이 우리 인간에게 무조건 베푸시는 마음과 같이, 인간이 인류와 국가사회를 위하여 사리사욕을 버리고 나를 있세 한 하나님과 나의 조상과 부모에게 감사하는 마음을 모으고, 몸과 마음을 다하여 국가사회와 인류의 행복을 위하여 헌신하는 삶이 곧 충심(忠心)이요 충(忠)을 이루는 삶이다.

④ 충(忠)은 신(信)으로 이룬다

사람이 말과 행동이 일치되어야 하며, 항상 공의로워야 믿음이 성립되는 것이며, 믿음이 있을 때 따르는 것으로서, 군(君)이 먼저 믿음이 있을 때 신하(臣下)가 충성을 하게 된다고 하였다. 황석공(黃石公)은 일찍이 믿음은 족히 다른 것들을 하나가 되게 한다(信足以一一異)고 하였다. 충경(忠經)에도 아래 사람이 실행에 옮기는 것은 윗사람이 신임하기 때문이다. 윗사람이 먼저 신의를 지킬 때 아래 사람이 충성을 다하는 데 이를 수 있다고 하였다(上信下忠之所致也). 忠은 믿음을 근본으로 삼고 믿음은 忠을 불러일으킨다(忠是信之本信是忠之發)라고 하였다. 이와 같이 충과 신은 불가분의 관계로 신뢰를 통하여 충이 형성됨을 알 수 있다.

(2) 효(孝)사상[140]

孝의 유래는 멀리 桓國시대(7199 BC~3899 BC)의 5훈(五訓)에서 찾아볼 수 있어 우리 민족이 효사상을 얼마나 중요시하여 왔는지를 짐작하게 한다. 한국(桓國)시대의 다섯 가지의 가르침은 다음과 같다.
그 첫째는 성실하며 거짓이 없어야 한다고 하였으며,
둘째는 부지런하여 게으르지 않을 것이다.
셋째는 효도하여 부모(父母)의 뜻을 어기지 않을 것이다.

---

140) 오석원, "민족정신문화와 효사상", 「겨레얼 연구논총」-제1집-(서울: (주) 윤일문화, 2005), pp. 133-162.

넷째는 깨끗하고 의로워 음란하지 않을 것이다.

다섯째로 겸손하고 온화하여 다투지 않을 것이다.

이와 같이 우리 민족은 생활윤리규범을 정하고 그중 세 번째로 효를 제시하고 있으므로 효사상은 우리 민족사상임을 알 수 있다. 또한 소도경전본훈(蘇塗經典本訓) 제5(第五)에 3륜 9서가 있어 세 가지 윤리 중 그 첫 번째가 부모와 자식 간에는 사랑이 있어야 한다고 하였으며 9서 중 첫째가 효로서(힘써 집에서 효도하라) 효를 첫 번째 규범으로 정하고 있음을 알 수 있으며, 고조선시대(2333 BC~256 BC)에 개국이념을 홍익인간으로 하고 홍익육덕(弘益六德)과 양생칠목이화(養生七目理化)와 홍익5정(弘益五精)과 홍익3강(弘益三綱) 및 홍익8조금법(弘益八條禁法)을 제정하여 인간의 사명인 사랑을 베푸는 삶을 살아가도록 하였으니, 모든 행실의 근본을 효로 삼고 있으며 효행이 인간의 기본도리임을 말하여주고 있었다.

효는 덕도(德道)로 行하여야 하는 것이며 부모와 자식 간에는 하늘이 맺어준 인연 즉 천은이 있는 것이므로 인륜의 근본을 이루고 있는 것이다. 그러므로 효도는 백가지 행실의 근본이라고 하였고 모든 선(善)의 원초라고 하여 천만행실의 기초로 삼았다.

효도란 하늘의 밝은 것을 본받고 땅의 옳은 것을 쫓아서 천경지의(天經地義)를 사람이 본받아 천하를 순하게 하는 것이라 하였나.[141]

부모(父母)에 대한 자식의 도리를 담고 있는 효(孝)의 개념은 무엇보다도 부모에 대한 사랑과 공경의 마음을 기본으로 하고 있다. 효는 거짓이 없는 참된 마음과 성실한 마음을 기반으로 하여 인간의

---

141) 金澈運, 앞의 책, pp. 145−148.

도리와 주어진 자기의 직무에 책임을 다하는 성숙한 인간을 말한다. 또한 내 부모에 대한 사랑과 공경의 정신을 기반으로 이웃을 사랑하고, 자연을 사랑하고, 국가와 민족을 사랑하며, 사회에 봉사하고, 어른과 노인을 공경하고, 궁극적으로는 하늘을 공경하는 정신이다. 이러한 효사상의 본질을 올바르게 이해하고 진정한 공동체 사회를 이루기 위하여 우리는 무엇보다도 효도의 실천에 힘써야 하겠다.

10) 선비정신[142]

(1) 선비의 어원과 성립과정

선비에 대하여 순수한 우리말로 표기한 것은 조선의 창업을 찬양하기 위하여 만든 「용비어천가(龍飛御天歌)」(1445년)에서 찾아볼 수 있다. 여기에서 선비는 "션빅"로 기술하고 한자로는 유생(儒生) 또는 유(儒)로 쓰고 있다. 또한 고구려에 선비제도가 있었으며, 선비는 나라에서 봉급을 받고 학문과 무예를 닦아 전쟁에 참가하기도 하였다. 신라 진흥왕 때의 국선(國仙) 화랑의 제도 역시 고구려의 선비를 모방한 것이었다. 이러한 선인(仙人)은 우리의 고유한 무사도이며, 우리 민족의 넋과 정신이라고 하였다.

위에서 볼 때, 선비라는 용어의 어원이 어디에 근거한 것인지는 알 수 없다. 다만 오래전부터 사용되었으며 우리의 고유사상이 담긴

---

142) 오석원, "한국의 전통문화와 선비정신", 앞의 책, pp. 99 – 115.

말이라는 점은 유추하여 볼 수 있다. 또한 이미 삼국시대 이전부터 한자의 전래와 함께 유교문화의 수용이 있었던 점으로 미루어 보아 일찍부터 유교사상과 깊은 관계가 있음도 짐작할 수 있다.

실제로 선비와 관계된 사인(士人)이나 어진 선비를 뜻하는 현사(賢士) 등의 명칭은 이미 삼국 이래에 사용되었고, 고려시대에는 초야에 묻혀 사는 선비라는 처사(處士) 등의 용어가 등장한다. 뿐만 아니라 고려 예종이나 인종 때에는 사류(士類), 사풍(士風) 등의 집단적인 의미의 용어로 보아, 이때에는 선비들의 무리도 형성되었음을 알 수 있다. 다만 이 당시의 선비는 아직 성리학이 전래하기 이전이므로 경학(經學)을 숭상하기는 하였으나 거의가 문장을 숭상하는 문사들이 중심이었다. 고려 말 안향(安珦)에 의해 주자학이 전래된 이후 여러 대유(大儒)가 배출되면서부터 문사(文士)에서 탈퇴하여 유사(儒士)로 전화되었다. 儒와 士는 같은 유학의 내용을 담고 있지만 일반적으로 유(儒)는 士보다 넓은 의미를 가진다. 그러므로 유교의 경전에서는 선비를 직접적으로 지칭할 때는 사(士)로 쓰는 경우가 많다고 하겠다.

(2) 조선의 선비정신

위에서 논의한 바와 같이 선비라는 용어의 연원은 불명(不明)하나, 오래전부터 사용되었다. 우리의 고유사상이 담긴 말이며, 일찍부터 유교사상과 깊은 관계가 있음도 짐작할 수 있다. 일반적으로 선비는 벼슬에 나아가지 않는 사람을 지칭하지만, 다산 정약용(茶山 丁若鏞:

1762~1836)은 이미 벼슬에 나아간 사람까지도 선비라고 일컬었으며, 선비의 기준을 인격과 도덕적 실천성에 두고 있었다.

17세기 이후 선비들은 지방에서 최선을 다하여 교화사업과 지역사회를 위한 봉사활동을 담당하였으므로 진정한 의미의 선비문화는 이때부터라고 할 수 있다. 이때에는 벼슬에 나아간 사람과 선비를 구분하여 고위 관료에 대하여서는 선비라 하지 않았다. 물론 이들은 무조건 벼슬에 나아가기를 배척한 것은 아니다.

율곡 이이(栗谷 李珥: 1536~1584)는 선비의 유형을 벼슬에 나갈 경우와 살림에 처할 경우로 분류하였으나, 선비들에게 가장 기본적으로 소중한 것은 재질이나 학문보다도 인품이라고 하였다. 그러므로 선비는 끊임없이 학문을 통하여 인격함양에 힘써야 했다. 다음으로 중요한 것은 도(道)를 실천하는 일이다. 구체적으로는 인간의 본성에 따르는 인도(人道)를 말한다. 선비의 직분은 개인적인 도덕성의 실천도 중요하지만, 궁극적으로는 사회현실에 인도를 실현하는 것이다.

인류사회에 인도를 올바르게 구현하기 위해서 선비는 무엇보다도 강인한 의지를 갖추어야 한다. 즉 도학(道學)에 대한 깊은 믿음과 함께 도학을 실현하려는 역사적 사명의식이 요구되었다. 이러한 선비를 지사(志士)라고도 한다. 뿐만 아니라 선비는 인도의 실현을 위해서 현실상황에 대한 올바른 판단이 필요하다. 즉 자기의 역량과 시세를 올바르게 살펴서 자신의 출처와 진퇴를 결정하여야 하는 것이다.

이러한 선비들은 학문과 덕성을 갖춘 하나의 인격체라고 할 수 있다. 그러므로 조선의 선비정신은 고결한 인격을 바탕으로 예절과 지조 있는 행동을 하며, 올바른 현실인식과 강인한 의지를 갖고 불의에 타협하지 않고 사회에 정도(正道)를 구현하는 정신이다.

(3) 현대사회와 선비정신

　인간은 개인적 존재이자 동시에 사회적 존재이다. 현대사회의 가치관은 공동체로서의 사회보다는 개체로서의 개인의 문제에 중점을 두고 있다. 개인을 중심으로 하는 가치관은 인권의 신장과 자유의 확대를 촉진시키고 개성의 신장과 자아실현의 기회를 확대하였다. 그러나 책임의식을 기반으로 하지 않는 자유는 맹목적인 방임주의로 흐르게 되고, 공동체의식을 외면한 극단적인 이기주의로 내닫고 있으며, 건전성과 균형성을 상실한 자유는 집단적 이기주의와 맹목적 투쟁주의로 전락하였다.

　인간은 인간의 관계뿐만이 아니라 자연과의 관계를 갖고 있는 존재이다. 서구의 근대적 합리주의가 모든 존재를 사실적으로 접근하고 과학적으로 분석한 결과는 지속적인 기술개발을 이룩하여 오늘날의 발달된 물질문명을 이루었다. 그러나 인간의 생존을 위한 자연의 개발이 아니라 인간의 무한한 물욕을 충족하기 위한 목적으로 자행된 자연의 파괴현상과 그로 인한 환경오염은 이제 한계상황에 이르러 인간의 생존자체마저 위협하고 있다.

　전통사회의 선비는 현대사회의 지성인이요, 지도자라고 할 수 있다. 선비는 도를 실천하는 사람이다. 여기에 말하는 도는 인노(人道)를 말하며, 구체적으로 인도(仁道)정신과 정의의 의리정신을 말한다. 그러므로 선비는 어떠한 경우라도 이 진리와 정도에 대한 강한 신념과 확고한 의지를 갖고 실천하였다.

　도덕성의 함양과 실천에 힘쓰는 선비정신은 물질적 이욕에 타락하지 않는 청렴결백한 인품이나 인격을 배양할 수 있다. 또한 정의구현을 위한 강인한 선비정신은 민족정기로 승화되어 나라가 위급할 때, 국난을 극복할 수 있는 원동력이 되었다. 한민족의 수많은 충의열사(忠義烈士)는 이러한 선비정신을 기반으로 하여 이룩되었다.

그러므로 권력과 불의에 타협하지 않고 정의(正義)를 구현하려는 선비정신은 현대사회의 제 문제에 대한 새로운 자극과 반성을 줄 수 있는 것이다. 특히 산업화 과정에서 물질만능주의로 인한 도덕성의 총체적 위기상황으로 진단되는 한국의 현대사회에서 선비정신의 본질이 새롭게 보충되어야 하겠다.

11) 한국의 무교(巫敎)143)

샤머니즘의 전형적인 것은 시베리아의 퉁그스족 사이에서 찾을 수 있으나, 오늘날 북방의 전형적 샤머니즘의 무의형태를 볼 수 있는 곳은 한국이 세계의 유일한 곳으로 남아 있는 셈이다. 여기에 한국무교 연구가 지닌 현대적 의의가 있다.

(1) 한국무교의 특성

한국무교는 고대의 신화와 제례로부터 현대의 무속에 이르기까지 일관해서 한국문화사 속을 흘러온 역사의 종교현상이다. 그 특징으로

---

143) 류동식, 「한국무교의 역사와 구조」(서울: 연대, 1997).

첫째, 외래종교문화와 혼합되어, 제차(祭次), 제법(祭法) 등이 복잡하게 발전되었으며, 특히 무가(巫歌)가 풍부하게 발전하였으나, 무교의 기본구조에는 변화 없이, 외래종교문화의 영향은 단순히 종교적 표상을 풍부하게 장식하였을 뿐이다.

둘째, 무교의 외형적 특징은 가무(歌舞)로써 신을 섬기는 데 있다. 고대인의 천제(天祭)에 음주가무(飮酒歌舞)가 이루어졌고, 오늘의 무제(巫祭)인 굿 역시 음주가무로서 신행된다. 가무는 교령(交靈)의 한 기술이며, 교령의 목적은 신령의 영력을 빌려 재액(災厄)을 물리치고 축복을 초래코자 함에 있다. 무교란 실로 가무새신(歌舞賽神)하여 제재초복(除災招福)하려는 주술적 종교현상이라 하겠다.

셋째, 무교의 종교적 구조는 부정을 매개로 새로운 세계와 인생을 창조함에 있다. 세속의 부정을 매개로 사람들은 원시적 신화적 세계로 퇴행한다. 거기에서 인간은 자유로이 신령과 교제하여 새로운 창조를 꿈꾸게 된다. 신화적 세계로 환원하기 위해서는 현실세계가 부정되어야 하며, 곧 죽음이 요청된다. 이 죽음의 기술을 무교는 음주가무에서 터득했다.

넷째, 한국무교의 문화적 표상과 형태에서 다음과 같은 특징이 있다.

① 교령(交靈)과정에서 한국의 무당은 신령을 불러 내린다. 일본도 같다.

② 한국의 굿은 가무오신(歌舞娛神)과 공수[144]를 받는 데 있다.

③ 적극적인 축복기원에 굿의 중심이 있으며, 민중의 오락을 동반한다.

---

144) 무당이 죽은 사람의 넋이 말하는 것이라고 하여 전하는 말.

(2) 무교와 민중의 생활문화

무교란 노래와 춤으로써 하늘과 땅, 신령과 인간이 하나로 융합되어 새로운 생명과 문화를 창조하는 원초적 종교현상이다. 한국의 기층 생활문화인 세시풍속의 기본요소는 천신신앙과 지신신앙, 그리고 가무새신이라 하겠다. 천신은 산신(山神)으로, 지신은 농신(農神)으로, 가무는 농악(農樂)으로 표현된다. 여기에 한국 민중의 생활철학과 생활문화의 기초가 있으며, 문화현상과 관련하여 산신문화, 곡신문화, 농악문화가 있다.

산신문화: 한국문화는 신화시대부터 천신(天神)을 중심으로 형성되었다. 모든 신화는 하느님의 아들이 산과 숲에 강림한 이야기로부터 시작된다. 그리고 생활의 변동이 있을 때엔 무엇보다도 먼저 천제를 드렸다. 1년을 두고 절기를 따라 시시때때로 하느님에게 감사하며 축복을 비는 제사(祭祀)가 계속된다. 그리고 그 중심은 강림한 천신으로서의 산신이요, 조상이 묻힌 산의 신으로서의 산신(山神)이다. 산신은 단순히 수호와 축복을 주관할 뿐만 아니라 생산을 또한 관장하는 농신이며, 생산신을 뜻하기도 한다.

곡신문화: 곡신(穀神)신앙은 곧 생명력에 대한 신앙이며, 보다 풍부한 삶을 추구하는 신앙으로 나타난다. 그것은 부귀와 장수에 대한 축원이며, 그중에도 핵심적인 것이 장수이다. 이러한 수복을 주관하는 신(神)이 곧 곡신이요, 그를 모신 것이 신단지이다. 한국문화가 또한 곡신문화인 까닭이 여기에 있다.

농악문화: 정초의 각종놀이와 동(洞)제나 지신밟기들은 농악을 동반한다. 농번기의 공동 작업도 두레나 품앗이로 바로 농악대의 조직

과 결부된 '농악작업'이다. 우리는 1년 내내 농악과 더불어 제를 지내고 농사를 지으며 놀이를 하는 농악문화라고 부를 수 있다. 노래하며 노동하는 농민의 생활문화, 노래와 춤으로써 제(祭)지내는 민중의 생활예술, 이것이 한국의 농악 문화이다. 그리고 여기에 한국인의 생활철학과 무교문화의 기초가 있다.

3. 홍익인간과 홍익화백

1) 홍익인간

우리의 건국이념이요,[145] 교육이념인 홍익인간의 개요와 이념연구를 함으로써 '홍익화백제도'를 구상해 보고자 한다. 그리하여 남북통일에 이 제도를 채택·발전시킴으로써 역사의 전통으로부터 단절된 한민족의 대중흥을 도모코자 한다. 또한 남·북 이데올로기 대립의 극복책이 될 현대형 홍익화백제의 근본이념인 홍익인간이념이 본 저서의 본질임을 먼저 밝혀둔다.

---

145) 制憲國會에서 제정하였으나, 현재는 없어짐.

(1) 홍익인간의 개요

분명 홍익인간이 우리의 건국이념이요, 교육이념이라면, 국민 모두
가 수긍하는 일정한 정의로 대답할 수 있어야 할 것이나, 그렇지 못
하며,[146] 그렇다 하여 일제의 신화설[147]을 그대로 인용하는 것은 수
용할 수 없는 일이다.

단군 신화설은 일제가 삼국유사(三國遺事) 고조선을 신화로 날조
번역한 데서 유래되었다. 그런데 오늘날 단군조선이 신화시대가 아
니라 실사(實史)라는 사실에 비추어 보면, 일제가 날조 번역한 내용
그대로 '널리 이롭게 하는 인간'으로 말할 수만은 없다.

일제 때, 역사학자인 이병도 교수는 삼국유사(三國遺事)를 번역하
면서, 삼국유사 고조선 편에 나오는 '가이 홍익인간(可以 弘益人間)'
에 대한 해석을 '널리 인간을 이롭게 하는 것'이라고 하였다. 그리하
여 그의 제자들은 물론, 다른 학자들도 이를 본받아 홍익인간을 모
두 '널리 인간을 이롭게 하는 것'이라고 해석하였다. 국어사전은 물
론 초등학교에서부터 고등학교 교과서에 이르기까지 홍익인간을 모두
'널리 인간을 이롭게 하는 것'이라고 해석하고, 학생들을 가르쳐 왔다.

조국이 일제의 강점으로부터 광복한 지 60년이 지났는데, 이에 대
하여 아무도 이의를 제기하는 학자가 한 분도 없었다. 뿐만 아니라,
어느 누구도 홍익인간(弘益人間)에 대한 이병도의 해석이 잘못된 것

---

146) 3000여 년 전에 箕子가 周나라 武王에게 전했다는 洪範九疇(統治論)
   를 弘益人間論으로 저술하여 출판한 것이 대표적인 예이다. 姜舞鶴,
   「弘益人間論」(서울: 明文堂, 1983).
147) 성삼제, 「고조선, 사라진 역사」 (서울: 동아일보사, 2005), pp. 156-196.

인지조차도 모르고 지내왔다.

　다행히도 포천중학교 교장을 지낸 유탁영 선생이, 1991년에 홍익인간에 대한 해석이 왜곡된 것임을 지적하고, 홍익인간에 대한 올바른 해석을 논문으로 제시하였으나, 놀랍게도 학계나 교육당국이 거들떠보지도 않은 채, 소수만이 이 사실을 알고, 바로 알리려고 노력하며 오늘에 이르렀다.[148]

　민족운동을 하면서 홍익인간을 외치는 분들도, 홍익인간에 대한 해석이 친일식민사학자 이병도에 의하여 왜곡된 사실도 모른 채 열심히 홍익인간을 외치고, 광복 후 국가지도자들도 홍익인간을 교육이념으로 채택하였으나, 홍익인간에 대한 해석이 잘못되어 교육이념으로서 가치가 없었고, 따라서 인성교육의 성과를 거두지 못하였으며, 오히려 이기적(利己的)이고 물질적인 이(利)를 더 추구하는 국민과 지도자들을 양성하고 말았다.

　옥편에 실린 弘, 益의 뜻을 찾아보자

　弘: 大也 - 클 홍, 大之 - 크게 할 홍.

　益: 助也 - 도울 익, 增也 - 더할 익, 加也 - 더할 익, 多也 - 많을 익. 進也 - 나아갈 익, 盈溢 - 넘칠 익, 饒也 - 넉넉할 익, 卦名 - 괘 이름 익.

　위에서 '弘'자가 광(廣)의 뜻 '널리'가 없으며, 또한 익(益)의 뜻도 利의 뜻 '이롭다'의 뜻도 없다. 따라서 弘益은 '널리 이롭다'로 번역될 글자가 아니며, 이것은 일본어 어의로 번역된 낱말로 우리 정서

---

148) 유탁영, "홍익인간의 본질과 교육의 방향", 단군대종학회 논총 제2집 「외래종교(外來宗敎)와 우리국가의 흥망」(서울: 도서출판 삼양, 단기 4372년(1999)), pp. 155 - 183.

에 맞지 않는다. 홍익(弘益)의 우리 뜻을 옥편에서 찾으면,

弘: 大-클 홍

益: 助-도울 익으로 弘益人間은 이웃을 '크게 돕는 인간사'로 번
    역될 말이다.[149]

홍익인간은 1980년경에 발견된 한단고기(桓檀古記)[150]라는 책자에
의해서 홍익인간의 뜻을 찾아볼 수 있게 되었다. 이 한단고기는 신
화로 날조 번역된 삼국유사 고조선을 실사(實史)로 해석하게 하고,
또한 우리의 종교(宗敎: 믿는 신앙이 아니라, 조상으로부터 이어받은
생활규범인 소도[151]-홍익인간(蘇塗-弘益人間)에 대한 기록도 풍부
하다. 따라서 한단고기를 인용하면서 홍익인간을 이해할 길이 열렸다.

한단고기는 내용으로 미루어 보아 왕권체제(王權體制)나 일제통치
하에서는 공개할 수 없는 민족의 사서(史書)로서 학계가 앞장서 존
중하고 연구하여야 할 귀중한 고문헌(古文獻)임을 이 저서를 통해
소개한다.

오늘날 국론이 남·북 또는 동·서로 분열되고 민심이 외래종교
로 흩어진 환경이기에 더욱 우리의 얼-홍익인간(弘益人間)을 찾아

---

149) 근간한 옥편에는 益=助의 뜻이 없고 오래된 옥편에 있음.
150) 桓檀古記를 한단고기로 음 한다. "桓"자를 "환"으로 음 하는 것이 통
    례인데, 한단고기에 다음과 같이 "桓"을 주해하고 있다. 桓者 全一也
    光明也. 桓이란 모두 하나요, 광명이다. 이리하여 필자는 이 주해에
    따라 "桓을 모두 하나 한"으로 하여 "한"으로 음하게 된 것이다.
151) 11세 단군 道海, 13세 단군 惚達이 수려한 名山에 소도를 세우고, 많
    은 박달나무를 심고, 가장 큰 나무에 桓仁, 桓雄像을 깎아 모시고 제
    사를 지냈다. 또한 天指花(무궁화)를 널리 심도록 장려하였으며, 이곳
    靑年들을 國子郎이라 하여, 머리에 천지화를 꽂았으므로 天指花郎이
    라 불렸다.

봐야 하겠다.

① 기록된 문헌과 말씀한 첫 사람

공인된 사서로 삼국사기(三國史記)와 삼국유사(三國遺事) 두 권의
책자가 있으나, 고대사에 대한 삼국사기에는 홍익인간에 관해 단 한
자의 기록도 없다. 삼국유사 고조선은 378자로 기록되었고, 그 속에
가이 홍익인간(可以 弘益人間)으로 6자만 기록되고 있을 뿐, 아쉽게
도 주해된 바 없어 그 속뜻을 알 길이 없었다.

우선 삼국유사 고조선 기록부터 살펴보자.

(三國遺事) 昔有桓國[152]

桓雄-率徒三千 降於太伯

山頂 神壇樹下 謂之神市

신화풀이: 降於太伯: 태백지역에 내려와

山頂 神壇樹下: 산마루 신단나무 아래에

謂之神市: 그 일대를 神市라 이름 한다.

그러나 이는 한웅(桓雄)이 옛 한국(桓國)[153]에서 무리(부족) 3000
을 이끌고 태백지역으로 내려와 태백산(太白山) 산마루에 신단(神壇)
을 세우고(樹) 일대(下)를 신시(神市)라 한다고 번역될 구절이다.

---

152) 성삼제, 앞의 책, pp. 160－181. 원래 三國遺事 임신본에는 昔有桓國
으로 되어 있었으나, 조선총독부가 조선사 편수회를 앞세워 國자를 因
자로 바꿨다. 이 한 글자 때문에 해석이 '옛날에 桓國이 있었다'에서
'옛날에 하나님이 있었다'로 바뀌어, 고조선 이전에 존재했다는 桓國
이 사라져 버렸다.

153) 한단고기에서 72000여 년 전에 건국했다고 하는 인류 최초의 나라.

홍익인간이란 말은 삼국유사의 위의 기록, 한웅이 옛 桓國에서 태백(太伯)으로 내려올 때, 옛 한국의 한인천제(桓仁天帝)가 한웅(桓雄)에게 가이 홍익인간(可以 弘益人間)으로 내리신 말씀이다. 이때가 지금으로부터 5,905(1,565+4,341)년 전이다. 다시 말하면 서자지부 대인(庶子之部 大人)으로 계시던 한웅(桓雄: 居發桓)[154]이 무리 3,000을 이끌고 옛 한국을 떠나 태백(太伯)으로 내려올 때, 옛 한국 7세대 천제 지위리 한인(天帝 智爲利 桓仁)[155]이 거발한(居發桓) 한웅에게 내리신 말씀이다. 우리의 원류[156]는 삼국유사 석유한국(昔有桓國)이며, 한웅이 옛 한국에서 무리 3,000을 이끌고 태백(太伯)에 내려와 신시(神市) 배달국을 개국한 때를 기원으로 하게 된다. 이때가 지금으로부터 5,905년 전이고 떠나온 모국나라[157] 이름이 한국(桓國)이다. 이 한국과 오늘의 韓國의 소리 이름이 같아, 이를 구별하기 위해 옛 한국이라 한다.

삼국유사 고조선에 이런 글이 있다.

하시 삼위 태백 가이 홍익인간(下視 三危 太伯 可以 弘益人間[158]))

옛 한국 천제인 한인(桓仁)이 삼위와 태백을 굽어보고 "홍익인간할 곳이다"라고 한다.

당시 신천지로 개척할 곳은 태백과 삼위 2곳이고, 한웅이 선택한

---

154) 桓雄名稱의 두 가지 뜻, (1). 昔有桓國의 지도부 庶子之部 大人의 名稱, (2). 배달국 영도자의 관직명, 또한 거발한은 배달국 1세 영도자의 이름.
155) 한인은 옛 한국 영도자의 관직명, 지위리는 영도자의 이름.
156) 12개 나라로 된 昔有桓國 중의 한 부족이었다 함.
157) 人類 最初의 나라.
158) 三聖記全 下篇 桓檀古記 六.

곳은 태백이다. 대인 한웅(大人 桓雄)께서 3,000무리와 더불어 구다천국을 떠나 목적지인 태백산에 가까워졌을 때, 무리 중에 반고(盤固)라는 사람과 그를 따르는 사람들이 삼위(三危) 산(山)쪽으로 갈 것을 원하여 한웅께서 이를 허락하였다. 반고는 삼위산 납림(拉林)이라는 곳으로 가서 그곳 사람들을 교화(敎化)하며 임금에 추대되었으며, 이를 반고가한(盤固可汗)이라고 한다.[159] 이분이 오늘날 사마천 사기(史記)에 의하여, 지나한족(支那漢族)의 시조로 받드는 반고인 것이다.

한웅(桓雄)께서는 반고를 보내고, 나머지 무리들과 더불어 현 중국의 서안(西安)에 있는 태백산(太白山)에 도착하자 신단(神壇)을 세우고 천제(天祭)를 먼저 올리고, 도읍지를 神市라 하고 나라이름을 배달국(倍達國)이라고 하였으며, 동아시아 최초의 제국을 건설하였던 것이다.[160]

즉 삼국유사 고조선의 태백, 삼위는 한웅과 반고가 이주한 곳이 된다. 물론 당시의 개념으로 볼 때, 중국족, 조선족의 구별이 있었겠는가? 다만 지금의 관점으로 볼 때, 이것이 조선사와 중국사의 갈림이 되었다.

옛 한국 - 태백: 거발한 한웅(조선사의 기원)

　　　　 - 삼위: 반고(중국사의 기원)

우리가 중국이 6000년 역사라고 하는 것은 바로 한웅과 반고에서 시작된 것이다. 그리고 삼국유사 고조선은 신화가 아니라 상고 한국

---

159) 時有盤固者好奇術慾分道而往請乃許之……謂盤固可汗也(三聖記全　下篇 桓檀古記七).
160) 송부웅, 「開天 5901년」(서울: 도서출판(주)아스타나, 2004), pp. 107-108.

사의 실증적 기록이다.

② 한웅이 태백에 온 까닭

오늘날 인종을 분류할 때, 피부색으로 백색, 흑색, 황색종 등 3종
으로 보통 분류하고 있으나, 옛 한국시대는 머리칼 색으로 나누어
노랑머리 족을 범족(虎族), 검은머리 족을 곰족(熊族)으로 2개 인종
으로 나누었다.

옛 한국 말엽에 이르러 인구는 증가하고 산업이 뒤따르지 못하여
생계가 불안하였다. 거기에 두 인종은 성격차이로 서로 다투는 일이
겹친다.

虎性嗜貪殘忍專事掠奪 - 범족(호족)의 성격은 잔인하고 약탈을 즐기며,
熊性愚悷自恃不肯和調 - 곰족(웅족)의 성격은 미련하고 고집이 세다.[161]

이리하여 두 인종은 서로 다투게 되고 거발한(居發桓) 한웅은 호
족(범족 - 노란머리 족)을 사해(四海)[162] 밖으로 추방하게 된다. 거발
한 한웅이 호족(범족 - 노랑머리 족)을 四海 밖으로 몰아내는 데 성
공하였으나, 그 후유증으로 고민(貪求人世)[163]한 끝에 신천지 태백을
물색 옛 한국을 떠나 이곳 태백으로 내려오게 된다.

---

161) 三聖記全 下篇 桓檀古記 八.
162) 지금의 뜻으로 본다면 國外라는 뜻인데, 이 기록의 四海는 지중해, 흑
해, 카스피 해, 아랄 해 등 네 개의 바다를 말하고, 그 밖은 알프스산
맥 북쪽, 우랄산맥 서쪽으로 오늘의 유럽지역이다.
163) 삼국유사에 貪求人世란 기록이 있다. 이 기록이 바로 웅족과 호족의
다툼으로 한웅이 고민한 것을 기록한 내용이다.

③ 가이 홍익인간(可以 弘益人間)

옛 한국은 12개국이 모인 연합국이었다. 이 연합국은 기록에 의하면 66,000여 년간[164] 서로 사이좋게 지내다가 말엽에 곰족(熊族)과 범족(虎族)이 싸왔다. 12개국이 66,000여 년간 존속하였다는 것은 원시시대라 할지라도, 당시 지도자의 지도력과 12개국 국민이 공유한 공존공생이념이 있었기에 가능한 일이었다. 즉 이 공존공생이념이 홍익인간의 모체가 되고 태고 인류가 공유한 인류사상이었다. 이 인류사상을 계승하여 "다시는 웅족과 호족이 싸우는 것과 같은 일 없도록 하라."는 즉 "싸우는 일이 없도록 하라."는 당부로 옛 한국 제7세대 천제 지위리(智爲利) 한인(桓仁)이 거발한(居發桓) 한웅(桓雄)에게 말씀하셨고, 후일 왕검 단군은 이를 건국이념으로 단군조선을 건국, 오늘날 우리 대한민국으로 이어진 것이다.

한웅천왕은 신시에서 개천하고 배달국이라 하였으며, 천경신고[165]를 가르치고 백성들을 잘 살 수 있도록 재세이화하였으니 이것이 바로 한웅 천왕께서 홍익인간 한 것이다. 따라서 홍익인간이란 것은 나라의 지도자가 백성들을 크게 도와 잘 살게 하는 통치이념으로서 지위리(智爲利) 한인께서 대인(大人) 한웅에게 전수한 말씀이다. 국가는 기본적인 의식주 해결은 물론, 정신세계 및 지미디의 소질을 개발하여 사회에 봉사하고, 보람된 생애를 살도록 환경과 교육제도를 만들어 가는 것으로, 이는 개인의 차원을 넘어 국가나 단체가 해야 할 덕목인 것이다. 따라서 홍익인간은 명사로 쓰는 것이 아니고,

---

164) 三聖記全 下篇 桓檀古記. 六.
165) 천부경과 삼일신고.

홍익인간 하는 형용사로 사용하여야 함을 알 수 있다.[166]

홍익인간 하면 왕검 단군이념으로 우리 민족 고유사상으로 과장하는 경우가 있으나 홍익인간이념은 절대 우리 민족의 단독이념이 아니다. 다만 삼국유사 고조선을 통해 전수함으로써 홍익인간을 우리가 보존하게 되었고 이로써 우리는 홍익인간의 본관족이 되었다.

이는 태고시대부터 이어진 이념으로 인류가 존속하는 한 본능적으로 갈망하는 이념이라 하겠다. 오늘날 지구 곳곳에서 민족 간, 종교 간에 갈등과 교리차이로, 또는 경제적 이해득실로, 피를 담보로 하는 싸움이 그치는 날이 없다. 그런 와중에서도 인간의 본능이라 할까? 공존공생 홍익인간이념은 오늘날에도 평화운동, 자연보호운동 등으로 이어져 만물과 공존공생 하여야 한다는 옛 한국시대의 이념을 승계하고 있다. 만물과 같이하는 공존공생이념, 즉 홍익인간이념은 인류가 오늘에도 공유하고 있는 사상이며, 지위리 한인이 당부하신 가이 홍익인간(可以 弘益人間)은 인류의 본능·원천이념을 당부하신 말씀이다.

④ 홍익인간의 근원과 우리의 사명

한·단 시대에는 크게(弘) 돕(益)는 인간사(人間事)로 운영하였음을 알게 된다. 즉 홍익인간 이념은 태고시대 인류의 생활 속에서 또는 문명에 오염되지 않은 오지 부족생활에서 그 근원을 찾을 수 있다. 홍익인간 이념은 옛 한국─태초 인류의 인간사이고, 우리는 이

---

166) 송부웅, 「한(桓)문화 세계를 돌아오다」(서울: 지혜원 출판사, 2006), pp. 61-64.

이념을 한인(桓仁), 한웅(桓雄), 단군(檀君)시대를 거쳐서 전수받았다.

홍익인간이란 낱말은 그 내부적인 이론은 우선 고사하고라도 표면적으로 공감이 가는 좋은 표의문자(表意文字)이다. 그리고 홍익인간이란 용어가 글자 자체만으로도 어의감이 좋다. 그래서 한자문화권에서 다 같이 쓰일 낱말 같으나, 중국·일본 등에서는 홍익인간이란 낱말이 없고 또한 그런 개념도 없어 보인다. 더 나아가 우리와 멀리 떨어진 비표의문자권은 더 말할 나위없다. 이는 지난날 피를 보게 한 싸움의 역사가 이를 증언하고 있다.

이제 우리가 인류 앞에 나설 일은 홍익인간이념의 본관족답게 '홍익인간의 틀: 홍익인간헌법'을 제시하여 다툼이 없는 지구촌을 건설하는 데 앞장서야 한다. 우리가 전수받은 이념을 살려 그 본관족의 의무를 다하여 민족별 신앙과 종교를 깊이 있게 이해하여 서로 존중하고 서로 어울려 홍익인간의 이념 '서로가 크게(弘) 도움(益)을 주고받는 인간사의 이념'을 교화하여 평화스러운 21세기를 건설하는 데 앞장서야 할 일이다. 그리하여 서구문화와 철학의 발상지가 그리스·로마라고 한다면, 다가오는 21세기의 미래는 우리 홍익인간이념으로 발아되어 전개될 백두산족 문화권의 역사 틀로 바꿔 놓을 일이다.

(2) 홍익인간(弘益人間) 이념연구(理念硏究)

홍익인간이란 무엇인가?

① 한단고기(桓檀古記)에서

한단고기는 5권의 고사서(古史書)를 합본한 책으로 각 책마다 편저자와 편저연대도 다르다. 따라서 여기서 말하는 홍익인간을 찾아본다는 것은 찾는 이에 따라 그 내용을 달리할 수 있다. 필자는 잘못 찾음으로 해서 홍익인간(弘益人間)에게 누가 되지 않을까 하는 걱정이 앞서 조심스럽다. 여기서는 단군세기(檀君世紀) 桓檀古記 22쪽의 참고문헌[167]을 찾아 정리하여 본다.

弘益人間 念標: 天 以 玄默 爲大 其道也 普圓 其事也 眞一
　　　　　　　地 以 蓄藏 爲大 其道也 效圓 其事也 勤一
　　　　　　　人 以 知能 爲大 其道也 擇圓 其事也 協一
　　　　　　　故 一神降衷 性通光明 在世理化 弘益人間

이를 다음과 같이 구분하여 본다.

　　　(크기는) 天大 (弘)－玄默
　　　　　　　地大 (弘)－蓄藏
　　　　　　　人大 (弘)－知能
　　　(길은) 天道 (益)－普圓
　　　　　　　地道 (益)－效圓

---

167) 檀君世紀 桓檀古記 二十二.

人道 (益) - 擇圓

(일은) 天事 (人間事) - 眞一

地事 (人間事) - 勤一

人事 (人間事) - 協一

구분된 것을 새겨 보면

弘益人間이란 사람(人)은 나와 천지인(天地人) 사이(間)에서 크게
(弘-大) 돕는(益) 길(道)을 찾아 실천에 옮기는 인간(人間)의 일(事)
을 말한다.

그 크기(大-弘)는 玄默 - 심오하고 고요하나 크고

蓄藏 - 모으고 거두어 크며

知能 - 깨달음과 재능이 크다

그 도(道-益)는 普圓 - 넓은 원이고

效圓 - 본받을 원이며

擇圓 - 가리는 원이다.

그 일(事-人間事)은 眞一 - 오직 참되고

勤一 - 오직 부지런하며

協一 - 오직 어울려

하나(一)로 같이 하는 일이다.

다시 정리하여

弘益人間의 三極은 天地人이요,

그 크기(大)는 玄默, 蓄藏, 知能하여 크고,

그 道는 普圓, 效圓, 擇圓이고,

그 事는 眞一, 勤一 協一 하는 것이다.

따라서

一神降衷: 하나님(一神)은 降衷, 한가운데(眞中)에 내려와 계시어
기울어짐-공정하지 않음이 없고,
性通光明: 성(性: 만물의 본성)은 光明-밝게 빛나며
在世理化: 세상 만상은 理性에 어긋남이 없어야 한다.
이 人間事가 弘益人間이다.

홍익인간은 바로 활동하는 사람이다: 홍익인간은 상상적인 사람 또는 이상적인 사람으로 하여 거리를 두지 말고, 우리와 같이 평범하게 활동하는 사람으로 본다. 즉 홍익인간도 우리와 같은 사람으로 친밀하게 대하자는 뜻이다.

그 홍익인간은 말에 거짓이 없고(無僞), 일에 게으름이 없으며(無怠), 약속에 어김이 없는(無違) 평범한 인간으로 거리감을 두지 말고 나와 친한 친구로 맞이할 일이다.[168]

② 홍익인간의 진수(眞髓)

②-1. 일신(一神)과 일신강충(一神降衷)
☆一神(하나님)과 三神: 하나님은 여러 神을 거느리는 것이 아니라 하나님의 작용을 三神이라고 한다. 一神非各有神也作用則三神也[169]

삼신이란 말이 우리에게 익숙하다. 그래서 하나님 따로 三神 따로 하여 네 분의 신이 계시는 것이 아닌가 하는 오해가 생긴다. 三神과 하나님은 한 몸(三神一體)이다. 우리에게는 3가지 재능이 있는 것과 비유하면 좋겠다.

---

168) ( )안의 글은 太白逸史 桓檀古記 五十.
169) 위의 책, 四十八.

인간에게는 조(造) – 만드는 재주

교(敎) – 배움과 가르침의 재주

치(治) – 다스림과 다듬는 재주가 있다.

이 세 가지 재주는 내 한 몸의 기능으로 떼어놓을 수 없는 것과 같이 하나님에게도 3가지 작용이 계신다.

그 상징은 원(圓)이요

天 – 普圓,   地 – 效圓,   人 – 擇圓

그 작용을 3신(三神) 즉 조화신, 교화신, 치화신이라 한다.[170]

하나님과 삼신은 한 몸(三神一體)이시고 삼신작용의 상징이 원이라면 그 도형은 다음과 같다.

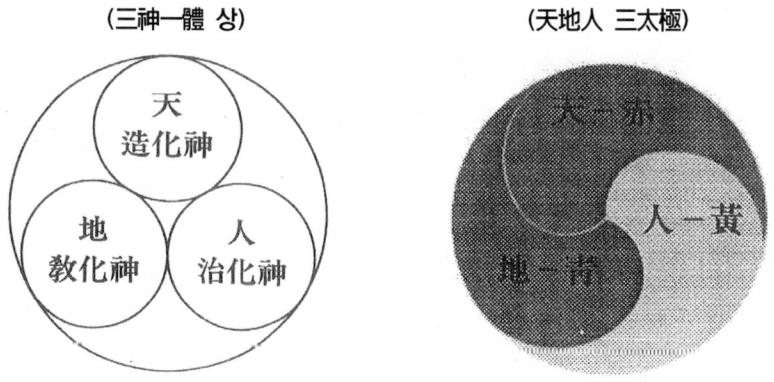

(三神一體 상)   (天地人 三太極)

한편 태극은 홍익인간의 상징이다.

太極 夫 弘益人間[171]

---

170) 위의 책, 四十八.

171) 蘇塗經典 本訓第五. 桓檀古記 八十七.

태극하면 주역(周易)에서 유래된 것으로 陰(--), 陽(一)설로 전하고 있으나 한단고기 태극설은 주역과 다르다.

한단고기 태극설:

　　　圓者 一也 無極

　　　方者 二也 反極

　　　角者 三也 太極

여기 ○: 圓은 天, □: 方은 地, △: 角은 人을 상징하고,

이 천지인(天地人)이 큰 원에 모여 삼신일체(三神一體: 큰 원 하나에 모임)할 때, 태극(太極: 三也 太極)이라고 한다.

그리고 태극무늬 "〰"는 왼손이 오른손에 포개어 공수(拱手)하면 태극무늬가 생긴다고 설명하고 있다. 즉 음양 태극은 주역의 태극이고, 천지인 삼태극(天地人 三太極)이 홍익태극(弘益太極)임을 말한다.

근간 남북이 해외에서 활동할 때, 한반도를 그린 깃발을 앞세우고 있으나, 우리가 전수한 홍익인간이념은 한반도에 머무는 것이 아니라 세계로 확산하여 전 인류가 같이 하여야 하는 이념으로 옛 한국 한인(桓仁)으로부터 당부받았다. 이 과업을 완성하기 위해 이런 좋은 기회에 홍익인간(弘益人間)-하나님의 상징 "서로 싸우지 않고 하나가 되어야 한다."라는 징표인 천지인 3태극(天地人 三太極) 깃발을 높이 들어야 한다. 그러면 한인(桓仁)이 당부한 가이 홍익인간(可以弘益人間)의 뜻도 알리고, 또한 남북이 협일(協一)하는 기상도 보일 수 있는 좋은 기회가 된다.

☆ 일신강충(一神降衷): 1신(一神) 하나님은 우리 신의 이름으로 '모두를 하나로 같이하여 어울린다는 이념을 님으로' 존칭한 신의

이름으로 고유명사이다.

하나(一)는 모두가 하나 되니 다투고 싸우고 하는 대상이 없는 것이 하나다. 이 이념을 신(神)으로 모신 것이 우리의 하나님이다. 즉 만민 만사가 하나이기에 평등(平等)마저 가릴 수 없는 평등을 상징하는 것이다. 따라서 싸우고 배타하는 등 편재하여 기울어짐이 없는 신(神) 하나님이시다. "하나님의 이름은 옛 한국시대 한 사람도 섭섭하고 답답하게 하지 않고 서로가 서로를 노와가며 하나같이 살았다는 생활이념, 즉 모두를 하나로 같이 어울리다의 이념에서 유래된 우리 신의 이름이다."

1신강충(一神降衷): 1신(一神) 하나님은 강충—진중(眞中) 한복판에 내려와 계시다 함은 '편중 편파 편애'하시는 일이 없으시다는 뜻이다. 우리 하나님은 기독교 신처럼 당신을 믿었다 하여 천당에 가게 하고, 안 믿는다 하여 지옥에 가게 하는 일도 하시지 않으신다. 하나님이 1신강충(一神降衷)하시었는데 어찌 그런 편파된 일을 하실 수 있겠는가?

1신강충(一神降衷)은 홍익인간이념인 원사상(圓思想)에 근거한다.

일신강충이라 하면 중심에 계시다는 뜻이다. 홍익인간이 원사상이면 그 중심은 원의 중심이다. 그런데 원은 중심에서 등거리의 자리이고, 중심은 원에서 편재되는 일이 없다. 이런 원의 숭심개념으로 홍익인간의 하나님을 이해하였으면 하고, 한편 하나님은 편재함이 없는 진중(眞中)—한가운데 자리함으로써 1신강충(一神降衷)으로 요약된 글로 보아야 한다.

ㄱ) 하나님이 계시는 곳

일반적으로 도입된 외래신앙(外來信仰)에 의하면 신(神)은 인간과 멀리 떨어진 곳에 계시다는 것이다. 그런데 우리 하나님은 일신강충 하니 인간사의 모든 사상(事象) 중심에 내려와 계신다 하고, 한편 삼 일신고(三一神誥)는 일신강재이뇌(一神降在爾腦)함으로써 하나님은 우리 머리에 내려와 계신다고도 한다.

외래신앙(外來信仰)에서는 신(神)은 먼 곳에 계시다 하고, 우리 하 나님은 우리 머리에 내려와 계신다고 함으로써 신(神)의 개념과 계 시는 곳 또한 다르다. 즉 우리 하나님은 우리 머리에 내려와 계심으 로 늘 같이 하신다. 그래서 우리는 같이하는 하나님을 모신다고 하 고, 도입된 외래신앙에서는 멀리 떨어진 곳에 계시는 신(神)이기에 믿는다고 하는 것은 아닐까?

ㄴ) 우리는 하나님을 모신다고 한다

외래신앙의 신(神)은 멀리 떨어진 곳에 계신다고 한다. 이 먼 곳 이 어디 한두 곳인가? 그런데 우리 하나님은 1신강충(一神降衷) 하 신다. 즉 중심에 계시다는 뜻이고, 중심은 오직 그곳 하나뿐이다. 달 리 말해 서로 대응할 수 없는 자리로 절대의 자리다. 우리는 하나님 을 절대의 사상(事象)으로 인지(認知)한다. 하나님은 어떤 형태적으 로 공간을 차지하는 유형이 아니라 뇌리(腦裏)에서 인지하는 무형의 사상이라는 것이다. 또 달리 말하면 신(神)은 오감(五感)으로 확인하 는 것이 아니라 육감(六感)에서 인지할 따름이다.[172]

---

172) 絶對神: 대응할 수 없는 神, 唯一神: 배타하는 神.

육감은 바로 나의 혼이다. 일신강재이뇌(一神降在爾腦)하니 하나님은 늘 나의 머리에 내려와 계시는 것이다. 또한 우리말에서 하나님을 믿는다고 하지 않고, 모신다고 한다. 하나님이 나와 먼 곳에 계시다면 어찌 하나님을 모신다고 말할 수 있겠는가. 모신다는 말에서도 하나님을 우리와 늘 같이 하심을 알게 한다. 이 모신다는 말을 통해서도 일신강재이뇌(一神降在爾腦)의 뜻을 새길 수 있으며, 하나님은 우리의 머리에 내려와 계심으로써 즉 우리와 늘 같이 함으로써 하나님을 모신다고 한다.

ㄷ) 우리말에는 극락, 천당과 지옥이란 말이 없다

극락, 천당, 지옥 등의 말은 도입된 외래신앙에서 하는 말이다. 우리에게는 살아서는 이승이요, 죽어서는 저승으로 돌아가는 것이다. 이것은 나의 혼령은 하나님이 강재이뇌(降在爾腦)한 하느님의 화령(化靈)이요, 육신은 부모님의 분신이다. 내가 죽으면 하나님으로부터 빌린 혼령은 하나님의 자리로 돌려 보내드려야 할 것이 아닌가. 귀천사상(歸天思想)이 여기에서 싹튼다. 한편 내가 빌린 하나님의 혼령이 육신을 떠날 때 나의 삶이 바르지 못하다 하여 하나님의 혼령이 지옥으로 내려갈 것인가 하는 것이다. 오직 하나님의 혼령은 나의 삶의 잘잘못과 관계없이 본자리 저승으로 돌아가실 뿐이나. 이는 빌린 돈을 잘 쓰고 못 쓰고 간에 빌린 곳에 갚아야 하는 것과 같은 이치다.

외래신앙에서는 만물이 신(神)의 조화물이기에 삶의 공과에 따라 극락─천당과 지옥으로 갈라진다고 할 수 있으나, 우리의 혼령은 바로 하나님의 화령(化靈)이기에 극락─천당과 지옥으로 갈라질 수 없다. 만에 하나 그런 현상이 일어난다면 신은 인간의 종속물이 되어 신과 인간의 작위(作爲)가 전도되는 꼴이 된다.

또한 하나님은 극락-천당과 지옥이란 것도 만드시지 않으셨다. 그러기에 우리말에 극락-천당 그리고 지옥이란 말이 없다. 오직 이 승과 저승이 있을 뿐이다.

우리의 혼령이 저승에서 빌린 하나님의 것이라면 저승으로 돌아가 시게 하여야 할 일이다. 이것이 귀천(歸天)사상이고 유택(幽宅)문화 로 이어지고 있다. 이 유택모습에서 혼령을 저승으로 돌아가시게 한 다는 귀천사상을 찾아 볼 수 있다. 한편 하나님으로부터 빌린 화령 (化靈)이 귀천하여 저승에 가신다는 것은 바로 나의 혼령도 하나님 의 화령과 같이 귀천한다는 뜻이다. 한편 돌아가신 분에게 최후의 인사말로 "저승에서 다시 만납시다."라고 하는 것, 또한 귀천사상의 일환이다.

한편 우리에게는 선신(善神), 악신(惡神), 마귀, 사탄 등의 말이 없 다. 이 또한 도입된 외래신앙에서 들어온 말이다. 신이 창조주라면 선신, 악신, 마귀, 사탄 등을 만들어 창조신과 대응하게 하고 이들로 하여금 인간사를 괴롭히게 하는 실수를 왜 했겠는가? 이런 관점에서 본다면 외래 창조신은 대응할 상대가 없는 절대신이 아니라 대응을 받아야 하는 신(神)임을 알게 한다.

예나 지금이나 도공(陶工)들이 공들이지 않은 작품이 있겠는가? 그러나 마음에 들지 않는다면 세상에 내놓지 않고 깨부순다. 즉 인 간 도공도 마음에 들지 않는 작품은 깨부숴 없애는데 하물며 창조신 으로서 우주를 창조할 때, 선신과 악신을 만들어, 인간 도공의 경지 에도 미치지 못하는 개념으로 우주를 창조하였음을 엿볼 수 있다.

창조주가 사탄 마귀 등을 창조함으로써 오히려 인간사를 어지럽게 유도한 것은 아닐까?

홍익인간의 하나님은 1신강충(一神降衷)하여 누구에게도 편재함이 없이 진중(眞中)에 계시어, 眞-참되고, 勤-부지런하며, 協-서로 어울려, 僞-거짓과, 怠-게으름, 違-어김을 멀리하여, 하나로 하심을 인간사에 내리신 것이다. 참과 그릇된 인간사는 하나님의 몫이 아니라 당사자의 것으로, 그 속에서 스스로 화(禍: 괴로움)와 복(福: 즐거움)을 누리게 하신다.

②-2. 성통광명(性通光明)

우주만물의 본성은 밝게 빛나는 것으로 어느 하나 어둡고 악의적으로 운영하여서는 안 된다.

②-3. 재세이화(在世理化)

만물은 본성에 따라 존재하므로 이를 존중하여 합리적인 이치로 다스려야 한다.

②-4. 홍익인간(弘益人間)

홍익인간은 단지 낱말인 단어가 아니다. 바로 우리와 같이 활동하는 인간이다. 홍익인간은 만물과 사이를 두고 크게 도움을 주고받으면서 사는 인간사(人間事)이다.

그 大(크기)는 三大-三弘이요

天-玄默, 地-蓄藏, 人-知能

그 道(길)는 三圓이며

天-普圓,　地-效圓,　人-擇圓

그 事(일)는 三途

　　天眞一 無僞

　　地勤一 無怠

　　人協一 無違하여

　神降衷-하나님은 진중에 계시어

性通光明-본성은 밝게 하시고

在世理化-세상은 이치로 다스린다.

이를 요약하면, 홍익인간(弘益人間) 하는 사람(人)은 나와 천지인 사이(間)에서 크게(弘-大) 돕는 길(道)을 찾아, 공정하지 않음이 없고, 어느 하나 어둡고 악의적임이 없이, 세상만물의 본성을 존중하여 합리적으로 다스리는 인간사라고 정의할 수 있다.

홍익인간사상을 종합해 보면,

첫째, 홍익인간은 천지인사상(天地人思想)이라고 말할 수 있다.

사람(人)과 인간(人間)은 구별된다. 사람은 활동이 없는 사람을 말하고, 인간은 사람이 우주공간에서 상대와 사이(間)를 두고 작위(作爲)하는 사람을 인간이라고 한다. 즉 인간의 활동범위는 천·지·인과 사이를 두고 이루어짐으로써 홍익인간사상을 일명 '천·지·인 사상'이라고도 한다. 따라서 이 천지인을 물상적(物象的)인 천지인과 심상적(心象的)인 천지인으로 살펴야 한다.

심상적인 천지인의 이해: 天-眞, 地-勤, 人-協의 뜻으로 물상적인 천지인은 심상과 연계한다.

(물상적) 天-하늘,　地-땅,　　　人-사람.

(심상적) 眞-참,　　勤-부지런함,　協-어울림.

즉 천지인은 다음의 뜻으로 보아야 한다.

天 - 하늘은　眞 - 참으로

地 - 땅은　　勤 - 부지런함으로

人 - 사람은　協 - 어울림으로

둘째, 홍익인간은 원(○)사상이라고 할 수도 있다.

홍익인간은 원(圓)을 상징하기도 한다.

　　　　　　天道는 普圓이요,

　　　　　　地道는 效圓이요,

　　　　　　人道는 擇圓이다.

天·地·人 - 道를　普(넓고),　效(본받고),　擇(가리는) - 원(圓)으로 함으로써 홍익인간사상을 일명 원사상이라고도 한다.

圓의 象: 물상적으로는 마찰이 없는 상이고,

기하학적으로는 등거리상으로 평등을 말하며, 심상적으로는 원만하다는 뜻으로 남과 다투고 싸우는 일이 없는 상이다.

홍익인간의 도는 원상(圓象)으로

　　　　　　普 - 마음씨가 넓어야 하고,

　　　　　　效 - 잘잘못을 본받아야 하며,

　　　　　　擇 - 바름과 그름을 가릴 줄 알아야 한다.

셋째, 홍익인간은 하나(一)의 상으로 하나(一)님 사상이다.

天事　眞一: 하늘은 (一) 오직 참되고,

地事　勤一: 땅은 (一) 오직 부지런하며,

人事　協一: 사람은 (一) 오직 어울려야 한다.

이상 종합하면,

홍익인간의 호칭은 弘益人間＝天地人思想＝圓思想＝하나님思想이다.

신(神)－하나님: 하나(一)로 어울리(協)는 이념을 존칭하여 신(神)－하나님으로 이름 한다.

신(神)－하나님 1신강재이뇌(一神降在爾腦)[173]함으로써 나의 머리에 늘 계시는 신(神)이며, 먼 곳 딴 곳에 떨어져 계시지 않으신다(이는 하나님 기도神의 이름과 구별됨). 그래서 우리는 하나님을 모신다고 한다.

한편 한단고기에 父, 師, 君－道로 다음과 같은 글이 있다.[174]

父道 法天 眞一 無僞 부도는 하늘에 떳떳하고 참되어 거짓을 하지 않고,

師道 法地 勤一 無怠 사도는 땅에 떳떳하고 부지런하여 게으르지 않으며,

君道 法人 協一 無違 군도는 남들에 떳떳하여 어울려 어김을 하지 않는다.

父, 師, 君을 글자의 뜻으로 아버지, 스승, 군주의 뜻으로 보지 말고, 人間事의 일을 父, 師, 君－道의 想으로 해석하기 바란다.

요사이 인간성을 회복한다는 일로 규제, 인권, 윤리, 도덕 등 막연하고 추상적인 용어를 들추고, 심지어 외래종교 경전을 인용하여 바로 하여 본다고 하나 효과는 없고, 점점 민심이 흩어지는 현상을 보이고 있다. 인간성을 회복하는 데 있어 이들이 무슨 소용이 있겠는

---

173) 蘇塗經典 本訓五 桓檀古記 九十.
174) 太白逸史 桓檀古記 五十.

가, 오로지 人間事는 弘益人間의 단순한 3도(三途)[175]의 실천뿐이다.

弘益人間 ┌三道: 眞 - 참되고, 勤 - 부지런하며, 協 - 서로 어울려
三　　途 └忌三: 僞 - 거짓, 怠 - 게으름, 違 - 어김을 멀리하는 人間事
　　　　　　　로 운영하는 일이 만사의 근본이다.

　이는 인간사의 평범한 기본이다. 이 실천만이 모든 부정과 악이 사라지고 서로 어울리는 인간성이 완성되는 것이다. 공자왈 맹자왈이 무슨 소용이 있으며, 불전 성서가 무슨 소용이 있겠는가, 오로지

　　　홍익인간의 三道(眞 - 참, 勤 - 부지런함, 協 - 어울림)를 실천하고
　　　　　　忌三하여 "거짓, 게으름, 어김"을 멀리한다면

　우리 人間事의 道는 "3개의 원"(普 - 넓고, 效 - 본받아, 擇 - 가림)의 길이 열려 홍익인간의 지름길을 찾게 될 것이다.

(3) 천지인(天地人) 3태극기(三太極旗)의 뜻

　우리나라 국기는 일명 태극기라고 한다. 이 태극기는 1882년 박영효가 일본에 수신사로 갈 때, 배 안에서 고안 창제한 것으로 전하여지는데 어찌하여 청홍·음양으로 된 주역 태극기를 만들었는지 이해할 수 없다. 이는 박영효가 국기를 창제하기 위해 배에 오르기 전에 제도용구와 물감 등을 미리 마련하였다는 것인데, 이런 치밀한 계획의 소유자였다면 배에 오르기 전에 국내에서 여러 학자들과 논의 후 국기를 창제할 일이었다.

　주역태극(周易太極)은 다음과 같이 음(- -)과 양(-)의 모임이고,

---

175) 위의 책, 五十.

≡ 乾은 天 春 東 仁
≡≡ 坤은 地 夏 西 義
≡ 坎은 日 秋 南 禮
≡≡ 离는 月 冬 北 智

弘益人間이념과 연관이 되지 않는다.[176)]

국기는 건국이념 그리고 국가와 민족혼을 상징한다. 그런데 위 내용에서 홍익인간이념과 관련되는 내용은 발견되지 않는다. 나라와 민족이념은 홍익이념인데, 국가를 상징하는 국기 – 태극기가 홍익인간이념이 담겨져 있지 않고, 점치는 주역에서 유래되고 주역으로 해석한다면, 이는 국기 이전에 주역의 깃발이 되는 것이 아닌가 여겨진다. 우리의 태극기는 주역(周易)과 아무런 관련이 없다. 오로지 전통된 홍익인간 이념이 담겨진 깃발이어야 한다.

우리나라 국기, 태극기가 주역에서 유래되었다고 해석한다면 이는 국기 이전에 주역의 깃발로 보아야 한다. 1882년 박영효가 일본에 갈 때, 배 안에서 창제하였다면 그가 수신사로 가기 이전에는 태극무늬가 국내에는 없었다는 것이 된다. 그런데 오늘날에도 사찰에 3신1체(三神一體)상이 있고, 더욱 옛 절터에서 종종 천·지·인 3태극이 발견된다. 이는 태극개념이 수신사 박영효보다 오래 이전부터 전래하고 있었다는 증거이고, 한편 사찰은 周易과 무관한 교리인데 어찌하여 절에 3신1체(三神一體)상이 있고, 옛 절터에 3태극(三太極)무늬가 있는가 하는 것이다.

불교는 고구려 소수림왕 2년(A.D. 372)에 도입되었다고 한다. 그

---

176) 金昤燉, 「살피자 홍익인간」, 2005. p. 55.

리고 도입될 당시 산(山)에 있던 우리 종교인 소도를 접수하게 된다. 오래된 절터에 태극무늬가 있다는 것은 바로 소도의 삼태극 유풍으로, 주역에서 도입한 것이 아니다. 우리 전래 종교의 상징인 소도는 천·지·인 3태극(三太極)인 것이다.

불교가 소도를 점거하였다는 증거를, 절 본당이름 대웅전(大雄殿)[177]에서도 찾아볼 수 있다. 이 대웅전이란 이름은 원산지 인도에서나, 도입된 중국사찰에도 이름 한 바 없고, 우리 사찰에서만이 쓰고 있는 이름이다. 즉 이 대웅전(大雄殿)은 신시(神市) 배달국시대 역대 한웅(桓雄)이 천제(天祭)를 올리던 곳이다. 불교가 소도시설을 점거하면서 소도 유풍을 완전히 말살할 수 없어 이 대웅전을 사찰본당으로 삼고 오늘에 이어진 것으로 보아야 한다.

한편 절에는 산신각(山神閣)이란 시설이 있다. 불교는 불(佛) 또는 보살(菩薩) 등으로 이름 한 교리로서 신(神)과는 무관한 교리다. 그런데 어찌 사찰경 내에 신(神)으로 이름 한 산신각(山神閣)이 있을까? 그 내부에 그림이 있다. 그 그림을 보면 이해가 간다. 백발노인이 호랑이를 어루만지고 있는 그림이다. 절에 백발노인이 호랑이를 어루만지는 것이 불교교리와 어떤 관계가 있을까 하는 것인데 따져보면, 아무런 관계가 없다. 단지 옛 소도의 염원, 1세 한웅이 호족(범족) 호랑이 족을 사해(四海) 밖으로 쫓아낸 실수를 후회하여 호속－호랑이가 다시 돌아오기를 기다리고 돌아온다면 어루만진다는 뜻이다. 즉 이 그림은 옛날 한웅이 무리 3,000을 이끌고 태백으로 내려오기 전 곰족과 범족의 싸움, 그리고 추방된 호족－범족이 돌아오기를 바

---

177) 大人桓雄의 줄인 글, 桓仁과 桓雄을 모신 전각.

라던 1세 한웅을 묘사한 그림이다.

한편 우리나라 사찰이 산중에 있는 것 또한 옛 소도를 접수한 증거가 된다. 일반적인 신앙시설은 민중과 가까이 하기 위해 도심에 있는 것이 상례로 되어 있으나, 유독 우리나라 사찰만 산중에 위치하고 있다. 즉 불교가 소도를 접수한 증거다.

그러면 '소도'는 어떤 곳인가?

ㄱ. 명산에서도 아주 으뜸가는 곳에 국선소도(國仙蘇塗)를 건설한다 (名山之 最勝的 設國仙蘇塗: 소도는 산중에 위치한다는 뜻).

ㄴ. 위 소도에는 단군이 계시는 곳이다(帝 在上蘇塗: 소도 본당－대웅전은 통치자가 계셨다는 뜻).

ㄷ. 蘇塗 祭天: 소도에서 천제를 올렸다.

ㄹ. 蘇塗之側 必立扃堂 使未婚子弟 講習事物 盖讀書 習射 馳馬 禮節 歌樂 拳博 竝劍術 六藝之類[178]: 소도에는 청소년을 위한 교육시설이 있어 사물을 강습(講習)하는 데 독서, 활쏘기, 말 타기, 예절, 가락, 태권도와 권술 등 6가지 재능을 가르친다.

ㅁ. 소도에는 천부경,[179] 삼일신고,[180] 참전계경[181] 등 3개의 경전이 있어 참전하는 곳이다. 이런 기록들을 종합하면 옛 소도(그 후에 절)터에 천·지·인 삼태극 무늬가 있었다는 것은 우연한 일이 아니라 필연이다. 즉 태극은 주역에서 도입된 것이 아니라 순수 홍익인간 이념에 따른 삼태극임을 알게 된다(주역은 음양 2태극으로 천·

---

178) 太白逸史 桓檀古記 五十四.
179) 蘇塗經典 本訓第五 桓檀古記 八十八).
180) 위의 책, 九十.
181) 위의 책, 九十九.

지·인 3태극이 없음).

후세에 불교가 전래되면서 한인(桓仁), 한웅상(桓雄像)을 '삼성각' 혹은 '삼신각'이라 비하하여 대웅전(大雄殿) 뒤에 세우고, 두 분을 그 곳으로 밀어냈던 것이니, 이때부터 한민족이요 배달민족이 그 뿌리를 망각하고 오늘날까지 깨어나지 못하고 있다.[182]

태백일사 3신5제(太白逸史 三神五帝)를 요약하면 다음의 표를 만들 수 있다.[183]

卦	實	五靈	向	五帝
☵	氣	水	北	黑
☲	機	火	南	赤
☳	質	木	東	靑
☱	形	金	西	白
☯	體	土	中	黃

五帝 五靈 기록:

未有氣而 始生水 使太水 居北方 司命尙黑

未有機而 始生火 使太火 居南方 司命尙赤

未有質而 始生木 使人木 居東方 司命尙靑

未有形而 始生金 使太金 居西方 司命尙白

未有體而 始生土 使太土 居中方 司命尙黃

黑帝主肅殺 赤帝主光熱 靑帝主生養 白帝主成熟 黃帝主和調

---

182) 정경대, 「天孫佺經하늘 사람」(서울: 이녀북, 2005), p. 97.
183) 太白逸史 桓檀古記 四十八.

太水主榮潤 太火主鎔煎 太木主營築 太金主裁斷 太土主稼種

三 太極旗

태극기(太極旗)를 3신(三神) 5제설(五帝說)과 괘(卦)의 뜻으로 해석하는 것은 다른 연구가의 몫으로 하고 여기서는 3태극(三太極)과 괘의 수가 주는 뜻으로 생각해 보기로 한다.

우리는 10이라는 수를 완전-완성이라는 뜻으로 쓰고 있다. 이 완전-완성이란 10은 오로지 신의 영역으로, 인간으로는 불가침의 경지다. 그런 뜻이라고나 할까, 재능을 가름할 때, 태권도 9단, 바둑 9단 등으로 하여 10단이란 수를 피하고 있다. 즉 인간의 재능이 유능하다 하더라도 신-하나님의 경지의 완성에 미치지 못하다는 뜻이고, 어딘가에는 결함-부족함이 있다는 뜻이다. 이리하여 인간의 재능을 9단에 머물게 한 것은 아닐까?

이런 수리적 개념에서 태극기 괘의 수를 보자.

태극기는 태극을 중심으로 하여 대각으로 놓인 괘의 수가 3(氣)＋6(機)＝9, 4(形)＋5(質)＝9로 되어 있고, 중앙 태극을 합하여 10(体)을 나타낸다. 즉 완성의 경지를 뜻하고 있는 깃발이다. 다시 말해 중앙 태극은 홍익인간의 상징인 천지인 3신(三神)하나님이요, 대각으로 놓인 괘의 합 9는 인간의 재능을 말하는 것으로 3태극(三太極)과 괘(卦)가 종합된 태극기는 홍익인간의 인간사를 완성한다는 상징을 뜻하는 깃발이 되겠다. 즉 氣機形質은 건국이념과 홍익인간이념이 담겨진 깃발로 인류의 이념도 같이하는 깃발이 된다. 이를 주역의 뜻 "乾, 坤, 坎, 离"로 해석할 일이 아니다.

남북이 홍익인간 이념으로 합일(合一)되는 날, 우리는 이 3태극(三太極) 깃발을 하늘에 드높여 우리의 기백은 물론, 한인(桓仁)의 당부도 수행하고, 아울러 전 인류가 평화의 지구촌을 건설하자는 상징의 깃발로도 한 몫을 하도록 하여야 할 것이다.

(4) 민족종교(소도종교)와 신앙

우리는 종교와 신앙을 같은 뜻으로 받아들이고 있으나, 글자의 뜻으로 보아도 종교와 신앙은 다르다고 필자는 믿는다. "종교는 그 민족이 조상님으로부터 이어받은 생활규범으로 전 민족이 같이하는 사상과 관례를 말하며, 신앙은 개별적 또는 동호인이 모인 기복행위"[184]라고 정의할 수 있다고 본다. 어떤 사람은 우리의 이와 같은 종교(생활규범)가 유교에서 유래되었다고도 하고, 기독교에서는 우상

---

184) 金昤燉, 「살피자 弘益人間」, 2001, p. 62.

승배라고도 하여 미신으로 몰아붙인다. 이들 외래신앙에 물들은 사람들은 인류역사상 가장 오랜 역사(72,000여 년)를 지닌 우리 조상의 가르침, 즉 우리 민족종교를 보는 시각을 고쳐야 한다.

즉 종교는 그 민족의 생활 속에서 조상 대대로 이어진 생활규범으로 1민족 1종교로 유지되는 것이 상례다. 따라서 전통 숭조의식인 제례가 어찌 유교에서 도입됐다 할 수 있고, 또한 기독교는 이를 우상숭배로 매도할 수 있겠는가? 나아가 타민족의 종교가 우리에게 도입되었다 하여 우리의 종교로 이름 할 수 없는 일이다. 왜냐 하면 그 종교의 가르침이 좋고 나쁘고 간에 우리의 생활규범이 아니기 때문이다. 타민족 종교를 종교로 함으로써, 우리는 조상으로부터의 가르침을 이어받은 종교(가르침)가 없는 무뢰한으로 전락하여 조상을 욕되게 하고 있다. 그리하여 우리는 전통종교가 없는 민족으로 전락하여, 외래종교를 빌려 이것도 우리 종교, 저것도 우리 종교라 하면서 우리 스스로가 다종교민족이라는 웃지 못할 말을 서슴없이 하고 있다.

불과 2,500년 내외의 불교, 유교, 또한 기독교가 우리의 종교라고 한다면 한웅(桓雄) 이래 6,000년의 긴 세월 속에서 우리 조상은 생활의 규범인 종교도 없이 살아왔다는 말인가? 아니면, 후손인 우리가 조상의 은덕을 저버린 후레자식이란 말인가? 우리가 우리의 종교를 부정한다면 이것은 이들 중의 하나이다. 조상의 긴 역사는 어디 갔는가? 이 긴 역사에서 우리는 조상으로부터 아무런 가르침을 물려받아 보지도 못한 저급한 후손이고, 또한 조상도 후손에게 아무것도 가르침을 물려주지 못했다는 것이 아닌가? 조상을 욕되게 하지 말라! 우리 스스로가 외래종교에 마취되어 조상님의 가르침을 망각하

여 허우적거리고 있음을 자각할 일이다. 각기 민족은 자기네 민족종
교 속에서 살아야 민족의 기상이 나타나는 것이다.

그렇다 하여 외래종교를 부정하고 배타하자는 것은 아니다. 민족
마다 지역에 따른 생활환경으로 서로 다른 인간사가 각양각색으로
이어졌고, 그 민족 최상의 가르침이 바로 그 민족종교로 집적된다.
따라서 그 민족종교를 그 민족의 입장에서 해석하고 이해하여 부정
과 배타로 야기되는 마찰을 피해, 서로가 포용하여 어울림이 있어야
한다. 이로써 서로에게 다툼을 피해 평화가 깃들어 공존공영(共存共
榮)-홍익인간의 길이 열린다. 어떤 민족종교를 모멸하고 탄압한다
면 그 대가는 복수로 이어지고 복수는 또 다른 보복으로 이어져 악
순환하여 지구촌을 피로 물들게 한다. 이는 역사의 증언이다.

전통종교가 이어지지 않은 민족을 지구상에서 찾아보라. 오직 우
리밖에 없을 것이다. 어떤 지역을 성지(聖地)라 하고 순례하는 것을
종교의식이라 하여 우리가 앞을 다투어 보도한다. 그 자리가 우리
조상님들의 후손인 우리를 위해 성스럽게 한 자리일까? 종교의 틀을
세우지 못함으로써 남의 성지나마 알아야 한다는 작태(作態)인가?

종교개념을 바로 세워 우리의 홍익인간-소도종교를 정립하여 민
족의 자존심을 굳힐 때가 왔다. 남들이 일정한 성지를 순례하는 것
은 종교의식이요, 우리가 조상을 찾아 뵈옵는 성묘의례는 종교의식
이 아니라는 말인가? 이는 홍익인간의 경천, 숭조, 애인에서 숭조의
종교의식이다. 그러나 어느 보도기관 하나 종교의식으로 보도한 사
례를 본 적도 들은 적도 없다. 우리의 종교는 72,000여 년 조상의
삶에서 이어진 홍익인간-경천 숭조 애인의 실천을 말한다. 그리고
우리의 종교는 선신, 악신 등 신을 2원화하지도 않았고, 내세를 극

락 - 천당과 지옥으로 2원화하지도 않았다.

오직 홍익인간은 이승과 저승에서 천 · 지 · 인 사이에서 서로 어울려 다투지 않고 공존공영을 실천하는 삶이 우리 소도종교의 근간이다. 따라서 홍익인간은 염불이나 기도로 이루어지는 것이 아니다. 그러기에 극락 - 천당과 지옥 등에 현혹되지 말고 자긍심을 키워 홍익인간이념을 실천하도록 힘쓸 따름이다.

인간사(人間事)가 신(神)의 권능으로 운영되는 것은 아니다. 또한 기복행위로 인간사가 좌우되는 것도 아니다. 오로지 조상으로부터 이어받은 홍익인간의 3도(三途)[185]를 실천함으로써 인간사가 완성되고, 나아가 일류가 평화롭게 공존공영하는 길이 열린다는 것이다.

홍익인간의 3도(三途)에서 3가지를 취하고 3가지를 버리고 경천, 숭조, 애인을 실천하는 일이 우리의 종교요, 조상의 가르침이 우리의 생활규범이다. 기복행위로 인간사가 완성되겠는가? 잘못은 기도와 염불로 풀어질 것이 아니다. 그것은 신앙에서 하는 일이다. 인간사의 결실은 신앙적 개념에서 이루어지는 것이 아니라, 홍익인간의 틀에서 스스로 실천하며 운영되어야 한다는 것을 다짐할 일이다.

그 홍익인간의 운영은 3도(三途)로 일신강재이뇌(一神降在爾腦)하니 하나님을 모시고

---

185) 太白逸史 桓檀古記 五十.

三途 ┬ 三道 眞: 참되어라
            勤: 부지런하여라
            協: 서로 어울려라. 그리고
      └ 忌三 僞: 거짓을 하지 말라
            怠: 게으르지 말라
            違: 어기지 말라

이로써 홍익인간의 경천, 숭조, 애인의 틀이 완성되는 것이다. 종교는 조상의 삶을 후손에게 이어 준 그 부족의 생활규범을 집적한 것이다. 설날의 세배, 추석날의 성묘, 천제, 단오절을 비롯한 마을제, 각종 행사제, 산신제, 용왕제, 마당제, 장승, 성황당 등으로 서로가 한 마당에 어울려 조상으로부터 이어받은 실상적인 의식과 무상적인 가르침인 소도경전을 같이하여, 우리는 이를 소도종교라 하고 그 실천으로 홍익인간의 완성을 기약한다.

민족의 정기는 종교에서 찾는 것이다. 종교를 외면하면 그 대가는 반드시 화(禍)로 받아들이게 마련이다. 거대한 중국을 지배한 만주족이 멸망한 원인을 찾아보라. 만주족이 멸망한 원인이 어디에 있었는가를……

삼국유사에 고조선을 편저한 일연(一然)은 승려로 소도 홍익인간의 교리와는 거리가 먼 사람이다. 그러나 그는 소도삼경의 하나인 참전계경 366사를 凡主人間 三百六十余事로 기록을 남겼다. 일연(一然)이 홍익인간교리와 달리하는 승려라 하더라도 민족 앞에 불교신앙교리를 떠나 홍익인간의 소도삼경을 남겨 놓는 일을 하였다. 이는 승려인 그가 불교 신앙교리를 떠나 민족의 한 사람으로 큰 업적을 남겨 놓은 것이다.

한단고기에 따르면, 옛 한국에서 7만여 년, 이 유구한 세월을 통해 우리 조상은 3신(三神)하나님 홍익인간이념을 완수하기 위해 올바른 人間事 三弘, 三道, 三事를 우리에게 남겼으며 一日一事의 참 전계경도 전수해 주었다.

三弘(三大): 玄默,　　蓄藏,　　知能

三道:　　普圓,　　效圓,　　擇圓

三事:　　眞 無僞,　勤 無怠,　協 無違

그러나 우리시대에 와서 조상님의 가르침인 종교를 바로 하지 못함으로써 조상을 욕되게 하는 부끄러운 후손이 되었다. 이제 민족정기는 민족종교에서 깃든다는 것을 자각하여 소도종교를 재건하는 데 힘을 모을 것이다.

타민족의 종교를 종교라고 한다면 어떤 꼴이 될까? 오늘은 할아버지 제삿날이다. 우리 할아버지보다 옆집 할아버지 인물이 좋다 하여 옆집 할아버지 사진을 빌려 제(祭)를 올리겠는가? 남의 종교를 우리도 종교로 이름 한다면 이 꼴과 무엇이 다르겠는가?

한편 통일의 염원은 민족적이며 홍익인간의 실천에서만이 이루어진다고 보아야 할 것이다. 그런데 세칭 종교인 외래종교들이 연합하여 통일기도회를 연다. 공자가 중국을 구원하지 못하였고, 석가모니가 인도를 구원하지 못하였으며, 예수가 이스라엘을 구원하지 못하였는데 어찌 이들의 힘을 빌려 남·북통일의 길을 열어 보겠다고 기도하고 염불하는가? 남·북합일(통일)은 남북 8,000만 겨레가 홍익인간의 실천에서만이 이루어질 수 있는 일로 소도종교의 몫이다.

외래종교는 전 민족적이 아니라 개인 나름대로 행하는 개별적인 기복의례로 이는 신앙이며, 민족이 같이하는 소도종교와 구별할 것이다. 즉 외래종교는 신앙으로 이름하고, 소도만이 우리가 조상으로부터 이어받은 종교로 이름 할 수 있다.

2) 홍익화백(弘益和白)[186]

조국이 남·북으로 분단된 이후 60여 년을 넘기면서 이질화된 민족분열의 존재양식에 종지부를 찍기 위해, 우리는 끈질긴 '민족화합'의 길로 살아가야 한다. 이와 같은 존이구동(存異求同)의 시대에 대한 우리의 자세를 정립하고, 통일을 찾는 길에서 화백의 개념을 약술하고, 다수가결제 민주주의를 넘기 위해, 민주주의의 모순극복을 위한, 21세기 홍익화백제 창안에 온고지신(溫故知新)의 교훈을 얻고자 화백의 역사와 한단화백의 진의파악에 진력(盡力)하였으며, 한단화백의 진의(眞意)에 부합되도록 한단화백의 참모형을 탐색하고, 현대형 '홍익화백제' 창안방안으로서 홍익인간화백회(弘益人間和白會) 창설의 타당성을 찾아보고자 한다.

---

186) 한단화백의 참뜻에 부합되면서 한국 현실에 부합되도록 창안코자 하는 화백제도.

(1) 존이구동(存異求同)의 시대

우리가 민족문제를 가지고 남·북한 관계를 볼 때, 단일민족의 문화적 운명공동체로 유구한 역사를 이어가고 있는 역사적 징표에 있어서 민족공동체인 것만은 누구도 부인할 수 없으나, 국민공동체로는 남·북한이 하나가 아니라는 사실, 이 또한 누구도 부인할 수 없는 것이다.

민족공동체와 국민공동체가 동일한 것이 아니라는 명제를 역사의 금세기(今世紀) 마디(節)에서 우리는 '민족화합'의 민족경륜을 가지고 분열을 '和'의 경지로 민족사적 사조(思潮)의 흐름을 바꿔 놓자는 것이다. 역사는 긴 안목에서 보면 한 시대의 사조와 체제는 비록 길고 짧은 차이는 있으나, 바뀌기 마련이라는 것은 자연계의 무상(無常)과 마찬가지로 인간세계에서도 다를 것이 없다고 본다. 우리는 민족분열의 존재양식을 통일의 역사로 바꿔놓기 위해, 또한 민족분열의 존재양식에 종지부를 찍기 위해서, 끈질긴 '민족화합'의 길을 살아가야 한다. 이것을 존이구동(存異求同)의 시대라 불러본다.

어떻게 하면 민족분열의 존재양식을 종식하고 '민족화합'의 길로 들어서서, 남·북 간의 상이성을 극복하고 공동의 목표를 찾아 조국의 통일을 이룰 수 있을까? 다시 말해 분단국가의 통일은 피차가 개개의 존재로서는 동일한 것이 아니지만, 그렇다고 단지 동일하지 않다는 이유만으로 상쟁(相爭)할 것이 아니라 상이하다는 사실 속에서 공동의 목표를 구하는 것이 민족의 평화적 통합과 조국통일의 지름길이라 하겠다.

중국의 근대사에서 보건대 신해(辛亥)혁명 후 집권당인 국민당은 근대적 민족국가 건설에서 자본 민주적 국민혁명을 추구한 데 대하여, 공산당은 당연하게도 공산혁명을 목표로 했다. 후일 국부(國父)로 존경을 받게 된 손일선(孫逸仙: 孫文)은 소위 연소용공(聯蘇容共)정책으로 국민당조직 안에 공산당을 수용하여 이당치국(以黨治國)의 대본(大本)을 세웠다. 결과적으로 국민당의 중화민국은 공산당에 의하여 추방되고 중화인민공화국으로 바뀌었지만 그 과정에서 소위 국공합작(國共合作)시대가 있었다.

북한은 중국혁명의 이 같은 과정에 대처하기를 1975년 소위 연공통일을 들고 나왔다. 그 요지는 한반도에서 공산주의가 이만치 강한 세력이 되었으니, 이 사실을 무시한 한반도 통일은 있을 수 없으므로 北의 공산주의와 南의 자본주의가 연합하여 통일하자는 것이었다. 얼핏 보면 중국혁명사의 국공합작을 모방한 것으로 보이지만 그와 다른 것은, 중국의 경우는 국민당이 공산당을 받아들였으나, 우리의 경우는 북한이 한국에 대해 정면으로 1대 1의 세력관계에 의한 승자가 되기를 원하는 데 있다.

북한의 연공통일 주장은 1980년대에 이르러 고려민주연방공화국으로 변경되어 2000년 6·15남북공동선언에서 북측의 '낮은 단계 연방제'와 한국의 '연합제'를 합작하여 통일하자는 남북공동성명을 '쟁취'하기에 이르렀다. 무엇을 어떻게 할 것인가? 감출 것도 없이 북한과 더불어 전쟁 없이 평화적으로 공존할 수밖에 없는 일이다. 이래서 存異求同의 時代가 되었다.

존이구동을 굳이 논리적으로 설명한다면 東洋風의 힘의 게임이다. 이 게임에서 한국은 자본민주주의와 시장경제원칙을 신봉하지만 북한은 우리식 사회주의를 신봉하는 이질적 세력 간의 힘의 게임이다.

전법은 어떠한가? 대화로 교섭하고 협력하여 해결해 나가자는 것이다.

우리는 여기서 미국과 중공이 대화로 교섭하고 평화를 얻어 낸 공동의 협조관계와 공동의 승리를 상기하게 된다. 미국과 중공은 1955년부터 1970년까지 장장 165회의 대사급 비밀회담을 통해, 중공은 미국의 자본주의적 포위망을 벗어나게 되었고, 미국은 철의 장막을 헤치고 국교정상화를 얻어 낸 외교적 승리를 거두었다. 그 교섭은 참으로 첨예했다. 미국은 당연하게도 UN이 수행하는 한국전쟁에 중공이 왜 6십만 내지 백만의 대병력을 투입했느냐고 따졌다. 그것은 미국이 한반도의 북위 38도선을 넘어 압록강 두만강으로 진군해 오기 때문에, 중공은 변강의 안전을 위해 지원군 명목으로 자위목적의 출병을 한 것이라고 맞섰다. 그러면서 피차의 전략적 목적과 진심이 투명해졌으니, 오해를 풀자고 악수한 것이 1971년 1월부터의 미중(美中)수교였다.

우리도 어차피 대화로 북한과 교섭하고 평화를 얻어 내기 위해서는 양자 간의 관계를 솔직한 진심을 가지고 풀어야 하는 것이 정도(正道)이다.

신뢰를 바탕으로 하지 않은 대화는 아무리 해봐도 소용이 없다. 대화가 공전하지 않기 위해서는 신뢰가 바탕이 되어야 한다. 그것은 물질주의적 생산이 아니라 정신적 혼(魂)을 담은 신뢰의 승리여야 한다. 피차가 다 같이 승리자가 되기 위해서는 신뢰를 민족적 자산으로 굳히는 화(和)의 세력이 증대되어야 한다. 이 점에서는 左도 右도 편당은 없다. 이것이 국론통일이다.[187]

일찍이 독일의 철학자 Kant도 「영구평화론」에서 "문명의 진보와

---

187) 김창순, "통일문화 창조와 민족통일", 「北韓學報」第31輯 (서울: 북한연구소, 북한학회, 2006), pp. 2-29.

더불어 각 국가는 평화공존의 이익을 알고, 서로 연합하여 전쟁을 막고자 국제평화를 촉진시키게 된다. ……자연은 '인간 이기심(利己心)의 자연적 과정'을 통해서 영구평화로 인도하게 된다."고 논하였다. Kant는 "인간 이기심의 자연적 과정"에서 '화(和)'의 세력이 나온다고 했다.

이와 같은 '화'의 세력을 키우기 위해, 우리의 조상이 물려주신 홍익인간 하는 길을 찾아, 국가운영에 실패한 인민민주주의가 아니고, 또한 자본민주주의도 아닌, 아니 이들의 모순을 시정 발전시킨 '홍익화백제'를 해외 및 남·북의 학계가 힘을 모아 창안하여야 하겠다. 그리하여 그 결과 연구입헌(硏究立憲)한 제도를 적용·실험하기 위해 남·북의 중간 완충지역에 홍익인간 화백정부를 수립함으로써 1민족 1국가 3체제 3지역정부의 3태극화백체제를 수립하자는 것이다. 그리하여 남과 북의 정신적 '혼'을 담은 믿음 위에 존이구동의 시대를 이루어가자는 것이 필자의 연구가 제시하는 이념적 추구점이라 하겠다. 또한 남과 북이 누가 이기고 지는 승자와 패자가 없는 모두가 다 함께 승리자가 되는 행운을 즐기면서, 인류의 정치문화발전에 공헌하는 길을 찾아야 하겠다.

(2) 통일을 찾는 길

① 평화통일의 기틀인 우리의 '혼' 홍익화백

이씨(李氏)조선에 이르러 유서(儒書)에 치중 중독된 유생들이 조의(皂衣)와 더불어 정통이념-홍익인간이념을 연구하고 보전 유지하고자 아니하니 한스러운 일이다.[188] 이조시대 유생들이 소도-皂衣 仙人과 내 것-정통 홍익인간 이념의 논의를 배타한 타성은 오늘에 이어져 外色에 의존하여 내 것-우리 것-홍익인간 이념을 외면하고 외래사상인 공산주의와 자본주의 개념으로 남·북 통일을 협상하니 8,000만의 심금(心琴)이 울리겠는가?

남·북이 분단된 지 60여 년 남·북 정권차원(政權次元)에서 합의 노력은 있는 것처럼 보이나, 겨레가 갈망하는 화합(和合)기색은 보이지 않는다. 이는 서로 다른 개념의 이념은 융합(融合)되지 않는다는 역사의 증명이기도 하다. 현존 사상과 주의는 일방적인 주관으로 양극대립이 점철되고 있어 합의통일인 평화통일의 구상은 실현 불가능한 이론들이다.

오직 평화통일의 길은 외래사조가 아니라 우리 것 모두를 하나로 하는 일신(一神)-하나님 사상-홍익인간 이념에 귀의(歸依)하여 피를 보지 않고 남·북이 통일하는 길을 찾아야 하겠다. 이제 우리가 갈망하는 통일은 피를 보는 통일이 아니라 즐거움과 기쁨으로 이루어지며, 남과 북이 함께 승자가 되는 통일을 만들어야 하겠다. 우리는 미련 없이 외래사조를 떠나, 우리의 정통이념 모두를 하나로 하여 다툼이 없는 홍익화백[189] 정신으로 남북통일의 길을 열어야 하겠다.

---

188) 至本朝 專意儒書 更不與皂衣 相聞而欲存者 其亦恨哉(蘇塗經典 桓檀 古記 八十八).

189) 弘益和白이란 용어는 사전에 없다. 和白에 대해 사전은 신라시대의 會議制度로一人異則罷(한 사람이라도 의견을 달리하면 그 안건을 채택하지 않음)로 전하고 있고, 桓檀古記의 和白은 衆議一歸(여러 의견을 하나로 모음)로 전하고 있다. 이 두 개의 화백을 구별하기 위해 新

이에 화백제의 개념부터 약술해 본다.

동명이인(同名異人)이 있어 아주 헷갈린다. 이들에 대해 확실한 판별이 되었으면 실수하겠는가마는 그렇지 못함으로 해서 종종 실수를 한다.

一人異則罷하는 新羅和白과

衆議一歸하는 桓檀和白으로 두 和白이 있다.

위 화백(和白)들은 글자로는 동일하나 그 속뜻은 판이하게 다르다.

신라화백은 어떤 안건을 만장일치로 채택여부를 결정한다는 것이다. 따라서 그 안건이 아무리 긴급하고 좋아도 한 사람이라도 이견이 있으면 채택되지 않아 시행할 수 없어 지장을 유발할 수 있게 하는 제도이다.

한단화백(桓檀和白)은 어떤 안건의 시행방법을 의논하여 좋은 방법을 마련, 안건을 시행하자는 시행방법을 강구하는 회의제도를 말한다. 따라서 안건의 시행방책을 강구하기 위해 이견이 일귀(一歸)하기까지 수시간, 수일이 걸려도 찾아내야 한다는 회의제도를 말한다.

※ 사욕(私慾)은 회의토론에서 스스로 도태되고 공욕(公欲)에 치중한다.

② 민주주의를 넘어

영국의 정치가 Churchill은 다음과 같은 말을 했다. "Democracy가 최상의 정치제도는 아니나, 현재로선 더 이상의 방책이 없지 않은가?"190) 이 말은 민주주의가 절대적인 정치제도가 아니라는 것이고,

---

羅和白과 弘益和白으로 구별한다. 弘益和白은 弘益人間(크게 돕는 인간사)과 和白(衆議一歸)의 뜻을 하나로 한 것이다.

보다 좋은 정치제도가 출현하면 그 제도로 바꾸어져야 한다는 뜻이겠다. 그가 지적한 것은 무엇일까?

민주주의는 다수가결제다. 이는 토론을 통해 다수로 '참'을 찾는다는 것이며, 결과는 다수의 승리로 돌아간다. 이로써 소수는 소외된다. 달리 말하면, 좋건 나쁘건 간에 다수를 확보하여 그 다수의 힘으로 처리한다는 것이 민주정치다. 즉 민주주의는 '참'보다는 다수의 힘이 앞선다는 것을 Churchill은 일찍이 바로 지적한 것이 아닐까?

다수가결제가 좋고 나쁘고 간에 다수라는 힘에 따르는 개념에서 벗어나 누구도 의견을 달리할 수 없는 '진정한 참'을 구해보겠다는 생각은 왜 못하는가? 그리고 진정한 '참'으로 모일방법은 없을까?

우리가 생각하는 민주주의는 바로 一無憾且 怫異者(한 사람도 섭섭하고 답답하게 하지 않는 것), 衆議一歸 爲和白(여러 의견을 하나로 모아 화백하는 것)을 말한다. 민주주의는 소수-약자를 배제하고 다수-강자의 뜻에 따라야 한다는 복종규제(服從規制)로 이 땅 위에 지선(至善)하지 못한 제도라는 것을 감지하여야 한다.

John Stuart Mill은 「자유론」에서 현대사회를 짓누르는 '다수의 횡포'에 대해 심각하게 걱정했다. 평등의 시대가 대세가 되면서 창조적이고 뛰어난 개인이 제 목소리를 내지 못하기 때문이다. 다수가 관습과 여론을 내세워 진리를 독점하고 정답을 강요하면 소수는 숨을 쉴 수가 없다. '개인의 사사로운 삶 구석구석에 침투해 들어가 마침내 그 영혼까지도 통제하는' 다수의 횡포를 민주주의의 어두운 그림자로 지목한 뒤, 이를 극복하기 위해 '자유의 원리'를 천명한다. "인간

---

190) 김영돈, 앞의 책, p. 74.

사회에서 그 누구든지 다른 사람에게 해를 끼치면서까지 자유를 누릴 수는 없다. 그 대신 남에게 해만 주지 않는다면 개인의 자유는 절대 보장되어야 한다."고 하였다. 이것은 Mill의 신념이었다.[191]

다수가 능사라는 민주주의는 다수를 확보하여야 한다는 집념에서 일어나는 사회악이 어찌 한두 가지겠는가?[192] 소수 약자의 의견은 무시된다. 그리하여 이 소수의 의견이 다수의 그늘에 가려진다면 이는 인간사의 악이다.

소수에도 '참'은 있게 마련이다. 이 '참'을 다수가결의 원칙이라는 이름으로 배제할 수 있겠는가? 이렇게 볼 때 '참'이 소수이기에, 또는 약자이기에 받아들여지지 않는다는 것이 현행 다수가결제 민주주의다. 그래도 민주주의가 지상 최상의 정치이념이라고 하겠는가? 화백제의 출현으로 다수가결제 민주주의는 21세기에 와서 재검토되어야 한다. 이를 위해 신라와 한단시대의 화백제도의 진의(眞意)를 찾아본다.

②-1. 신라의 화백제도

신라의 모태(母胎)는 삼한시대에 78개의 부족국가 가운데 하나인 사로국(斯盧國)이었다. 이 사로부족은 급량(及梁), 사량(沙梁), 본피(本彼). 모량(牟梁), 한지(漢祇), 습비(習比) 등의 여섯 개의 부속으로

---

191) John Stuart Mill, *Utiltarianism, Liberty, and Representative Government*, introductiion by A. D. Lindsay, Everyman's Library, New York, 1957 (f.e. 1910), pp. 61-170.
192) 최봉수, 「통일·통일·통일 1998」(서울: 심학당, 1994), pp. 149-180. 박상림, 앞의 책, pp. 223-329., 석사학위 청구논문, pp. 33-49, 그리고 박사학위 청구논문, pp. 7-17.

구성되었던 것이다.

이 부족 최초의 부족장으로 추대된 사람이 박혁거세였다고 기록되어 전해온다. 신라의 시작인 이 부족이 "모든 개체는 전체에 돌아가야 한다."는 '한' 철학에 바탕을 둔 정치사상을 가지고 민본정치생활을 하였다.

화백제도에 관한 유래는 「3국사기(三國史記)」에 기록되어 전해온다. 신라가 국가체제로 탄생하기 전에 한민족이 산과 산 간에 흩어져 부족형태의 정치생활을 하고 있을 때 마한(馬韓)의 경주부근에는 여섯 개의 부락이 있었다. 각 부락에는 다른 씨족들이 섞여 살면서 부락의 연방제도와 같은 것을 만들어서 대립과 모순이 없는 큰 하나의 정치생활을 했다.

사전에 의하면, 신라시대의 화백제도는 처음에는 육촌(六村)의 사람들이 모여 나랏일을 의논하던 일이, 뒤에 귀족이나 벼슬아치들의 군신(君臣)회의로 되었다고 한다.

화백(和白)이란 모두 다(和) 말한다(白)란 말이다. 회의에 참석한 사람 각자가 자기의 의사를 충분하게 개진하여 뜻을 밝힌다는 뜻이다. 곧 언로를 충분하게 보장하여 자기의 생각을 자유롭게 표현할 수 있도록 하는 언로의 자유와 보장을 뜻하는 말이다.

국가의 최고 책임자인 왕(王)이 국사(國事)를 행하는 데 있어서 그 생각을 중의(衆議)에 물어서 만장일치의 합의를 보아야만 결정이 가능했던 것이다. 그렇지 못할 경우, 왕의 생각이 아무리 좋은 것이라도 그것은 무효가 되었다.

그러나 신라화백의 특징은 국가에 중대사건이 있어야 개최된다는 것, 회의의 참석자는 보통 국민이 아니고 백관(百官)이라는 것, 또

여기서 한 사람의 반대가 있어도 회의의 결정을 갖지 못하였다는 것을 알 수 있다. 즉 상정된 안건의 결정과정을 논하는 것으로, 한 사람이라도 이의가 있으면 아무리 좋은 안건이라도 채택되지 않아 진행할 수 없다는 모순이 있다. 따라서 신라화백은 안건의 도출과 적용의 결정과정에서 모든 민의를 하나로 만들 수 있는 衆議一歸 爲和白할 수 있는 원리에는 미흡하였으므로, 역시 한 사람도 섭섭하고 답답하게 하지 않는다는 一無憾且怫異者원리에 미치지 못하였다 하겠다.

②-2. 한단화백의 진의(眞意) 파악

홍익화백이란 용어는 사전에 없다. 和白에 대해 사전은 신라시대의 화백제도로 一人異則罷(한 사람이라도 의견을 달리하면 그 안건을 채택하지 않음)로 전하고 있고, 桓檀古記의 和白은 衆議一歸 爲和白(여러 의견을 하나로 모아 일치된 의견을 찾는다는 것)으로 안건의 도출과 적용의 결정과정에서 모든 민의의 일치과정을 찾아간다는 것으로, 안건채택주의가 아니라 안건에 대한 시행방침을 강구하는 데 있어 이견이 있다 하더라도, 안건의 진행방법과 요령을 도출하여 衆議를 一歸(모든 의견을 모아감)한다는 회의방식을 한단화백이라 말할 수가 있겠다. 이와 같은 뜻에서 상고(上古)사회에서의 한단화백의 참뜻에 충실하면서 오늘날 21세기에 부합되는 '홍익화백제도'를 남·북의 학자들이 함께 창안하여야 하겠다.

시원적 화백: 한단시대에는 인간, 즉 백성을 크게(弘) 돕(益)는 정신으로 인간사가 운영되었음을(三國遺事 古朝鮮에서 可以 弘益人間함을) 역사는 가르쳐 주고 있다. 즉 홍익인간 이념은 상고시대 인류

의 생활 속에서 찾을 수 있다.

　衆議一歸 爲和白[193]

　一無憾且 怫異者[194]

　그 옛날 상고시대의 우리 조상들은 어떻게 살았을까?

　현재에도 문명이 오염되지 않은 오지(奧地) 부족의 생활상을 보고 태고 인류의 인간사를 상상해 보며, 한단고기 기록도 비교해 보면서, 그때 상황을 간추려 보면,

　ㄱ. (無怨逆之患): 원한-원수를 사는 일을 하지 않는다.

　ㄴ. (親疎無別): 친하고 친하지 않음을 가리지 않는다.

　ㄷ. (上下平等): 위아래 등급이 없다.

　ㄹ. (男女平權): 남녀의 권리는 같다.

　ㅁ. (老少分役): 일은 적성에 알맞게 나누어 한다. 이리하여 一無憾且 怫異者: 한 사람도 섭섭하고 답답하여, 어기는 사람이 없이 한다.

　이는 태고시대의 생활에서뿐만 아니라 우리가 어떤 모임을 가졌을 때, 회원 한 사람 한 사람에게 섭섭하고 답답하게 하지 않는 방법이기도 하다. 어떻게 하면 한 사람도 섭섭하고 답답하게 하지 않게 할 수 있을까? 일이 생기면 모든 의견을 수렴하여 바름과 그름을 골라, 바르지 못하여 섭섭하고 답답하게 하는 의견은 모두 버리고, 서로가 기쁘게 같이 할 수 있는 의견만을 모아 화백(和白)[195]하는 일이다 (衆議一歸 爲和白).

---

193) 三聖記全下篇 桓檀古記 七.
194) 桓國本紀第二 桓檀古記 五六.
195) 和白하면 신라화백을 연상하나, 한단화백(홍익화백)이 원형화백으로 인류가 같이 할 수 있는 이념과 제도이다. 이상은 桓國本記第二 桓檀古記 五十六.

오늘 날 다수 가결제인 민주주의 방식은 소수를 소외시켜 불편과 불안을 조장하고 있으나, 한단화백은 모든 지혜를 동원하고 탐색하여 한 사람도 섭섭하고 답답하게 하지 않는 참을 찾아내어야 한다는 회의제도이다. 즉 和白이란 용어는 같다 하더라도 신라화백은 一人異則罷로 어떤 안건을 결정할 때, 한 사람이라도 그 안건에 반대하면 그 안건을 채택하지 않는다는 '안건 채택방식'이고, 한단화백은 衆議一歸 爲和白으로 '그 안건의 시행방법을 하나로 마련하자는 것'으로, 안건의 도출과 시행방책을 결의하는 회의방식으로 그의 내용이 다르다. 즉 태고시대의 우리 조상들은 서로 어울려 和白하여 서로가 섭섭하고 답답하게 하지 않는 생활을 하였다. 오늘날과 같이 다수라는 힘과, 통제되는 힘으로, 또는 기타 여건의 힘으로, 사사건건 개체 각자의 이해득실에 매달려 유아독존, 나만 좋으면 된다는 생각으로 소수를 몰아내고 약자를 멸시하고 숨기며 속이면서 어울리지 못하게 하는 생활은 하지 않았을 것이다.

제4장

홍익화백제

1. 한단화백의 참뜻

　'돈과 권세'에 대한 아집(我執)은 화백을 저해한다. 어떻게 하면 사람들이 돈과 권세에 대한 아집을 버릴 수 있는가? 그 방법을 찾을 수는 없을까? 아집하지 않은 인간사에서 '화백'이 이루어진다.[196]

　예로서, 무인도에 흑, 백, 황-인종이 사는 난파민이 있다고 가정해 보자. 그중에는 노약자도 있고 난파 중 외상(外傷)을 입은 부상자도 있다. 다행이 이들 난민 중에 외상약을 갖고 있는 사람이 있었다. 그 사람은 예기치 못한 자기의 부상을 뒤로 하고 부상자의 치료에 열중한나. 저녁이 되니 추워져 모닥불을 피운다. 물론 모닥불 나무는 건전한 사람들에 의해 모아온 땔감이다. 그렇다 하여 땔감을 구해오지 못한 노약자들에게 불을 쪼이지 못하게 할 수는 없다. 이곳은 "돈과 권력"이 없는 곳이요, 또한 흑, 백, 황-인종의 구별도

---

196) 弘益人間和白會 기능이 돈과 권세에 대한 아집 방지책으로 작용하도록 그 구성도를 고안하여 부록[도표 1]로 권말에 수록함.

없고, 자기만이라는 사리(私利)에 집착도 하지 않는 곳이다. 다만 본
능적으로 삶을 공유하여 공존공생의 인간본능인 화백의식만이 작동
할 뿐이다.

이 난파민의 무인도 생활의 연상은 우리로 하여금, 지구촌은 영원
히 인종, 종교, 자국민을 위한다는 구실로 살상을 계속할 수만은 없
게 한다.[197]

오늘날 국제간에는 상업이 성행하고 있으며, 특히 '핵무기' 출현
이후에는 Kant의 언급과 같이 세계는 도덕적 동기에서가 아니라, 이
욕타산의 관점에서 고상한 평화목적을 달성하려고 서로 연합하여 전
쟁을 막고자 노력하고 있다. 이제 우리는 인간의 이욕타산만이 아니
라, 문화적으로 수준 높은 사회의 지성인으로서 도덕적 행위가 동기
부여 되는 사회제도를 창안하여야 할 시대에 살고 있다고 하겠다.
그리하여 눈앞의 가시적 이(利)를 넘어 긴 안목에서 인류공생과 번
영을 위한 이(利)를 생각하여야 한다.

올바른 정치목표는 부정(不正)을 없이하고 청렴하게 민생을 안정
케 하는 것이다. 그런데 우리의 광복 60년사는 남·북으로 양분되고

---

197) Immanuel Kant는 1795년에 발간된 「영구평화론 Zum ewigen Frieden」
제1추가조항에서 "문명의 진보와 더불어 각 국가는 平和共存의 이익
을 알고 서로 연합하여 전쟁을 막고, 국제평화를 촉진시키게 된다. 인
간의 利己心은 利得慾을 낳고, 이득욕은 商業을 일으키고, 상업이 국
제간에 성행하게 될 때, 국제전쟁을 배격하게 된다. 상업정신과 전쟁
은 兩立할 수 없다. 여러 나라는 도덕적 동기에서가 아니라, 利慾打算
의 관점에서 高尙한 평화목적을 달성하려고 서로 연합하여 전쟁을 막
게 된다." (白尙健저, 「政治思想史」(서울: 大正文化社, 1997), pp. 380
−381. Cf. I. Kant, *Perpetual Peace*, The Liberal Arts Press, New York,
1957, p. 32.

민생을 불안케 하는 정사(政事)로 점철되어 왔다. 정사 불안은 민생 불안으로 이어져 민족정기 홍익화백정신마저 소실되고 있다. 홍익인 간은 크게 도움을 주고받는 인간사로서 그 어느 쪽에도 치우치지 않 고 성통광명(性通光明)하게 재세이화(在世理化)하여야 한다. 국가권 력은 민족이 화합할 수 있는 화백이념 정립에 힘써 남북통일에 바탕 이 되고 나아가 지구촌 평화에 이바지하는 기틀이 되도록 해야 한다.

본서에서 분단 이후의 남·북한, 세계사상의 흐름, 우리 민족의 정통사상을 연구하면서, 남·북한 정치체제의 모순극복 대안으로서, 한 사람도 섭섭하고 답답하게 하지 않는 '참'을 찾아내어야 하겠다 는 결론에 도달하였다. 따라서 모든 민의를 하나로 추출하는 방식으 로서, 홍익화백제를 가설로 하는 이유는, 오늘의 남·북의 정치체제 가 남·북이 서로 가장 발전된 정치방식인 것처럼 각기 말하고 있으 나, 고대화백의 발전이 아니라, 화백제도의 진의에서 탈선한 것이라 보기 때문이다. 다시 말하면 자유민주주의 또는 사회주의의 가면을 쓰고 우리 선조들이 이룩했던 화백제도를 소멸시켰으므로, 그 고대 화백의 참뜻에 맞고 발전적이며 21세기 현실에 부합되는 '홍익화백 제도'를 찾아야 한다.

우리의 홍익인간이념을 바탕으로 하는 홍익화백제는 지금까지의 양대 이데올로기(자본주의, 공산주의)의 대립과 오늘의 제 사상과 이 념의 다중적 혼돈을 극복하는 길이 된다. 그러므로 앞으로의 남·북 평화통일과 인류의 평화는 '발전적 원시반본(源始返本)인 홍익화백 제'에 의해서만이 이룩될 수 있다고 본다. 여기에 우리의 고대한단 화백이 오늘 우리 정치사상의 지향점을 비추어 주는 역사적 의의가 있다.

당면한 문제의 실천적 작업을 위한 이론도 시대의 역사성에서 찾아야 한다. 현재는 과거의 누적된 필연적 표현이기 때문에 오늘날 눈에 보이는 모든 현상은 역사적 이유가 있다고 하겠다. 또한, 이론과 현실 사이에는 언제나 역사(歷史)라고 하는 교량이 있었다. 과거의 모든 사상들도 그 당시에는 희미하여 분명치 않았으나, 시간의 흐름에 따라 언젠가는 분명히 밝혀져 그가 내포한 사상이 진가를 발휘하였음을 역사가 입증하고 있다. 필자가 지금 논의하는 홍익화백제이론도 언젠가는 현실정치사회에서 그 진가를 인정받아 그 빛을 발휘할 것으로 믿는다.

2. 홍익화백제도

위에서 한단화백의 참뜻을 탐색하고, 홍익화백의 모형을 구상해 보았다. 모든 민의를 한데 모으면서, 한 사람도 섭섭하고 답답해하지 않으면서 모든 국민이 화합하여 부강하고 세계평화에 향도적 역할을 할 수 있는 모범적 국가를 건설할 수 있는 방안으로서 '홍익화백제도' 창안을 제시한다.

주권자가 직접 권력행사를 하기 위해서는 정치에 참여할 수 있는 조직적 기구가 있어야 한다. 이것이 곧 홍익화백제도에 따르는 *홍익인간화백회* 기구이며, 주권자가 직접 주권행사를 할 수 있는 공식기구이다. 헌법 제1조 제2항의 실천기구로서 제2조에 홍익인간화백회 기구를 설치해야 법통(法統)이 순리대로 계승된다. 예를 들어 제2조에 "모든 국민이 주권을 확인하고 행사할 수 있는 상향식 조직체계로서 홍익인간화백회 기구를 설치한다. 이 기구의 조직과 운영은 법률로 따로 정한다."라는 조항을 합헌적으로 설치하고 주권자인 국민이 주인이 되는 자리를 헌법에 만들어야 홍익화백제도 즉, 참된 민주주의가 이루어진다.

정치의 틀이 곧 그 나라 국민의 기본성격을 형성할 뿐 아니라 민족의 자질을 바꾸어 놓을 수 있으며, 또한 국가의 이념과 기본노선도 규정하게 된다. 그 틀이 정직하면 국민 전체가 정직해지고, 그 틀에 거짓이 있으면 국민 가운데 거짓말하는 사람이 생긴다. 손색없는 민족자존의 긍지를 소지한 국민으로서 화합하여 민족의 도약을 기할 수 있는 대의정치를 하기 위한 '*홍익인간화백회*' 및 '*삶의 평가제도*'의 내용과 운용체계를 살펴보도록 한다.

1) 홍익인간화백회

홍익인간화백회 기구는 곧 주권자 주인의 자리이다. 주권보유자로서의 국민은 국가의 중요한 기능을 가진다. 즉 헌법을 제정할 수 있는 권력을 가지며, 정치적 의사와 여론의 주체로서 국정을 비판, 감시하는 기능을 가진다. 이것이 곧 홍익인간화백회의 총체적 권력이며, 주권자인 국민 전체가 직접 책임을 지는 정치를 하게 된다. 홍익인간화백회의 조직은 상향식 조직으로서, 하의상달식(下意上達式) 체제이다. 즉 국민으로부터 국민의 대리대표를 통한 상향식으로, 국민에 의한 화백주의정치의 조직체계를 확립하고,[198] 주권행사와 정치적 의사 및 여론을 전달하는 정치체계로서, <부록> 「도표 1」에서와 같은 상향식 홍익인간화백회의 조직을 설명한다.

 (1) 기초 홍인회: 국민이 자기의 거주지인 반(班)에서 자기의 정치적 의사와 권리를 대리로 사역할 수 있는 대리대표를 선출하는 조직체가 기초 홍익인간화백회(이하 '기초 홍인회'라 약칭함)이다.

 홍익화백제 국가의 초석은 기초홍인회이다. 사람이 사는 데에는 가족 다음에 가장 가까운 사람이 이웃사람이다. 이웃이 한 가족처럼 화목하게 지내면서 상부상조하는 협동생활은 국가발전의 원동력이며 국력의 초석임에 틀림없다. 그러나 광복 이후 北에서는 김일성, 김정일의 노동당 독재로 말미암아 앞·뒷집이 원수가 되었고, 南에서는 정치성향이 여·야당으로 갈려, 선거 때가 되면 이웃 간에는 눈에 보이지 않는 갈등과 위화감이 조성되었다. 이와 같은 불행을 극복하고 옛날의 정통적인 이웃을 되찾기 위해서는 당을 초월한 홍익인간화백회의 '기초홍인회'의 구성이 필히 요구된다. 다시 강조하는 바는 국가백년대계의 국기를 반석 위에 올려놓기 위해서는 홍익화백제의 밭(田)인 기초홍인회가 절대로 중요하다.

---

198) 日帝는 전시동원체제를 위해 통, 반제도를 잘 만들었다. 3, 4공화국 때 어느 정도 활용하였으나, 불미한 점도 있었다. 근자 그 조직적 기능이 쇠퇴하였으나, 이 제도를 다시 부활하여 옳게 활성화시키면 '홍익화백론'의 당위성 확립에 크게 기여하게 될 것이다.

이 기초홍인회가 출범하게 되면 이웃 간에는 화합과 협동, 주인의식과 책임의식이 생겨, 생활환경이 완전히 바뀐다. 지금까지의 생활구조는 이웃 간에 누가 사는지조차 모를 정도로 단절되어 있고, 대화가 없는 소원한 생활을 하는 현상이었다. 특히 부촌이나 특권층의 이웃은 높은 담에 가려져, 더욱 이웃의 정(情)이 무엇인지조차 모르고 살고 있다. 이는 생활의 편의상 이해관계가 가까운 이웃에 있는 것이 아니라, 멀고 높은 권력층과 부유층에 있는 탓이다. 인맥을 잡고 줄만 잘 서면 일조일석(一朝一夕)에 출세도 하고, 재산도 모을 수 있기 때문에 이웃과는 등을 지고도 살 수 있다고 생각하는 것이 어쩌면 당연한 것일지도 모른다. 그러나 권력과 배경이 있는 사람이 일조일석에 권좌에 오르거나, 권력의 힘으로 부자가 되는 것을, 이웃 사람들이 지켜볼 때 그들은 질투와 분노와 위화감을 느끼게 한다.199)

그러나 앞으로 홍익화백제도에 의해 '기초홍인회'가 조직되면 권력의 소재가 높은 곳에 있는 것이 아니라, 바로 가까운 이웃에 있기 때문에 생활환경이 바뀌게 된다. 그 이유는 대통령 이하 전 국무위원은 물론 일체의 관리들도 자기가 거주하는 기초 홍인회에 참석하여 국정을 의논하는 책임과 의무가 주어져 있기 때문이다. 또한 앞으로 고위공직자가 되려면 거주지소속 '기초홍인회'의 평가부터 받게 되어 있기 때문에 결코 이웃을 멀리하고는 소망을 이룰 수 없세 된다. 따라서 이웃 간에는 서로 아끼고, 사랑하고, 돕는 생활환경으

---

199) 떨어뜨린 수박이 두 동강이 난 것은 눈에 보여도, 民族 內部分裂은 보이지 않는다. 인류의 역사를 잘 관찰해 보면, 언제나 하나의 세계 속에는 두 개의 세계가 존재해 왔다. 世界가 다르면 意識이 다르다. (andere Welt, anderes Bewusstsein!).

로 바뀌게 된다. 약점을 찾아 트집 잡는 습성은 없어지고, 좋은 장점을 찾아 칭찬하고, 용기를 주는 분위기가 조성되어 유능한 인적 자원의 육성에 기여하고, 밝고 윤택한 삶의 환경을 만들게 된다.[200]

　기초홍인회의 단위는 인구 또는 세대를 기준으로 결정한다. 예를 들어 한 반(班)에 15~20세대를 단위로 하거나, 또는 인구 70~120명을 단위로 하여, 3명을 자신들의 대리대표로 선출하여 '통홍인회'에 추천한다. 선출방법은 전원 합의제 지명, 또는 거수투표 등으로 선출한다. 기초홍인회의 대표가 되려면 거주지에 3년 이상 거주하여야 하며, 기초홍인회 및 각급홍인회 대표자의 임기는 2년으로 정하고 연임(連任)은 불가하다. 기초홍인회 대표자의 임기를 제한하고 연임제도를 허락하지 않는 이유는 국민 누구나 국정에 직접 참여할 수 있는 기회를 주고, 국가를 책임지는 주인의식을 함양하여 정치적 의식수준 향상과 솔선수범 정신을 키우기 위해서이다. 또한 한 반이 15세대라고 할 때, 한 반에서 세 사람씩 그 반의 대리대표를 선출하게 하면 5번이면, 15세대 대표가 모두 다 골고루 그 반의 대리대표로 선출되어 2년씩 봉사하게 된다. 한 번의 임기가 2년이므로 10년이면 모든 반원이 국정에 참여하는 것이 된다. 즉 국민 누구에게나 국정에 직접 참여하는 기회가 되며, 이는 국정에 대한 책임을 그 어느 누구에게도 전가할 수 없으며, 전체 국민으로 하여금 국정에 대한 주인의식(主人意識)을 갖게 한다.

---

200) 이것이 바로 오늘날 우리가 행하는 정당체제에 수반된 중앙집권이나, 지방자치의 명분으로 행하는 선거를 통한 국가 경영형태와의 차이점이다.

(2) 통 홍인회: 기초 홍인회에서 천거된 대표전원이 통홍인회를 구성한다. 예를 들어 5반이 한 통일 경우 15(3 × 5 = 15)명의 대표로 통홍인회가 구성된다. 통홍인회는 가장 가까운 거리에 인접해 있는 지역단체이다. 연락, 동원, 모임이 신속하고, 용이하다. 경우에 따라서는 통민 전원이 한자리에 모일 수도 있다. 지역사회 문제와 정치적 의사 등 국정에 관한 중요한 의사를 타진, 여론을 즉시 수렴할 수 있기 때문에 통홍인회의 단위활동의 능률은 제고된다. 또한 법에 앞서 부모를 학대하는 등의 도덕 또는 윤리적인 타락과 퇴폐를 선도하고 조화하는 역할을 할 수도 있다. 통홍인회는 기초 홍인회에서와 같은 방법으로 면(面) 또는 동(洞) 홍인회 대표를 선출, 추천한다.

(3) 면 또는 동 홍인회: 통홍인회에서 천거된 대표로 면 또는 동 홍인회가 구성된다. 예를 들어 20개 동이 1개 면 또는 동일 경우 60(3 × 20 = 60)명의 면 또는 동 홍인회 대표가 구성된다. 면과 동은 말단 행정기관으로서 대민행정의 창구가 되어 있다. 현재 행정업무가 거의 면과 동에 이관되어 있으며 면과 동은 국민과의 이해관계가 가장 밀접한 곳이다. 면 또는 동 홍인회의 업무는 말단행정에서 야기되는 제반 마찰과 부작용들을 조화하는 역할을 하며, 모든 민원사항을 여기에서 걸러지도록 한다. 특히 쓰레기 처리문제, 식수오염 등 환경문제, 도로와 교통문제, 부모학대, 이혼으로 인한 자녀의 방황 등 온갖 사회질서와 환경, 교육, 도덕과 윤리 등의 문제를 선도하는 일을 '삶의 가치'의 평가적 차원에서 다루고, 이를 처리한다. 면 또는 동 홍인회에서 군(郡) 또는 구(區)홍인회 대표를 선출, 추천한다. 선출방법은 위에서와 같이 하여 군 또는 구 홍인회로 추천한다.

(4) 군 또는 구 홍인회: 면 또는 동 홍인회에서 천거된 대표로서 군 또는 구 홍인회를 구성한다. 예를 들어 한 군 또는 구가 20개 면 또는 동으로 되어 있으면 60(3 × 20 = 60)명의 군 또는 구 홍인회가 구성된다. 현재 국회의원 선거구가 군 또는 구 단위로 되어 있다. 군 또는 구 홍인회는 주로 지역의 특성을 고려해서 국정에 임하는 국회의원 및 지방자치단체장 등을 추천해야 한다. 지난 세월의 선거에서와 같이, 지금까지는 주로 중앙당의 공천에 의해 그 지역과 전혀 무관했던 사람도 공천되어 입후보했던 일이 많았다. 그러나 홍익화백제의 시대에는 당의 낙하산식 공천은 물론, 제3자의 어떠한 세력도 입후보에 영향을 못 미치게 된다(선거문제는 다른 차원에서 깊이 연구할 문제이지만……). 군 또는 구 홍인회 대표가 해당지역에 입후보를 희망하는 사람들의 신상명세를 파악하고 '삶의 평가규정'에 정해진 업무를 수행하게 된다. 군 또는 구 홍인회에서 도(道) 또는 시홍인회(市弘人會) 대표를 선출, 추천한다. 선출방법은 위에서와 같이 하여 도 또는 시홍인회로 추천한다.

(5) 도(道) 또는 시(市)홍인회: 군 또는 구 홍인회에서 천거된 대표로서 도 또는 시홍인회를 구성한다. 예를 들어 1개도와 시가 15개 군과 구일 경우 45(3 × 15 = 45)명의 대표로 도 또는 시홍인회를 구성하게 된다. 도와 시의 행정구역은 광역에 해당하므로 정치적으로 해결해야 할 문제가 많다. 주로 지역 간의 이기주의로 발생하는 마찰과 갈등을 조정하고 조화시키는 임무를 수행해야 하며, 또한 최근에 확산되고 있는 환경문제와 관련된 마찰을 해결하고 효율적인 도로 및 국토개발과 균형 있는 지역발전 등 지역단위의 특성을 살리는 데

홍익화백제적 영향력을 행사하게 된다.

도 또는 시홍인회에서 중앙의 홍인회 대표를 선출, 추천하게 된다. 홍인회 중앙대표의 소임은 국가가 지향해야 할 방향을 고려한 막중한 임무가 수반되기 때문에, 그 구성원은 상당한 실력과 자질을 갖춘, 인격자를 추천해야 한다는 문제가 따르기 때문에 별도 전형방법과 규정을 제정하여 엄격한 방법으로 추천하는 것이 바람직하다. 그리하여 헌법 제2조의 홍익화백제도에 따른 중앙의 홍익인간화백회가 창설된다.

(6) (중앙)홍인회: 헌법적으로 보장된 주권자의 자리가 곧 (중앙)홍익인간화백회이다. 지금까지는 정당에 나라살림을 위탁해 왔으나, 앞으로는 국민 전체가 자기살림을 직접 운영하는, 즉 국민 전체가 주권의식을 가지고 주인으로서의 의무와 책임이 따르는 국가경영을 하게 된다. 홍익인간화백회의 임무는 홍익인간화백회의 조직과 운영에 따른 법률과 시행령에 수반되는 '홍익인간화백회의 업무규정' 및 '삶의 평가규정' 등을 제정하여, 이 규정에 준하여 공직희망자 중 공직후보자를 국민 앞에 추천한다. 이와 같이 추천된 대통령을 비롯한 국회의원 및 지방자치단체장 후보들에게 해당 지역주민들이 투표함으로써 우리국가의 살림살이 일꾼이 결정된다. 그러나 고위공식사를 반드시 국민의 직접투표에 의해 결정하는 것이 상책은 아니다.[201] 홍익인간화백회 조직이 민의의 하의상달식 조직이므로, 이 기구에 고위공직자 후보의 추천권을 여하히 주느냐 하는 방법도 심중히 연

---

201) 이는 우리가 직선하는 대통령 및 국회의원과 같은 고위공직자를 다른 방법으로 결정하는 길도 찾아보아야 할 필요성이 있다고 본다.

구할 필요가 있다.

　각 지방의 홍익인간화백회는 지금과 같이 소란스러운 선거과정을 거치지 않고, 각 반에서 추천되어 올라온 대표들이 그 지역의 지방자치위원으로서의 기능을 수행하게 된다. 따라서 현행과 같은 많은 시간과 선거비용의 낭비는 없어진다. 21세기 거대한 국가적 공동체 사회에서 모든 국민의 의사를 집약할 수 있는 현재의 대의제보다, 좀 더 구체화된 합리적 대의민주주의체제(우리는 홍익화백제라 함)의 창출이라 하겠다. 홍익인간화백회의 정치적 목적은 정당정치를 종식하고, 홍익화백제도에 의해 진정한 민주주의를 발전시켜, 모든 국민이 나라살림을 자기살림으로 생각하고, 국가경영에 책임과 의무를 다하도록 함에 있다. 그리하여 통치의 주체가 정당으로부터 주권자 중심으로 전환되며 '인류평화의 정치문화'를 창도코자 한다.

2) 삶의 평가제도

(1) 홍익3도(弘益三途)의 성실한 삶

　21세기 정치체제에 대한 필자의 견해는, 고대 중국 법가(古代 中國 法家)의 대표적 학자인 한비자(韓非子)의 공리적이고 순리적인 단기적 평가방법만으로는 미흡하며, 전 생애를 통해 평가받는 정치체제가 도덕사회의 창출에 보다 더 효과적이라 생각한다. 따라서 모든 공직자에게 그가 살아 온 한평생을 통한 삶의 자취가 사회적 규범이 되도록 '삶의 평가규정'을 적용함으로써 도덕사회 구현을 실현하고자 한다. 지금까지는 학교 입학과정에서부터 각종 고시와 자격취득과정을 거치는 단기적인 평가에 의해 인생의 향로가 방향 잡히는, 즉 그 평가의 좀 더 좋은 평가를 얻고자 노력하고 소모하는 고비용 교육 및 정치구조를 개선하고 평화롭고 여유 있는 인생의 삶을 즐기면서 도덕사회 건설에 기여할 수 있는 사회분위기의 조성방안에 착안하여야 한다.

홍익화백정치의 특징은 주권자들의 중의일귀 위화백(衆議一歸 爲和白)하여 1무감차 불이자(一無憾且 怫異者) 원리가 실현될 대표자후보를 추천할 평가기준의 설정이 가장 중요하다.

인간사는 홍익인간의 3도(三途)의 실천에서 찾아야 하겠다. 이해를 돕기 위해 弘益三途의 원리를 다시 설명하면,

三道　　忌三

天眞一　無僞: 하늘에 한 점 부끄럼 없이, 참되게 거짓을 행하지
　　　　　　　않고,

地勤一　無怠: 땅의 기(氣)를 본받아 부지런하여 게으르지 않으며,

人協一　無違: 사람은 서로 어울려 다투지 않고 어기지 않는다
는 인간사로 운영하는 일이 만사의 근본이며, 이는 인간사의 평범한 기본이다. 이 실천만이 모든 부정(不正)과 악(惡)이 사라지고 서로 어울리는 인간성이 완성된다.

이와 같은 진리에 입각한 대표자후보의 평가기준을 현대적 표현으로 성(誠)·경(敬)·신(信)의 원칙에 따라서 생각해 본다.

대표자후보는 그의 삶이 성실하여 우선 존경을 받을 수 있는 사

람이어야 한다. 보통사람에 비해 사회규범을 잘 지키면서 훌륭한 일을 많이 해, 그 사람이 드러나 보일 때, 우선 존경하게 되고 마음속으로 믿음이 간다. 또 훌륭한 일을 많이 한 실적도 중요하지만 그 사람의 높은 덕망과 인격도 소중하다. 이렇게 사회의 인간 대 인간의 유대가 성(誠)・경(敬)・신(信)을 기강으로 하여 질서를 정립하고, 이를 실천, 평가하는 기준을 행위에다 두고, 그 결과를 '삶의 평가제도'로 평가하여 대표자후보를 선택하는 기준으로 정립하는 것이 선택의 최대공약수가 될 것이다.

(2) 국민의 4대 의무와 도덕성

우리나라 헌법에는 국민의 4대 의무(납세, 국방, 근로, 교육)가 규정되어 있다. 대표자가 될 사람은 먼저 납세와 병역의무는 이행했어야, 자격이 부여된다. 국민의 근면한 근로(노동)는 정당하게 평가되어야 하며, 각자의 노동을 통한 국가사회에 대한 기여도는 합리적으로 평가되어야 한다. 국민의 교육수준은 한 나라 문화의 척도이며 동시에 국력의 잠재력이다. 그러나 지난 20세기, 오늘의 21세기에 잘못된 선진화 과정에서 무참히도 우리는 인간성의 상실과 부도덕한 사회로 전락한 현실을 만들었다.

교육의 의무를 성실히 수행하고 있느냐를 따지려면 먼저 인간의 도덕성과 윤리적인 가치를 평가하는 제도의 기준이 정치에 반영되어야 하겠다. 예컨대 효(孝)를 가르쳐 놓고도 대표자의 요건 중에 효의 덕목을 고려하지 않는다면 인성(人性)교육의 의미가 없어진다. 또한 개인의 사생활이 문란하여 가정파탄에 이른 사람도 교육의 의무를 성실히 수행하지 않은 것으로 평가된다.

우수한 학벌, 뛰어난 실력, 국가사회에 기여한 공적이 있다 해도 정직성과 청렴성(淸廉性)에 문제가 있으면, 교육의 의무를 다하지 못했다고 보아야 하겠다. 홍익화백시대에서는 학벌이나 실력보다도 정직성과 청렴도가 우위를 차지하게 되어야 한다. 그래야 진정한 교육의 의미도 살아나게 된다.

우리는 대표자후보를 선택할 때, 앞에서 논한 홍익3도(弘益三途)의 성실한 삶과 국민의 4대 의무에 하자가 없으면서 학문적인 연구와 사회적 기여도가 우수한 인물을 선택하는 것이 바람직하다.

(3) 평가제도와 대표자후보 선출

홍익3도(弘益三途)의 성실한 삶과 국민의 4대 의무를 충실히 이행한 후 물심양면의 잉여가치를 사회에 바쳤을 때, 이것이 바로 적선(積善)이다. 따라서 적선한 기여도를 평가하여 그것을 가치관으로 영입하는 '삶의 평가제도'를 대표자후보 선택의 기준으로 삼는, 이 제도를 징치사회기 수용했을 때는 정치는 자연스럽게 도덕정치가 되고, 사회는 복지사회가 이루어진다. 이와 같은 대표자후보 평가기준을 좀 더 깊이 연구하여 작성한 결과를 모든 국민의 총체적 합의에 의해, 이를 평가제도로 먼저 제정한다.

그리하여 해당지역에서 공직출마를 희망하는 사람들의 신청을 받아, 위의 평가제도에 따른 심사를 거쳐, 최고득점 순으로 몇 명을

국민 앞에 공천하여 해당지역의 국민들이 선출토록 한다.202)

이렇게 선출된 대표자라야 자신이 그간 국가와 사회를 위해 기여한 공적은 물론 국민의 4대 의무를 비롯하여 봉사와 희생, 그리고 유능한 실력과 고매한 인품 등을 평가받아 선택된 대표자임을 자부하고 자신에게 주어진 책임과 사명을 충실히 이행하여 자신의 명예에 오점을 남기지 않도록 최선을 다하게 될 것이다.

홍익화백체제하에서는 국회의원을 비롯하여 모든 공직자들은 진정으로 국민의 존경을 받을 수 있는 인물이 될 것이다. 국민의 4대 의무를 비롯하여 여러 단계의 평가를 거쳐 추천되고 선택된 그 지역의 최고인물이므로, 자신의 능력을 다해 소신껏 소임을 다할 수 있는 환경을 만들어 나갈 것이다.

정당정치체제하에서는 국회의원이 당수와 당의 공천으로 그 자리에 올랐기 때문에 아무리 똑똑하고 유능하다 하더라도 표결을 위한 거수기 역할을 하거나, 개인의사와 실력은 당리, 당략 앞에 무색해지거나, 묵살당하는 사례가 많았다. 뿐만 아니라 유권자의 마음을 사기 위해서 옳고 정의로운 주장이나 발언도 주저하게 되며, 선거구민들의 해결사나 중개인이 되어 온갖 청탁에 시달리는 가운데 귀중한 시간을 소모하고 있는 것이 현실이다.

그러나 홍익화백주의정치에서는 국회의원 및 그 외의 선출된 모든 공직자들은 주어진 임무와 책임이 오로지 자신을 뽑아 준 주민을 위한 것임은 물론, 그 순간부터 전 국민의 대표자이므로 국가적 견지

---

202) 고위공직자 임명절차는 현행선거제도가 주는 피해를 고려해 신중히 관계법규를 제정하여야 하며, 전항 1). 弘益人間和白會에서 약술한 바와 같이 광범위한 검토와 연구가 필요하다고 본다.

에서 어느 쪽에도 치우치지 않는 정당성이 입증되어야 하기 때문에, 이권(利權)에 관심을 가질 필요가 없게 되며 정직 진실 정의에 입각한 소신을 마음껏 펼쳐 보일 수 있을 것이다. 다만 *홍익인간화백회*의 따가운 감시를 받게 될 뿐이다.[203]

3. 홍익화백통일론의 가설

1) 통일이념

우리 민족사상은 천지인(天地人) 삼신일체(三神一體)사상이며, 이에 수반되는 홍익인간이념에 따른 통일방안이 「3태극화백통일론」이다. 「천부경」 속의 '삼(三)'에는, 우주의 근본원리인 '일(一)'이 천·지·인으로 상징되는 세 가지 요소들로 나뉘어져 서로 유기적으로 조화를 이루어 다양한 역할들을 함으로써 모든 만물을 생성하고 구성하며 변화를 이끌어 낸다는 3원론(三元論)의 논리를 담고 있다. 2원론(二元論)은 상호 대립적이고 경쟁적이 될 수밖에 없는 데 비해,

---

203) 홍익인간화백회는 공직출마자 추천에 필요한 평가규정에 따라, 국민의 대표가 될 모든 후보를 심사하여 추천하기 때문에, 모든 국민들의 일거수일투족은 평상시에 자세히 기록 보관하였다가, 공직후보자 공천 시에 심사자료로 활용한다.

3원론은 대립과 갈등을 극복하는 조화와 화합의 원리를 내포하고 있는 우주와 인간의 합일을 추구하는 선도사상(仙道思想)으로 이해할 수 있다. 3원론은 2원론에 단지 숫자 하나를 보탠 것이 아니라, 세계를 통일된 전체로 파악하는 통일적인 세계관이고 조화와 화합의 철학이다. 선도(仙道)는 조화와 화합의 사상이다. 우주만물을 구성하는 핵심적 요소들 간의 조화와 화합, 인간을 구성하는 요소들 간의 조화와 화합, 나아가 우주와 인간의 조화와 화합을 추구하는 사상이 우리 조상의 철학204)이다. 3태극으로 상징되는 삼수문화는 셋을 포함하고, 셋을 모아서 하나로 돌아가는 집일함삼(執一含三) 회삼귀일(會三歸一)하는 것과, 셋에서 하나로 돌아가는 것을 체(体)로 하고, 하나에서 셋으로 돌아가는 것을 용(用)으로 삼는 3·1기체(三一其体), 1·3기용(一三其用), 3수문화(三數文化)의 고유한 논리가 있다. 삼수문화의 세계관에 대한 삼태극사상(三太極思想)의 원리는 삼신(三神)사상의 뿌리가 조명되고 있다.205)

우리 민족의 뿌리사상인 "하나님의 이름은 옛 한국시대 한 사람도

---

204) 일찍이 동·서양에서는 人間의 조화적·통합적 삶의 질서를 가장 효과적으로 인식하는 수단으로 三이라는 숫자가 많이 사용되었다. 피타고라스학파는 전체 우주가 數로부터 온 존재로 믿고, 一이라는 神은 二를 만든 창조주이고, 두 수가 합쳐 三이 되므로 三은 바로 우주의 상징이라고 말했다. 또한 아리스토텔레스도 전체에는 시작과 중간과 끝이 있다고 말함으로써, 事象을 삼수분화의 논리로 이해했으며, Triad(3)은 만물의 완성태라고 니코마코스는 말한다. 특히 그리스의 신플라톤주의 철학자인 이암블리코스는 "트리아드(3)는 모든 수를 능가하는 공정성을 가지고 있는데, 그 주된 이유는 트리아드(3)가 모나드(Monad: 1)의 잠재성이 최초로 현실화된 것이기 때문이다. 미합중국(U.S.A.)의 건국도 3의 원리에 의해 만들어졌다."

205) 이근철, 앞의 글, 앞의 책, pp. 31-32.

섭섭하고 답답하게 하지 않고 서로가 도와가며 하나같이 살았다는 생활이념, 즉 "모두를 하나로 같이 어울리다."의 이념에서 유래된 우리 신(神)의 이름이다. 다시 말해, 하나님(一神)은 단지 신(神)의 이름뿐만 아니라 다툼이 없는 하나로 하기 위한 이념이며, 하나님(一神)은 造化(창조하여 만드는 재주), 敎化(가르치는 재주), 治化(다스리는 재주)의 세 작용을 한 몸에 지니시기에 3신1체(三神一體)이시고, 그 징표를 3태극으로 나타낸 것이다. 또한 "홍익인간(弘益人間)하는 사람(人)은 나와 天地人 사이(間)에서 크게(弘-大) 돕는(益) 길(道)을 찾아 실천에 옮기는 인간사(人間事)를 말한다."

이에 통일이념인 홍익인간을 요약해 보면,

(1) 홍익인간은 단지 낱말인 단어가 아니고, 바로 우리와 같이 활동하는 인간[206]사이다. 홍익인간은 만물과 사이를 두고 크게 도움을 주고받으면서 사는 인간사이다.

그 大(크기)는 三大-三弘이요

　天-玄黙: 심오하고 고요하나 크다

　地-蓄藏: 모으고 거두어 크며

　人-知能: 깨달음과 재능이 크다

그 道(길)는 三圓이며

　天-普圓: 넓은 원이고

　地-效圓: 본받을 원이며

　人-擇圓: 가리는 원이다

그 事(일)는 三途

---

206) 사람(人)은 활동이 없는 사람을 말하고, 人間은 사람이 우주공간에서 상대와 사이(間)를 두고 作爲하는 사람을 人間이라 한다.

天 眞一 無僞: 오직 참되고 거짓을 하지 않고

地 勤一 無怠: 부지런하고 게으르지 않고

人 協一 無違: 사람은 서로 어울려 다투지 않고 어기지 않는다.

3태극화백정부(三太極和白政府)는 홍익인간 이념을 弘益三途로 수행한다. 弘益三途:

三 道   忌三

天 眞一 無違: 하늘에 한 점 부끄럼 없이 참되어 거짓을 하지 않으며,

地 勤一 無怠: 땅의 氣를 본받아 부지런하고 게으르지 않으며,

人 協一 無違: 사람은 서로 어울려 어기는 일을 없이한다.

그리하여 홍익인간의 경천 숭조 애인이 실천에 옮겨지도록, 동기부여를 하게 된다. 공산주의 자본주의 그리고 다수가결제로 퇴폐된 민주주의가 아니라, 오로지 인류가 공감하고 공동체를 이룰 수 있는 간소한 홍익3도의 위 3율법으로 운영하여 세계인의 찬사를 받으며 남북통일의 길을 연다.

(2) 인간의 활동범위는 천지인과 사이를 두고 이루어짐으로써 홍익인간사상을 천지인사상이라고 한다.

(3) 천지인-도(道)는 普(넓고), 效(본받고), 擇(가리는)-원(圓)으로 함으로써 홍익인간사상을 일명 '원사상'이라고도 한다.

(4) 홍익인간은 하나(一)의 상으로 하나(一)님 사상이다.

天事 眞一: 하늘은 (一)오직 참되고,

地事 勤一: 땅은 (一)오직 부지런하며,

人事 協一: 사람은 (一)오직 어울려야 한다.

이상 종합하면, 弘益人間＝天地人思想＝圓思想＝하나님 사상이며, 홍익인간 하는 사람(人)은 나와 天地人 사이(間)에서 크게(弘－大) 돕는 길(道)을 찾아, 공정하지 않음이 없고, 어느 하나 어둡고 악의 적임이 없이, 세상 만물의 본성을 존중하여 합리적으로 다스리는 인간사라고 정의할 수 있다.

다시 말하면, 홍익인간이념은 "삶" 즉 인류의 본능을 말한다. 인류의 본능이란 "삶"의 보전으로 남을 해함이 없이 우주 속에서 서로가 영원토록 공존공생하려는 氣 ≡ 機 ≡≡ 質 ≡≡ 形 ≡≡의 작용이다.207)

요약하면, 천지인 스스로가 공존하는 질형(質形)과 공존하려는 기기(氣機)의 운영으로 삼신일체의 하나님사상 즉 원사상으로 太古로부터 전수된 우리의 정통이념이다.

참되어 거짓이 없고, 부지런하여 게으름이 없으며, 서로는 어울려 어김을 없이하여, 모두를 "一"로 하는 1신(一神): 하나님사상으로 집적하여, 서로는 다툼이 없는 어울림으로, 서로 크게 도와 衆議一歸 爲和白하여, 모든 意見을 하나로 귀착하는 화백이념(和白理念)으로 삶을 영위하여야 한다는 뜻이다.

이름 하여 홍익인간이념이고, 그 사(事)를 홍익화백이라 한다.

이와 같은 홍익인간이념에 따르는 3태극화백정부의 이념적 결론을 본 저서의 결론에서 서술하기로 한다.

---

207) 모든 體는 氣機質形의 作用이 있다(김영돈, 「살피자 弘益人間」, pp. 59－61).

2) 통일의 진행

6·15선언으로 남·북이 교류·협력단계에 진입했으며, 화해·협력은 이미 제도적 기반이 마련되어 가고 있다고 하겠다. 다음 단계인 국가연합단계 진입에 있어 연합·연방제 논의가 있으나, 연합·연방의 절충논의는 합리성을 지닐 수 없다.[208] 다만 연합단계 진입이라면 남·북의 학계 간에 어느 정도의 공감대가 형성되어 가시화되어 가고 있다 하겠다. 그리고 다음 단계인 3태극화백제 단계 진입이 문제이기에 이에 대한 구체적인 구상이 확립되고, 국민의 공감대가 형성되어야 북한의 개혁·개방정책도 가속화될 것이며, 조국의 통일위업도 촉진될 것이다.

이에 대한 필자의 소견을 요약해 본다.

지금까지의 남·북의 통일정책과 그 방안은 통일실현 가능성이 어려움을 확인하고, 새로운 통일관을 정립해야 할 시점에 와 있다. 새로운 통일방안은 우리의 민족사상에서 찾아야 하며, 그 옛날 석유한국(昔有桓國) 한인(桓仁)이 한웅(桓雄)에게 하신 말씀－홍익인간(弘益人間) 하라: 싸우지 말고 서로 도와가며 살라!－을 명심해야 한다.

돌이켜 보면, 핵전쟁을 야기할 수 있었던 미·소 대립이 해소된 것은 외교활동의 결과가 아니라, 소련의 붕괴 때문이었다. 독일의 통일도 동·서독의 정부 간 접촉에서 이루어진 것이 아니라, 동독의 경제적 저성장과 내부적 혼란으로 야기된 동독인민의 서독을 향한 기대감 등이 발동했기 때문이었다.

---

208) 제Ⅰ장－2, 통일정책 및 방향평가에서 이미 필자가 언급하였다.

우리의 통일 역시 남·북한의 정부 간 접촉에서만 이루어진다고 생각할 수는 없다. 우리의 통일정책은 국가적으로 전 국민에 대한 우리 민족사상의 연구과제가 되어야 한다. 특히 홍익인간이념과 홍익화백론에 대한 연구가 활발히 전개되어야 한다. 그리하여 우리의 학계를 비롯하여 모든 지식층이 홍익인간이념과 홍익화백정신을 깨닫게 될 때, 남·남 갈등은 해소될 것이며, 이와 같은 분위기가 北에 전파·확산되어, 진정한 화해분위기 속에서 조국의 통일은 자연스럽게 찾아올 것을 믿어 의심치 않는다.

여기에 이명박 정부가 제시한 "비핵·개방·3000프로그램이 성공적으로 진행되고 북한의 사회, 정치, 경제체제가 민족적 차원에서 동질화가 진행되는 경우에 비로소 우리는 평화통일의 방안을 논의할 수 있다"는 견해209)도 있으나, 필자의 견해는 2008년 현시점에서, 우리는 민족적 차원에서 동질화가 진행되도록 통일에 관심 있는 남·북 학자들의 총체적 연구와 남과 북의 통일학 연구요원 양성을 위해 '統一대학원대학' 창립을 구상해 봄직하다. 물론 개혁·개방을 북한 당국이 꺼리고 있다고는 하나, 민족정신(ethos) 탐구와 민족의 정통 사상에 입각하여 통일의 길을 가고자 하는 명분에는 거절사유를 찾기 어려울 것이다. 남과 북의 체면을 세우면서 함께 통일의 길을 찾아가는 우리만의 '한국방식 통일의 길'을 찾아야 하겠으며, 1945년 일제로부터의 해방은 미국이 시켜주었으나 남과 북의 통일만은 우리 민족 스스로 찾는 길을 모색하여야 하겠다.

그 결과 남·북의 학계가 홍익화백제 통일헌법을 연구, 남·북 당

---

209) 박봉식, "이명박 정부의 대북·통일정책 – 한미동맹과 통일정책"「北韓」 – 2008. 3.(435호). p. 62.

국이 합의한 후 제정입헌과정을 거치면서 3태극화백통일이 완성된다. 모든 문제의 근원은 남·북 우리내부에 있으며, 그 해결책도 역시 우리 남·북의 내적 모순의 극복에 있다.

해방 이후 남·북이 체험한 정당정치체제로 인한 지역 간 또는 남·북 간의 갈등과 원한을 해소하고, 국력의 낭비를 막고 슬기롭게 통일을 완성하는 방안을 모색해야 한다. 즉 정당정치체제를 벗어나서 홍익화백체제로 가는데, 남·북의 정치, 경제, 사회적 현황 및 지정학적 여건을 고려하여 주변국들과의 협력하에 남과 북의 중간 완충지대에 홍익화백제도의 실험지역(3태극화백정부)을 만들어야 한다. 그리고 다시 남·북한과 3태극화백정부를 연합하는 3태극화백체제[210]를 이루어, 그 체제 내에서 왕래하면서 서서히 남·북 간 정치체제의 대립요소와 경제적 불균형을 완화해 가면서, 3태극화백정부에서 적용하여 실험하는 홍익화백제도가 자연스럽게 남과 북에 전파되어 완전통일에 이르는 방안이다. 이는 1민족, 1국가, 3체제, 3지역정부인 3태극화백체제가 1민족, 1국가, 1체제, 3지역정부인 3태극화백체제로 우선 전환하는 통일방안이라 말할 수 있다.[211]

누구에게도 통일은 자연스럽고 살상이 없는 좋은 방법으로 되어야 한다. 그것은 마치 하나의 도(道)를 이루는 것과 같다. 어려운 것 같지만 의외로 쉬울 수 있으며, 수많은 방황과 고난을 겪고 난 뒤에

---

[210] 남쪽은 현재의 자유민주주의에 따르는 다당체제, 북쪽은 사회민주주의에 따르는 일당 독재체제, 그리고 완충지대에 창설되는 화백정부는 홍익화백제에 따르는 홍익인간화백회체제로서 통일정부의 외교권과 군통수권을 가짐.

[211] 현재 남한의 통일방안은 1민족 1국가 1체제 1정부이며, 북한은 1민족 1국가 2체제 2정부체제임.

돌이켜 보면 아무것도 아닌 것이 왜 그렇게 힘들었는지 모르는 것과 같다. 모든 것이 이루려는 주체들의 독선적인 욕심에 사로잡혀 있으면 '참'이 보이지가 않으며, 서로를 믿을 수가 없기 때문이다. 우선 천리 길도 한 걸음부터라는 말이 있듯이, 상징적이라도 통일을 하는 것이 중요하다. 그것은 3태극화백정부를 세워, '민족공동체 정부'(남·북 공동체정부)를 우선 公布하는 것이다.

통일정부(3태극화백정부)의 대통령은 우선 민족대표단을 뽑고, 여기서 정신적 지주를 뽑는 것부터 시작한다. 정신적 지주는 남·북한 모두 부담 없이 선출할 수 있기 때문이다. 정부조직은 우선 남·북한정부가 협의하여, 먼저 각 부처를 관장하는 통일의 새로운 입법·행정·사법부를 만들고, 국제적으로 상징되고 한민족을 대표하는 남·북한 공동의 대통령직도 만들어, 한민족을 대표하는 외교권을 3태국화백정부가 행사하며, 군사통합은 서서히 진행시켜간다.212) 남·북한 정부들은 3태극화백정부의 인물들을 국민의 의견을 수렴하여 뽑아야 하며, 기본적으로 민족사상인 홍익인간화백이념에 밝은 사람이 우선시되는 것이 바람직하다.

일단 3태극화백정부가 발족하면, 해외 및 남·북의 학자들이 주동적으로 연구, 제정한 홍익화백제도에 따른 국가운영이 시작될 것이다. 그리하여 이 제도를 발전시켜, 자연스럽게 남과 북에 파급되도록 한다. 또한 이 제도의 세계적 감시와 전파를 위해 세계 속에 이번 반기문(潘基汶) 유엔사무총장의 등장은 홍익화백제를 인식시켜, 그 뜻을 이해시키는 데 가장 유력한 기회를 마련하였다고 보며 나아가

---

212) 이때쯤 되면 남·북이 군사권 합일에 불안감 없이 자연스레 군통수권의 통합책을 논하게 될 것이다.

UN기구의 유치도 모색할 수 있다고 본다.

또한 이 3태극화백정부가 자리잡을 지역적 가상(假想)을 해본다면, 현재 남과 북의 경계지역인 개성, 파주, 또는 철원 중에서 수도를 정할 수도 있고, 영토는 휴전선 비무장지대를 관할하며, 남·북 사람들이 자유로이 왕래할 수 있도록 할 수도 있다. 필요에 따라 경제특구, 산업단지, 관광단지 등을 곳곳에 설치하면, 남·북한 사람들이 가까워지고 생각이 흡사해지면서 홍익화백제도를 확산할 수 있다.

3) 홍익화백제와 평화적 통일

우리 민족의 삶에 있어 홍익인간이라는 가치만큼 포괄적인 의미규정도 드물 것이다. 홍익인간이라는 말은 단순히 철학적 가치를 넘어, 우리 현실의 정치·경제·사회·문화·교육 등 모든 분야에 나타나는 궁극적 가치덕목으로, 우리 민족의 정서적 국시(國是)라고 해도 과언이 아니기 때문이다.213) 즉 홍익인간은 우리의 얼이다. 그러나 그 원천을 찾아보면 인류조상의 말씀으로 "서로는 다투지 말고 어울려 평화롭게 상호간에 크게 돕고 살라."는 옛 한국 한인(桓仁)께서 한웅(桓雄)에게 "가이 홍익인간(可以 弘益人間)"으로 하신 말씀이다.214) 숨겨진 인류 태초이념인 홍익인간이 바로 세계인이 갈망하는

---

213) 김동환, "우리의 哲學과 國是", 「國學 그 意味規程을 위한 試圖」국학학술원, 제8차 학술 발표회(2006년 1월 14일), p. 121.

214) 金昤燉, 「살피자 홍익인간」(서울: 보경문화사, 2001), 쓰게 된 동기.

정신적 기호(嗜好)이념이며, 인류역사가 시작된 이래 이어진 조상의 깊은 뜻이다.

민족의 정통성을 바로 세우고 남·북 간의 갈등과 우리 내부의 갈등요소를 해소하기 위해서는 홍익인간에서 비롯된 민족화해의 뿌리인 '한'사상으로 무장하고, 민족을 "하나 되게 하는 '한'사상: 귀일사상(歸一思想)", 그리고 '한'의 대아(大我)정신을 다시 찾아 남·북 8천만 민족에게 '민족의 얼'로서 우선 심어 주어야 하겠다.

우리 민족은 무엇보다도 동방문화의 지주국(支柱國)으로서 '한(桓)'의 대아(大我)정신이 이어온 민족사관(民族史觀)을 가진 민족이라는 점에서 긍지를 가져야 한다. 무한대의 우주로 연결되는 이 '한'의 대아정신은 한민족의 홍익인간에서 비롯되었으므로, 오늘의 정치적 갈등은 우리의 평화사상인 인존주의(人尊主義)만이 해결의 실마리를 찾을 수 있다. 이와 같은 취지에서 제3장-2 민족사상 개관에서 언급된 '한(桓)'사상에서 민족화합의 뿌리사상인 '한'사상의 본질과 그 뿌리를 민족사상의 맥락 속에서 깊이 살펴야 하겠다.

그리하여 유태주의인 신본주의(神本主義)와 그리스의 인본주의(人本主義)를 종합한 Hanism의 창시민족으로서의 동이문화(東夷文化)의 지주국인 한민족의 긍지를 갖고, 평화의 실천사상으로서 '한'사상의 실현을 눈앞에 다가온 조국통일에서부터 찾아야 하겠다. 해외교포와 남·북의 학계가 중심이 되어 민족화해의 뿌리사상인 '한'사상, 즉 '하나(一)'는 모두가 하나 되니, 다투고 싸우고 하는 대상이 없는 '한'사상과 조화와 화합의 사상인 선도사상과 풍류도사상에 따라서, 오늘의 남·북의 갈등해소와 민족의 앞날을 설계하는 새로운 '홍익인간 헌법' 제정작업을 착실히 준비할 때가 왔다.

우리 조상은 모든 의견을 화백(和白)으로 수렴하여 중의1귀 위화백(衆議一歸 爲和白)하고 한 사람도 섭섭하고 답답하게 하지 않았다는 1무감차 불이자 인간사(一無憾且 怫異者 人間事)로 석유한국(昔有桓國)에서 단군조선까지 이어져, 단군조선의 정치이념으로 동방의 역사를 세계에 알린 찬란한 역사기록을 「삼국유사」의 고조선과, 「한단고기」에 남겼다. 이와 같은 평화사상을 우리는 다가오는 조국의 통일에서부터 그 적용방안을 찾아야 한다.

민주주의는 다수와 소수라는 경계를 만들게 하고 '참'의 의의를 다수로 결정한다는 우주 창세 이후 잘못된 제도라는 것을 인지할 일이다. "한 사람도 섭섭하고 답답하게 하지 않는다."는 홍익화백은 가능한 일일까?

인류역사에서 많은 희생을 치르고 성취한 민주공화체제는 개개인의 인권존중에 크게 기여한 정치체제이나, 위에서 언급한 바와 같이 다수의 힘으로 소수의 의견을 도외시하는 모순성을 갖고 있다. 따라서 우리는 조국의 통일을 기해 민주주의의 결함을 시정, 보완한 화백방안을 찾아야 하겠다.

21세기 고도 산업사회에서, 또한 거대한 국가적공동체, 특히 민주적 다원체제하에서, 국민의 이해를 단수(하나)로 추출하는 것은 기술적으로 어려우며, 선진민주국가들에서 신자유민주주의 또는 Global governance 이론들을 논하고 발전시키고는 있으나, 아직까지 그 해결책이 눈에 띄지 않는다.

그러나 우리는 남·북통일이라는 정치체제 개혁의 절호의 기회를 목전에 두고 있다. 필요성을 새로운 제도창출의 발아기(發芽期)로 만들도록 하여야 하겠음으로, 이 기회를 우리 민족이 홍익인간 본관족답게 힘을 모아 국민 개개인의 이해관계를 하나로 추출할 수 있는 '홍익인간 하는 틀: 통일헌법'을 창안하여야 하겠다. 그 착안점은 홍익인간 3도(三途)215)에서 홍익인간 하는 지름길을 찾아야 한다. 그리하여 홍익인간의 경천, 숭조, 애인이 실천에 옮겨지도록, 동기부여를 하는 통일헌법을 제정하여야 한다.

원효가 보여준 전체에 대한 통찰! 즉 보편적 인간에 대한 이해 위에서 펼쳐지는 넉넉한 마음, 따뜻한 마음을 통해 자신의 욕망을 자발적으로 절제할 때, 민족의 갈라진 온갖 마음들을 한줄기 마음의 통일로 묶어세우는 과업부터 시작하여야 한다.

이는 천부경에서 연유된 홍익이념에 따르는 화(和)를 바탕으로 역사적으로 외부세력의 이질적인 문화를 흡수포용한 우리 민족의 선도사상에서 유출되는 풍류도사상에 따라 유·불·도 3교를 포용, 발전시킨 동학사상을 되새기며, 이번에는 동서냉전의 정치이념을 천·지·인 대자연의 자연원리와, 인간의 이성과 사회의 규범에 맞도록 조화·발전시킨 현대형 홍익화백제도를 작성하여야 한다. 그리하여 홍익인간의 충효사상은 상하계층을 두고 주고받는 것이 아니라, 다 같이 공동목표를 정해 충효함에 있어, 올바른 현실인식과 강인한 의지를 갖고 불의(不義)에 타협하지 않으며, 사회에 정도(正道)를 구현하는 선비정신을 시현토록 하여야 하겠다.

이 과정에서 오늘날 다방면에서 도전을 받고는 있으나, 지금까지

---

215) 三道   忌三
천 眞一 無僞: 하늘에 한 점 부끄럼 없이, 참되게 거짓을 하지 않고,
地 勤一 無怠: 땅의 氣를 본받아 부지런하여 게으르지 않으며,
人 協一 無違: 사람은 서로 어울려 다투지 않고 어기지 아니함,

의 정치발전에 기여한 자유민주주의의 원동력인 공리적(功利的) 관점도 무시할 수 없으며, 이제 그 수명을 다 해가고 있는 정당(政黨)의 기능대체 방안을 깊이 있게 연구해야 하겠다.

제5장

통일론들의 비교와 홍익화백 통일

1. 통일론들의 비교

남·북한 정부, 김대중의 3단계 통일론, 및 박상림의 3평제 통일론과 3태극화백통일을 비교, 대조해 봄으로써 통일비용을 극소화하고, 남·북의 현 체제에 위협을 주지 않으면서 통일실현의 가능한 길을 찾아보기로 한다.

부록 「도표 2」에서 보듯 북한의 '고려연방제'는 자주, 평화, 민족대단결의 원칙하에 어떠한 예비적 단계도 거치지 않고, 곧바로 2체제가 공존하는 연방제에 들어갈 것을 주장한다. 연방형식의 통일국가에서는 남과 북 동수의 대표들과 적당한 수의 해외동포로 '최고민족연방회의'를 구성하고, 산하에 '연방상설위원회'를 조직하여 남과 북의 지역정부들을 지도하며, 정치문제와 조국방위 문제, 대외관계를 비롯하여, 민족의 전반적 이익과 관계되는 공동의 문제를 관할하도록 하고 있다. 그러나 김일성은 1991년 신년사에서 과도적 단계로서 남북연합 방식의 통일을 수용할 의사가 있음을 시사하였으며, 특히

1991년 4월 제85차 평양 IPU 총회에 참가한 남한 국회대표단을 만수대 의사당에 초청한 자리에서, 윤기복 최고인민회의 통일정책심의위원장의 언급은 이름만 연방제일 뿐 실은 국가 연합제를 말한 것이며, 2000년 6·15선언에서는 낮은 단계 연방제로 나타났다.

남한정부안은 자주·평화·민주의 3대원칙하에 화해, 협력을 제1단계로, 국가연합 형태의 남북연합을 제2단계로, 그리고 통일국가 형성을 마지막 단계로 설정하고 있다. 정부안은 화해·협력 단계에서 한반도에 두 개의 정치적 실체가 존재함을 인정하고, 상대방을 타도의 대상으로 보지 않으며, 공존·공영의 협력자로 보아야 한다는 점을 강조하고 있다. 다음 남·북 연합 단계에서는 평화를 정착시키고 경제·사회공동체를 형성, 발전시킴으로써 정치적 통합을 위한 여건을 성숙시켜 나간다. 아울러 남·북한 합의에 의한 남·북 정상회의와 남·북 각료회의를 상설화한다. 마지막 통일국가 형성 단계에서는 민족과 국가를 일치시키는 정치통합을 이룩한다. 통일국가의 목표는 자유·평등·복지·인간존엄성이 보장되는 민족공동체로 설정되어 있다.

해방 이후 60여 년을 넘기면서 남·북한의 이질성이 극도로 심화되어 있는 현 상태에서[216] 특히 남과 북의 정치체제와 군대를 통합한다는 것은 현실적으로 불가능한 일이다. 통일에 대한 접근은 남·북이 직면하고 있는 분단현실에 대한 객관적이고 정확한 인식으로부터

---

216) 정치적으로 北은 노동당 一黨體制이고, 南은 多黨體制이다. 경제적으로는 북은 모든 재화의 국가소유에 따른 국가에 의한 계획경제와 소비재의 가격이 결정되며, 남은 원칙적으로 시장경제에 따른 재화의 가격결정과 재산과 소득의 개인소유를 뜻한다.

출발하여야 한다. 별도의 준비단계 없이 서로 다른 두 체제에 따르는 군사·외교권을 그대로 유지하면서 연방제로 진입하자는 북한의 주장은 연방제의 개념상 불합리하며, 남·북 분단의 현실을 무시하고 있다는 점에서 실현 가능성이 결여된 주장이다.

한편 느슨한 남북연합 단계에서 납득이 가는 구체적인 과정설명 없이 완전통일을 지향하는 우리 정부의 통일방안도 이해키 어려우며, 연합제에서 연방제 또는 완전통일로의 전환에 대한 보장이 없어, 연합제 또는 연방제로 영원한 평행선이 될 가능성이 크다.

「김대중 3단계 통일론」은 남·북의 합의에 의해 남·북 연합에 진입하고, 이후 일정기간을 거쳐 연방제라는 과도기적 단계를 지나 최종적으로 완전통일의 단계로 나가자는 점진적 평화적 방안이다. 김대중의 '3단계 통일론'은 남·북 간의 차이를 고려하여 체제통합의 충격을 완화하는 한편, 북한의 특수성을 존중하며 사실상의 연방정부가 북한지역을 일정기간 특별 지원하기 위해 연방단계를 설정하는 것이 필요하다고 하는 점은 수긍이 가나, 사실상 연방정부 수립에 대한 구체적 방안, 즉 군사·외교와 정치체제의 통합과정 제시가 막연하다. '3단계 통일론'의 제1단계인 국가연합에서 2단계인 연방으로의 진입단계에서 어떻게 군사·외교권을 통합한다는 구체적인 설명과, 어떻게 북한의 1당 지배하의 '유일지도체제'와 '다당체제인 남한의 민주체제'와의 연방체제 창설에 대한 좀 더 구체적이고 납득할 설명이 있어야 한다.

이와 같은 남·북한 정부의 통일방안과 김대중의 3단계 통일론을 살펴보면 남·북 연합단계까지는 이미 양측의 공감대가 형성되어 가고 있으며, 특히 6·15선언에 따라 가시화되어 가고 있다고 보아도 좋겠다. 그러나 다음의 단일체제에 따르는 통일정부 수립, 또는 연방제로의 진입과정에 대해, 양측이 납득하고 수락할 수 있는 방안이 제시되지 않고 있다.

이상의 3통일 방안과는 달리 1997년에 나온 박상림(필자)의 「3평제 통일론」은 연합단계에서 연방제로 전환할 때 군사, 외교권을 중평국에 위임하는 문제가 제5편 제2장에서 상술되었으며, 2000년 그의 석사학위 청구논문 「3평제 통일론의 실현방안」 제2장 3절에서도 합리적으로 설명되었다. 또한 정치체제의 통합을 위해 실험국에서 실험하게 되는 '우리식 민주제도'의 내용은 위 저서 제6편과, 위 논문의 제3장 3절에서, 상세히 설명된 바 있다.

그의 2007년 박사학위 청구논문 "한민족의 전통사상과 통일: 홍익화백제에 관한 연구"에서는 남·북의 화해·협력분위기가 조성되어 가고 있기 때문에, 다음 단계인 남북연합단계에서 3태극화백정부 수립을 위해 우리 민족의 정통사상에서 창안할 수 있는 '홍익화백제도'를 창안하여, 3태극체제에 들어가면서 3태극화백정부에서 적용 실험과정을 거치기 위해 민족공동체정부 The Government of National Community: 3태극화백정부를 우선 공포할 것을 제안하였으나, 구체적인 홍익화백제도의 모형은 우리의 남·북 및 해외학자들이 함께 연구하여 창안할 것을 제의하였다. 따라서 학위청구논문이 가지는 monograph의 성격상 필자가 집필한 여기 「統一의 길」과 앞에 던진 가설이 그 내용상 상호 일치함을 밝힌다.

우리는 지금 이 시점에서 남·북이 정직한 마음으로 자기체제의 단점을 시인하고 그 시정책을 함께 논의하여야 한다. 그리하여 지금까지 쌓인 불신을 씻어버리고 민족의 정통사상인 홍익인간이념을 깊이 연구할 때가 왔다. 우리의 정통사상 "하나(一)는 모두가 하나 되니 다투고 싸우고 하는 대상이 없는 하나(一)"의 깊은 뜻을 되새기며, 남·북이 가릴 것 없이 정직한 마음으로 뜻을 모아 통일조국의 국가상을 정립하고, 통일과정을 슬기롭게 진행시키는 방안을 찾아보아야 하겠다.

"윈스턴 처칠과 프랭클린 루즈벨트의 우정은 한 편의 서사시(敍事詩)였다. 2차대전 중 訪美, 백악관에 묵고 있던 영국의 처칠수상이 목욕 직후 발가벗고 있는데, 미국의 루즈벨트 대통령이 불쑥 들어왔다. 당황한 루즈벨트가 사과하려 하자 처칠은 '나는 당신에게 숨길 것이 아무것도 없는데……루즈벨트 대통령각하 우리는 한 배에 탄 戰友입니다. 운명을 같이하기로 한 전우끼리 가릴 것이 무엇 있겠습니까? 실 한 오라기 가릴 것 없이 털어놓고 이야기합시다'라고 했다. 루즈벨트는 다음날 처칠에게 말했다. '당신과 같은 시대에 산다는 것이 재미있다…….' 또한 루즈벨트는 처칠의 정열에 대해 '어젯밤 처칠과 밤새워 얘기하느라 녹초가 됐는데 새벽녘에 좋은 생각이 났다고 맨발로 침실에 찾아왔다'고 말했다."[217]

너무나도 유명한 2차대전 중 대영제국 수상 처칠과 미합중국 대통령 루즈벨트와의 만남의 일화를 소개하면서, 산업화 사회로의 진입 시기에 역사의 흐름을 읽지 못해, 일본에 침략당하고, 해방 후 미·소 양 정치문화의 농간으로 남·북으로 갈려, 동족상잔의 전쟁

---

217) 2004년 2월 17일 조선일보 <3>'프랭클린과 윈스턴'.

으로 그 어느 민족보다도 많은 대가를 지불하고 남·북으로 분단 고착화된 이후에도, 60여 년이 넘도록 다툼을 계속해 왔음은 홍익인간을 민족의 '얼'로 하고 있는 우리로서, 실로 민족적 수치라 하지 않을 수 없다.

한반도 통일의 국제적 여건이 그 어느 때보다도 우리에게 유리하게 조성된 이 시기를 놓쳐서는 안 된다. 남·북의 한 민족은 한 배에 탄 전우이다. 운명을 같이하게 되어 있는 한 식구끼리 가릴 것이 무엇이 있겠는가? 흉금을 털어놓고 정직한 마음으로 남과 북이 함께 통일된 국가상을 정립하고 통일 후의 한 살림을 구상해 보자! 그리하여 소련식 공산주의와 미국식 민주주의 양(兩) 정치문화권이 만들어 놓은 오늘의 정당정치 체제의 모순을 시정하고, 우리 민족의 정통사상에서 나올 수 있는 새로운 정치제도(弘益和白制度)를 창안하여 조국의 통일위업 달성에 보람 있게 적용함이 우리가 할 일이다.

2. 「홍익화백통일론」의 기대효과

1) 남·북한을 비롯한 주변국의 입장

북한: 한국은 북한에 대한 경제지원과 협력을 위한 동반자로서의 역할이 있는 반면, 개혁 개방으로 야기될 후유증과 부작용을 이용해

북한의 주권을 빼앗을 수 있는 잠재적 역할이 숨겨져 있음을 시사해 준다. 이 같은 결론은 북한의 주권을 빼앗지 않겠다는 보장이 없으며, 북한 위정자들이 과감하게 개혁과 개방을 선택하지 않으리라는 것을 의미한다.

이때 3태극 홍익화백통일방안은 북한의 주권에 대한 확실한 보장임과 동시에, 북한 집권자들의 안전을 보장하는 통일구도(統一矩度[218]))이다. 3태극 홍익화백통일에 합의하면, 우선 제제위협에 대한 국제적 압력이 사라지고, 국민총생산의 약 3분의 1을 소모하는 북한군 유지비 부담이 가벼워지며, 또한 북한군 대부분을 단계적으로 경제건설의 산업역군으로 투입할 수 있어 북한경제건설에 유효하게 된다. 3태극 홍익화백통일방안은 북한의 개방에 따르는 체제붕괴의 위험을 막아 주면서 군사비 부담에서의 해방과, 민간경제 건설, 민간무역을 활발하게 하여, 북한주민의 민생고를 해결할 수 있는 유일한 방안이다. 또한 이 통일방안은 모래땅 속으로 숨어드는 물처럼 남·북에 파급되어 사회체제의 개선, 발전에 전혀 무리가 없다.

남한: 가장 선진화된 민주주의 정치체제인 홍익화백제도가 현재의 정당정치체제와 마찰 없이 부드럽게 이루어진다. 홍익화백제도의 이념이 생소하지만, 알고 보면 우리의 정통사상에서 창안된 제노이며, 또한 현행헌법 제1조 제2항에 명시된 국민주권 행사를 이제야 제대로 행사하게 되므로, 불이 붙기 시작하면 무서운 가속도가 붙어, 완전통일 기간이 급속히 당겨지게 될 것이다. 3태극 홍익화백통일은

---

218) 이념, 제도, 정책, 정부, 의회, 사법부, 윤리, 의식 등을 합한 통일법도 (엄일 저, 「한국의 미래 인류의 교과서 통일 2000」, 용어해설.

우선 한국인의 긍지를 높여 주며, 홍익화백제도에 따른 정치체제와 새로운 사회적 가치관이 무척 마음에 들게 된다. 도덕적 행위가 자신을 위한 길이라는 믿음을 갖게 되고, 자기만 잘하면 행복을 누릴 수 있다는 믿음을 가질 수 있는 사회분위기가 조성된다.

특히 이 논의가 시작되면, 국민 간에 공감대가 형성되고, 통일정책 논의에서 남·남 갈등이 해소될 것이다. 이 결과는 자연히 북한에도 전파되어 남·북학계 간의 '홍익인간의 틀' 장안구상의 분위기가 조성될 것으로 믿어 의심치 않는다.

주변국: 통일이라는 것은 어떤 경우에도 주변국의 저항감을 불러일으킨다. 그러나 3태극 홍익화백통일만은 예외이며, 주변국에게도 안보적 이익과 경제적 이익을 가져다준다. 무엇보다 이 통일논의가 가시화되면 한반도에 전운(戰雲)이 사라짐에 따르는 안도감과 3태극 화백정부에서 실험하고 있는 현대형 홍익화백제도가 흥미로울 것이며, 이 체제가 여하히 정치발전과 인류평화에 기여하는가 함을 탐구하게 되고, 각기 그들 나라에 적용여부를 신중히 검토하게 된다. 손해가 따르면 저항이 있고, 이익이 따르면 저항이 친화력으로 바뀌는 것은 인지상정의 원리이다. 한국의 3태극 홍익화백통일은 동북아의 단단한 안보보류를 쌓아주고, 핵(核)문제를 잠재우고, 또한 주변국은 우리의 홍익화백정치원리에 흥미를 갖게 될 것이다.

2) 우리 민족의 입장

(1) 조화로운 자유 민주 평화통일

한반도 통일논의에서 남·북의 접경지역 완충지대에 3태극화백정부를 만들고, 이곳에 남·북이 함께 창안한 현대형 홍익화백제도를 적용, 실험함으로써 현행 남과 북의 정치체제와의 마찰을 피한다. 이 정치체제는 주권자인 국민의 의사를 전체적으로 집약할 수 있는 민주기구인 홍익인간화백회를 창설 운용하면, 모든 국민이 국가에 책임지는 주인의식을 키울 수 있다. 처음부터 끝까지 원리적이며 그 구조적 기능이 빠르고 능률적이고 안전하게 통일을 추진할 수 있다. 우리 정신에 맞는 순수한 우리식통일이며 국민 여러분은 신뢰가 가고 친화력이 있는 통일임을 알게 될 것이다. 통일회담이나 흥정이 필요 없는 완전한 통일이며, 통일조국 전체가 설계되어 있어 그 설계대로 통일과업을 진행시켜 나가면 된다. 고칠 것이 있으면 진행과정에서 고치면 된다.

7·4공동성명(1972)과 남·북 기본합의서(1991) 또는 6·15선언 (2000) 정신에 따라 낮은 단계 연방제든 국가연합제든 통일회담이 열렸다고 가정해 보자, 이때의 통일회담은 예측할 수 없는 시간이 소요된다. 그 이유는 통일방안 자체보다도 쌍방 간에는 불신의 골이 깊고, 또한 통일된 조국의 국가상과 그의 실현을 위한 설계도가 없으므로, 지금까지의 남·북 협상의 예로 보아 밀고 당기고 시간만 허비할 것이다. 그리고 통일이 된다 해도 연합제 또는 연방제로 영

원한 평행선이 될 가능성이 크다.

그러나 3태극 홍익화백통일은 우리 민족의 정통사상인 천지인 3태극원리와 홍익인간이념에 따르는 정치·경제·문화·윤리적인 면을 비롯하여, 지구화 등 통일조국의 구체적이고 상세한 청사진이 말단 반(班)의 '기초 홍인회' 조직까지 다 갖추어져 있다. 그리고 현남·북한정부의 통일방안의 큰 차이를 3태극화백통일에 따르는 홍익화백체제로 포용한다. 이는 바로 21세기 세계 속의 한민족에게 조화로운 자유 민주 평화세계가 이룩될 것임을 의미한다.

이렇게 되면 통일회담이 전혀 필요 없고, 3태극과 홍익화백제도에 대한 이해와 납득이 필요하다. 즉 통일회담의 필요성 대신, 3태극과 홍익화백제도에 대한 전 국민적 교양사업이 국가적 차원에서 대두된다. 그 위에 남·북이 뜻을 모아 3태극화백통일에 대한 합의서명을 하고, 현대형 홍익화백제도를 창안하여 적용실행하면 된다. 이와 같은 통일회담 무용성은 21세기 창조적 「홍익화백제통일론」의 보다 큰 간접효과라 하겠다.

(2) 부패방지

정부의 운영에서 가장 어려운 과제는 부패를 방지하는 것이다. 어느 정권이나 부패추방을 부르짖지 않은 정권은 없으나, 부패는 제거되지 않고 시간이 지남에 따라 더 심화되어 가고 있다. 왜 이런 일이 끊이지 않고 발생하는 것일까? 공직사회의 부패를 척결한다는 것은 불가능한 것일까?

부패는 사적(私的) 이익을 위해 공적 권한을 악용하는 행위이다. 그것이 심해지면 도둑이 도둑 잡는 나라가 된다. 이제 세계적으로도 도당정치(盜黨政治: Kleptocracy)는 설 땅을 잃어가고 있다. 이것은 오늘날 세계적인 시류(時流)이다. 기존사회의 틀 속에서 모든 제도를 고쳐가면서 부패 없는 깨끗한 사회를 만드는 것은 많은 시간(時間)과 희생이 요구되나, 새로운 사회를 창조하는 과정에서 정화(淨化)된 사회를 만든다는 것은 훨씬 쉬운 일이다. 모든 정치의 틀과 사회적 규범을 부패가 생길 수 없도록 만들어 그에 맞추어 살도록 하면 된다.

정당정치의 산물인 '정치자금' 또는 '비자금'이라는 말은 없어지게 되며, 무리들의 사유물인 정당에 대한 '국고보조금'제도도 없어지게 된다. 자본주의체제에서 사주(社主) 또는 경영층에 대한 노동자의 인권 및 생존권보호를 위해 생긴 '노조'의 기능은 홍익인간화백회가 대행케 되며, 별도 '노조'의 존재 필요성이 사라지며, '노조'에 의한 대규모의 파업이 없는 산업의 평화가 이루어질 것이다. 정치권에 대한 기업의 부담이 없어지게 되므로, 기업은 보다 더 높은 가격경쟁력을 갖게 된다.

새로운 정치체제에서는 그 사람이 한평생 사회에 기여한 실적과 인품(人品) 평가에 합격한 사람만이 홍익인간화백회의 평가에 따라 인생(人生)의 방향이 결정된다. 따라서 직업정치인이라는 말은 없어지며, 모든 분야에서 성실하고 모범이 되는 자(者)만이 정치에 입문하게 된다. 따라서 국회의원인 경우, 자기가 살아온 분야에 대한 전문지식을 국정에 반영할 인생의 마무리 기회이므로 무언가 사회에 기여함을 보람으로 생각하고 의원직에 임할 것이며, 국회의원들은 아마 급여도 원치 않을 것이다.

홍익화백체제에 따른 생활은 지난 60여 년 동안, 전통사상의 소외와 윤리감각이 퇴색된 도덕적 해이를 바꾸어 놓을 것이며 한민족의 자질혁신을 가져올 것이다. 그리하여 수준 높은 자율사회를 만들어 나가게 될 것이며, 범죄의 뿌리가 정화될 수 있을 것이다.

3. 홍익사회

삼국유사에 보면 "한웅(桓雄)이 자주 천하를 생각하고 인간세계를 탐구하였는데, 한인(桓仁)이 그 뜻을 알고 아래를 보니, 삼위(三危) 태백(太伯)이 홍익인간 할 만한 곳이라, 한웅(桓雄)을 여기에 내리보내서 세상을 이치로 다스리게 했다"[219]고 했는데, 수의천하(數意天下), 홍익인간, 재세이화의 이념은 지상천국의 평화적 건설이념이다.

홍익인간이념은 사익과 공익을 모두 크게 돕는 이념이다.

오늘날 이익을 위주로 하는 개인주의적 사상과 공익을 위주로 하는 전체주의적 사상이 대립되어 그것이 세계평화를 위협하고 있다. 개인주의에 있어서는 이익을 위주로 하는 나머지 자유에만 치중하여 전체의 공익과 평등을 해치는 경우가 있고, 전체주의에 있어서는 공익을 위주로 하는 나머지 평등에만 치중하여 개인의 사익과 자유를 해치는 경우가 있다. 그런데 홍익(弘益)이라는 이념은 개인과 전체를

---

219) 昔有桓國(桓仁) 庶子 桓雄 數意天下 貪求人世……可以弘益人間……在世理化.

다 포함시키고 있다.

개인주의적 자유주의적 생활양식은 경쟁이요, 전체주의적 평등주의적 생활양식은 투쟁이다. 종교적으로 전자는 다신론(多神論)이요 후자는 1신론(一神論)이다. 경쟁적 사회에서는 다원적(多元的) 경쟁자 가운데 가장 우수한 자가 최후에 살아남는다. 투쟁적 사회에서는 1원적(一元的)인 강자가 약자를 힘으로 정복하는 형태로 나타난다.

각 민족은 대개 그 역사적 출발점에 있어서 그 민족의 생활원리를 나타내는 건국신화를 가지는데 그 유형은 투쟁형이나 경쟁형이 많다. 투쟁은 상대방의 존재를 인정하지 않고 이를 말살하려는 것이요, 경쟁은 상대방의 존재를 인정하고 이에 대한 자기의 우위(優位)를 확보하자는 것이다. 그런데 우리 민족의 건국신화는 투쟁형도 아니고 경쟁형도 아니며 협동형이다. 투쟁형과 경쟁형의 차이는 전자가 상대방을 말살해 버리는 데 반해, 후자는 상대방을 말살해 버리는 것이 아니고, 그 존재를 인정하고 서로가 상대방의 약점을 이용하여 자기의 우위를 확보하는 것이다. 그런데 경쟁과 협동의 차이는 무엇인가?

경쟁이 상대방의 약점을 이용하여 자기의 이익만을 추구하고자 하는 것임에 반하여, 협동은 상대방의 장점을 활용하여 피차간에 다 같이 이익을 보고자 함에 있다.

오늘날 세계는 평화공존시대(平和共存時代)라고 하는데 이는 인류가 오랫동안의 투쟁상태에서 벗어나 경쟁상태로 들어온 것을 말한다. 그러한 경쟁상태가 다시는 국제적 투쟁인 전쟁상태로 되돌아가지 않는다는 보장도 없거니와 인류의 장래가 평화스러울 것이라는 보장도 없다. 그 이유는 경쟁의 방법은 상대방 약점을 이용하는 것이 되기 때문에, 경쟁이 오래 계속되면 인류는 각 민족의 약점만 노출되어 드디어는 문명(文明) 그 자체가 퇴화(退化)할지도 모르기 때문이다.

평화를 이룩하여 더 높은 문명을 창조하려면 피차가 서로 장점을 활용하여 상대방과 같이 살고자 하여야 하고, 그리되면 인류는 피차 간에 장점만이 발달되어 서로가 큰 이익을 보게 될 것이고 새로운 위대한 문명을 창조할 수 있게 된다. 이것이 바로 협동의 원리요 홍익의 이념이다. 인류의 평화는 협동과 화합으로 이루어지는 것이요 투쟁이나 경쟁으로 이루어지지는 않는다.

한웅(桓雄)의 건국이념에 있어서는 협동과 화합의 이념을 인간의 본성에 유래시켰는데 홍익인간 3도(三途)의 완성으로 실현코자 하였다.

단군왕검의 정신은 동방적 농경사회의 생활이념인 평화성을 협동성으로 승화(昇華)시켰고 그것을 홍익인간 삼도(三途)이념으로 완성 경천 · 숭조 · 애인의 정신으로 승화시켰다.[220]

홍익인간은 우리의 얼이다. 숨겨진 인류의 태초이념인 홍익인간이 바로 세계인이 갈망하는 정신적 기호(嗜好)이념이며 인류역사가 시작된 이래 이어진 우리조상의 깊은 뜻이다. 이제 이와 같은 이념을 현실 사회에서 실현시키기 위한 정도(正道)와 화합의 길을 찾아야 하겠다.

그리하여 일제(日帝)에서 해방 후 60년이 넘도록 남 · 북이 상이한 사회체제하에서 서로 이질화된 우리 민족이 어색함이 없이, 이해하고 포용하여 홍익정신을 발휘할 수 있는 '홍익인간하는 틀(홍익 통일국가 헌법)'을 창안하여 홍익화백사회를 건설 발전시켜, 남과 북이 다 함께 승리자가 되어, 조국의 통일은 물론 전 세계가 우리 민족의 홍익화백제를 본받도록 향도적(嚮導的) 역할을 수행하여야 하겠다.

---

220) 이항녕, "檀君의 이념과 민족의 正統思想", 「國祖 檀君」(서울: 檀君精神宣揚會, 1981) pp. 21－23.

결 론

첫째, 통일Korea의 정치이념

인류 역사는 정치적으로는 인격의 보장을 위한 인권운동이며, 경제적으로는 생존을 위한 소득과 재산의 소유보장을 확인받는 치자(治者)와 국민 간의 투쟁의 역사였다. 역사상 인격의 보장을 위한 인권운동을 가장 효과적으로 수행하여 온 제도는 자유민주주의이다. 그러므로 우리 통일Korea의 사상적 기반도 이에서 더 이탈할 수 없으므로 자유민주주의를 정치이념으로 한 정치구조 속에서, 생존을 위한 국민의 행동원리를 경쟁적 시장조직에 두는 경제이념을 그 제도적 기반으로 함으로써만이 우리 민족의 행복을 극대화할 수 있다.

정치·경제사회의 진행과정을 보면, 시대에 따라 정치·경제문제의 인식과 그 해결방법은 달랐으나, 일국(一國)의 경제를 치자가 권력으로 통제하느냐 아니면 국민의 자유로운 활동에 방임해 두었느냐의 정책적 과정이 엿보인다. 경제체제를 정부의 계획하에 운영하느냐 아니면 최소한의 간섭으로 경제활동의 자유를 보장하는 자본주의 경제체제로 운영하느냐의 선택의 문제에서 벗어나, 통일 후에 가져야 할 경제이념과 정책은 점유모순을 내포하며 분배정의에 역행하는 독점자본의 존재를 부정해야 한다. 소비와 생산의 자유로운 활동을 크게 침해하지 않는 범위 안에서 국민의 재산과 소득에 제한을 가하고, 생산의욕이 침해되지 않는 범위 내에서 사리추구 행위를 조정해야 한다. 사회적 안정이 자리를 잡으면 국민적 합의에 의해 경제운용에 계획성을 도입하면 된다.

이와 같은 과정을 부드럽게 하고, 현행 남·북의 모순 많은 정치제도를 21세기에 부합되는 진일보한 정치체제로 발전시키기 위한 통일론의 방법을 홍익화백제에서 찾았다.

둘째, '홍익인간화백회' 구상

남·북통일 문제에서 민족공동체를 바탕으로 정치통합의 기반을 조성해 나가고자 노력하는 남한에 비해, 북한은 근 20년 전에 사라진 '사회주의 사회건설'을 주장하면서, 미국의 대북압박정책에 맞서 남·북 관계를 지속시켜 나가기 위한 명분으로 '민족공조론'을 주장하고 있다.

이와 같은 주장은 민족의 앞날에 커다란 위해요소이므로, 우리는 지금까지의 대북통일정책과 그 실현방안으로는 통일실현의 가능성이 없음을 깨닫고, 새로운 통일관을 정립해야 할 시점에 왔다. 통일방안의 착안점은 우리 민족의 뿌리사상을 깊이 연구하여 실현 가능성 있는 조국통일의 방향을 찾아야 하겠다. 그리하여 지금까지 통일문제에서 항상 객(客)으로 취급되었던 국민이 이제 주인(主人)으로 나서 '통일주권' 곧 통일문제에 대한 국민적 감시 및 자기결정권을 갖도록 할 시점에 왔다고 본다.

국가적 공동체에서 민주국가의 고민은 이해관계가 복잡하게 얽힌 사회개개인의 이해관계를 하나로 만들기 어렵다는 데에 있었다. 그러나 우리 조상들은 6,000년 전의 배달국 및 단군조선시대에 이미 衆議一歸 爲和白하여 一無憾且 怫異者할 수 있는 합리적 민주정치의 역사를 기록하였다.

정당에 대한 비판적 평가와 정당에 대한 국민의 외면과 더불어 국민의 표를 의식해야 할 정당은 이제 민주주의의 주동자(promotor)로서의 수명을 다해가고 있는 현실에서 지금까지의 정당의 역할을 대체할 수 있는 조직기구를 창안해야 할 때가 왔다. 그것이 바로 우리 민족의 뿌리사상에서 창출되는 홍익인간의 틀이고, 이 틀에서 도출되는 '홍익인간화백회'이다. 삼국유사 고조선편과 한단고기를 통해 홍익인간이념을 우리는 전수하게 되었다. 이로써 나와 천·지·인 사이(間)에서 크게(弘-大) 돕는 길(道)을 찾아 실천에 옮기는 인간사(人間事), 즉 만물과 사이를 두고 크게 도움을 주고받으면서 사는 인간사의 뜻의 표현인 홍익인간에 의한 홍익화백주의 체제의 틀만이 한민족이 도약할 수 있는 정치의 틀이라고 확신한다.

최대다수의 국민에게 보다 많은 행복을 가져올 수 있는 통일한국의 정치구조는 '홍익인간화백회' 조직을 통한 대의민주제, 즉 '홍익화백제도'이어야 한다고 결론지었다. 이 저서는 한마디로 홍익화백제 가설을 지향한 천·지·인 3태극화백통일 방안을 제시코자 하여 집필되었다. 이와 같은 평화적 통일방안은 오늘 우리의 양단된 국토와 양분된 민족, 따라서 양극화로 대립된 의식을 동질화하는 최선의 길이라고 생각해서 얻은 결론이다.

셋째, 3태극 홍익화백제 가설

지난날 우리는 산업화 사회로의 전환 시기에 시대의 흐름을 읽지 못하고 나라의 주권까지 빼앗겼으며, 또한 2차대전 직후의 탈식민사회로의 이행 시기에는 민족분단의 쓰라린 역사를 경험했다. 역사를 반성하고 남·북이 뜻을 모아 이루어야 할 21세기형 창조적 홍익화백주의 3태극통일방안의 가설을 요약하면 다음과 같다.

(가) 우리의 통일조국의 사상적 기반은 자유민주주의의 발전적 형태인 홍익화백주의를 정치이념으로 한 정치구조 속에서 인민의 생존을 위한 경제적 행동원리를 시장경제조직에 두는 경제이념을 기반으로 하여야 한다.

(나) 지금까지의 남·북의 통일정책과 그 방안은 통일실현 가능성이 없음을 깨닫고, 새로운 통일관(統一觀)을 정립해야 할 시점에 왔다고 본다. 새로운 통일방안은 우리의 민족사상에서 찾아야 하며, 그 옛날 상제(上帝) 한인(桓仁) 할아버지께서 한웅(桓雄) 할아버지에게 하신－홍익인간 하라: 싸우지 말고 서로 도와가며 살라－는 평화이념에 입각해야 하겠다.

이에 수반되는 통일정책은 오직 국가적 차원에서 전 국민에 대한 교육 및 교양사업으로서의 민족사상 탐구과제가 중요하며, 우리 국민이 홍익인간이념과 홍익화백정신을 파악하게 될 때, 남·북 갈등은 해소될 것이며, 나아가 남과 북의 통일은 자연스럽게 찾아 올 것을 믿어 의심치 않는다.

(다) 해방 이후 남·북이 체험한 정당체제로 인한 지역 간 또는 남·북 간의 갈등과 원한을 해소하고, 국력의 낭비를 막으며 슬기롭게 통일을 완성하는 방안이다. 이해를 돕기 위해 다시 약술하면, ① 3 태극화백통일방안: 북한의 계획경제에 따르는 전체주의체제와, 남한의 시장경제에 따르는 자유민주주의 체제와의 슬기로운 통합을 위

해, 국가연합 단계를 지나면서 해외 및 남·북의 학자들이 현대형 홍익화백제도를 창안하여, 남과 북의 중간 완충지대에 이 제도의 실험지역으로서 3태극화백정부를 만들어, 남·북한과 3태극화백지역을 연합하는 3태극화백체제(1민족, 1국가, 3체제, 3지역정부)를 만든다. 그리하여 이 체제 내에서 국민들이 왕래하면서, 남·북한 정치체제의 대립요소와 경제적 불균형을 완화하면서 1민족, 1국가, 1체제, 3지역정부로 우선 이행하는 방안이다. ② 홍익화백제도: 국가의 일꾼을 홍익인간화백회가 공천한 사람들에게 해당지역 사람들이 선거로 결정하는 제도이다. 따라서 홍익인간화백회 조직을 衆議一歸 爲和白一無憾且 怫異者원리가 이루어지도록 조직하여야 하겠다.

(라) 통일은 서두르지 않으면 안 된다. 인류역사가 증명하듯이 민족이 갈라져 3세대가 지나면 영구 분단된다. 영구 분단되면 나라와 민족의 반(半)을 양측이 서로 잃어, 더욱 약소민족이 되고, 그 반쪽이 안보를 지금까지도 그러하지만 앞으로도 위태롭게 하는 씨가 된다. 주변국들은 이한제한(以韓制韓)하기 위해 이렇게 되기를 원하고 있다. 다행이 미국과 중국이 한반도 평화체제 구축에 관심이 많은 이 시기에, 우리 민족은 안일하게 평화체제 구축에 만족하지 말고, 평화적 통일방안[221]을 확실하게 세워, 이 기회를 한반도 통일로 연

---

221) 앞에서 저명인사와 학자들의 논리를 검토하였으나, 인간사 완성 - 홍익화백에는 미치지 못함을 알게 한다. 돌이켜보면 단군조선은 해모수의 병란, 고구려는 형제인 南生, 南建, 南産의 亂, 고려는 이성계의 난, 이씨조선은 일제의 武力 등, 피를 보는 군란으로 점철되어 왔다. 다만 고려의 신라합병을 평화적인 합병으로 보고 있으나, 이 또한 신라군력의 약세로 투항한 것으로 본다면 이도 군란이며, 사상과 이념이 뭉쳐 져 고려가 통일되었다고 보기에는 어려운 일이다.
　　우리의 과거사는 피로 얼룩져 왔다. 이제 우리의 남북통일은 과거의

계시키는 방안을 진지하게 살피고 그 해결책을 찾아야 하겠다. 그리하여 우리의 홍익화백제도에 따른 홍익인간 이념이 인류평화의 인자(因子)이며, 절대적 인류애(人類愛)의 힘으로 부각되고, 다가오는 미래 평화의 수단과 잣대로서 인류문화 발전에 기여토록 하는 것이다. 역사는 주어진 기회(機會)를 이용할 줄 모르는 민족(民族) 앞에는 훗날 복수까지 서슴지 않음을 교훈하고 있음을 명심해야 한다.

피를 본 병란을 종식하고, 피를 보지 않는 和合의 길, 민족이 힘을 모아 21세기 창조적 홍익화백제에 기반을 둔 3태극화백통일을 기필코 이룩해야 한다. 남북이 아닌 석유한국 이래 7만여 년 이어진 민족의 정통 홍익화백으로 귀일: 하나 되어, 남북 협일, 통일의 길을 찾아야 한다는 지론으로 본 정치·경제사상사 전문서를 집필하였음을 추기한다.

Abstract

The Road to the Reunification of the Korean Peninsula in the Light of Hongick-hwuabaek Ethos

Park Sangrim

Amid growing interest of neighboring countries over the peace and security in the Korean Peninsula, I, in my book, aim to lead this critical moment to the unification of my fatherland based on the Korean race's ethos that has been studied by South and North Korean scholars as well as scholars overseas. I adhere to the norms of national independence, democratic peace and national happiness in pursuing these basic unification principles.

First, as a philosophical unification principle, I suggest the 21st century Hongick hwuabaek system, which is originated from Hongick hwuabaekism, as an epoch-making and advanced model of liberal democracy that is facing a serious defiance today. Second, as an approach to the unification, I suggest the Three taekeuk unification theory as a method of unification for the Koreans on the ground of the idea of heaven, earth and man.

Passing through conciliatory and cooperative process of South and North Korea and in the more matured phase of two Koreas' confederation, overseas, South and North Korean scholars can jointly create the 21st century Hongick—hwuabaek System and apply this system to a buffer zone in the borders between the North and the South. They can declare a national community's government or Hongick hwuabaek government that establishes the 'Three taekeuk Fatherland' based on our ethnic fundamental idea, as a means of testing process of this epoch-making system.

In the 20th century, we have seen groundbreaking prosperity of material civilization nurtured in utilitarian liberal democracy. The 21st century, the time which guarantees the moral and cultural development and human peace, might be flowered by Korean Hongick liberal democracy.

참고문헌

姜舞鶴, 「弘益人間論」, 서울: 명문당, 1983.

강상구, 「신자유주의의 역사와 신실」, 서울: 문화과학사, 2000.

강정중, 「원효사상-원효의 휴머니즘과 一心論을 규명한다」, 서울: 불교
　　　출판사, 2001.

고영섭, 「한국의 사상가 10人 원효」, 서울: 예문서원, 2002.

권성아, 「弘益人間思想과 統一敎育」, 서울: 集文堂, 1999.

권천문, 「문화의 시원 한 민족」, 서울: 국제백십자총회, 2005.

김상호 외, 「사회적 시장경제」, 서울: 세계문화사, 1999.

金昤燉, 「弘益人間과 桓檀古記」, 서울: 裕豊出版社, 1996.

金昤燉, 「한단고기로 본 고조선과 홍익인간」, 서울: 보경문화사, 2000.

金昤燉, 「살피자 홍익인간」, 서울: 보경문화사, 2001.

金昌順 외, 「北韓學報 第31輯」, 서울: 북한연구소, 2006.

金澈運, 「忠·孝·禮와 人格」, 서울: 동아전산, 2002.

金炯基, 「20世紀前半 後天開闢思想의 硏究」, 서울: 한대출판부, 2000.

김형석 외, 「國民과 倫埋」, 서울: 박영사, 1976.

김호진, 「대통령과 리더십」, 서울: 정립출판, 2006.

단군학회, 「한단고기의 사료적 검토」, 단군학회 1999년도 전반기 학술회의.

柳東植, 「韓國 巫敎의 歷史와 構造」, 서울: 延世大學校 出版部, 1997.

朴相林, 「三平制 統一論」, 서울: 현문사, 1997.

朴相林, 「3平制 統一論의 實現方案」, 경남대학교 북한대학원 출판부, 2000.

박성수 외, 「천부경의 철학과 역사적 재해석」, 국학원 제6회 학술대회,

2007. 7. 13. 발제문.

白尙健, 「政治思想史」, 서울: 大正文化社, 1997.

서정갑 외, 「미국정치의 과정과 정책」, 서울: 나남출판사, 1994.

성삼제, 「고조선 - 사라진 역사 -」, 서울: 동아일보사, 2005.

孫敬植, 「弘益三經」, 서울: 개명출판사, 2003.

孫敬植, 「생명의 씨알 弘益三經 選解」, 서울: 도서출판 휴먼스, 2005.

孫敬植, 「天符經 解說」, 서울: 트리, 2005.

손병권, 「미국연방제도와 권한이양」, 서울: 오름, 2000.

송호철, 「신자유주의 시대의 한국정치」, 서울: 푸른숲, 1999.

송부웅, 「開天 5901年」, 서울: (주)아스타나, 2004.

송부웅, 「한(桓 - HAN)문화 세계를 돌아오다」, 서울: 지혜원출판사, 2006.

신복룡 외, 「한국정치사상사」, 서울: 나남출판, 1997.

신일철, 「동학사상의 이해」, 서울: 사회비평사, 1995.

양홍식, 「미국정치문화의 전통과 전개」, 서울: 국학자료원, 1999.

엄 일, 「한국의 미래 인류의 교과서 통일 2000」, 서울: 환동아 출판사, 1995.

민족문화연구소편, 「동학사상의 새로운 조명」, 대구: 영남대 출판부, 1998.

오지영, 「東學史」, 서울: 영창서관, 1973.

李敦化, 「新人哲學」, 서울: 천도교중앙본부, 1982.

이승헌, 「한국인에게 고함」, 서울: 한문화멀티미디어, 2006.

이승헌 외, 「국학 - 24호」, 단기4339년 6월호, 서울: 국학 학술원, 2006.

이승헌, 「仙道文化 - 제2집」, 천안시: 선도문화연구원, 2007.

李元姬, 博士學位論文 「東學의 侍天主思想에 관한 硏究」, 大邱카도릭大 출판부, 2003.

이주영 외, 「한국 현대사 이해」, 서울: 경덕출판사, 2007.

李春植, 「中華思想의 理解」, 서울: 신서원, 2002.

이태규, 「도양의 의식구조」, 서울: 서린문화사, 1988.

一 然, 「三國遺事」, 1206년생, 70세가 넘어서 집필.

임승국, 「桓檀古記」, 서울: 정신세계사, 1986.

임중산, 「이것이 韓國主義다」, 서울: 신정치문화회, 2003.

정경대, 「天孫佺經하늘사람」, 서울: 이너북, 2005.

鄭仁興, 「西歐政治思想史」, 서울: 博英社, 1971.

최동희 외, 「새로 쓰는 동학-사상과 경전」, 서울: 집문당, 2003.

최봉수, 「통일·통일·통일 1998」, 서울: 심학당, 1994.

최영 외, 「현대미국정치의 이해」, 서울: 서울대 출판부, 2000.

최창규, 「韓國의 思想」, 서울: 서문사, 1975.

태을궁, 「길 위에서 헤매는 한국인」, 서울: 한솜미디어, 2005.

통일원, 「통일백서」, 1995.

통일부, 「2006 통일문제 이해」, 2006.

통일부, 「2006 북한 이해」, 2006.

表暎三, 「동학(1)-수운의 삶과 생각-」, 서울: 통나무, 2004.

하정열, 「일본의 전통과 군사사상」, 서울: 팔복원, 2004.

河泓鎭, 「'한'文化의 새發見」, 서울: 도서출판 꿈이 있는 집, 2005.

韓廷昊, 「倍達思想의 原流」, 서울: 홍익출판기획, 2002.

韓㳓劤, 「東學亂 起因에 관한 研究」, 서울: 서울대 출판부, 1973.

韓 燦 엮음, 「國祖檀君」, 서울: 檀君精神宣揚會, 1982.

허종호, 「주체사상에 기초한 남조선혁명과 조국통일리론」, 평양, 사회과
        학출판사, 1975.

황우연, 「天符의 脈」, 서울: 우리출판사, 1990.

황장엽, 「변증법적 전략전술」, 서울: 시대정신, 2006.

황장엽, 「민주주의 정치철학」, 서울: 시대정신, 2005.

강정중, "원효의 삶에의 報償에 관한 序說", 「원효사상」, 서울: 불교춘
        추사, 2001.

고영섭, "원효의 통일학", 「한국의 사상가10人원효」, 서울: 예문서원, 2000.

김동환, "우리의 哲學과 國學", 「國學 그 意味規定을 위한 試圖」, 2006.

김상규, "독일통일에 비추어 본 한국의 통일이념과 통일외교노선의 성찰", 「21세기 정치학회보-제15집」, 1호, 2005. 5.

김일성, "조선민주주의 인민공화국에서의 사회주의 건설과 남조선혁명에 대하여", 평양: 조선노동당출판사, 1965.

신철균, "민족화합의 뿌리로서의 '한'사상", 「한국철학연구」, 서울: 해동칠학회, 1982.

유탁영, "홍익인간의 본질과 교육의 방향", 단군대종학회 논총 제2집, 「외래종교(外來宗敎)와 우리국가의 흥망」, 서울: 도서출판 삼양, 단기 4372(1999).

양근석, "한민족의 건국이념과 민본정치사상 연구", 「부산 정치학회보」, 부산: 부산정치학회, 1996.

이승현, "天符經과 민족문화", 「국학-24호」, 단기4339 (2006), 6.

Charles A. Bead, "*Framing the Constitution*" in: Peter WAll(ed), American Government: Reading and Case, New York: Harper Colins, 1993.

Allan Bloom, transl, & ed., *The Republic of Plato, Basic Books*. U.S.A. 1991.

R. B. Ekelund Jr., et al, *A History of Economic Theory and Method*, McGraw-Hill International Book Co, 1983.

Morton Grodine, "*The Federal System.*" in: *Peter Wall*, ibid. pp. 82-98.

Immanuel Kant, *Perpetual Peace*, The Liberal Arts Press, New york. 1957.

Bernard de Mandeville, *The Fable of the Bees or Private Vices, Publick Benefits. Penguin, London: f. e., 1713, 1989.*

Alfred Marshall, *Principles of Economics*: *An Introductory Volume*, Macmillan Co., New York, 1953.

Karl Marx, *Capital*: *a Critique of Political Economy*, The Modern Library, New York, 1906.

Andrew S. McFarland, *Neopluralism — The Evolution of Political Process Theory*, University Press of Kansas, 2004.

Arthor Paulsen, *Realignment and Party Revival*: *Understanding American Electral Politics at the Turn of the Twenty — First Century*, Praeger, New York, 2000.

Rhie Joosung, *Economy, and Economic Thought*. Sungshinjoza Univ. Press, Seoul, 2001, 2005.

Rhie Joosung, *"Labour Intensity and Surplus Value in Karl Marx"*: in: *journal History of Economic Ideas, IPET, Pisa — Rome, 2000. pp. 181 — 191.*

John P. Roche, *"The Founding Fathers*: *A Reform Caucus in Action"*, in *Peter Wall(ed.). American Government*: *Readings and Causes.* New York: Harper Collins, 1993.

Eric Roll, *A History of Economic Thought*, Prentice Hall, N. J., 1959.

Adam Smith, *An Inquiry into the Nature and Causes of the Wealth of Nations,* the Modern Library, New York, 1937.

Gerge Soule, *Ideas of the Great Economists*, The New American Library of the World Literature, New York, 1962 (The Viking Press, f. e., 1952, NY).

Noberto Bobbio, *Liberalism and Democracy,* 황주홍 옮김, 「자유주의와 민주주의」, 서울: 문학과지성사, 1999.

Chang Ha — joon, *Globalization, Economic Development and the Role of* the State, 이종태 외 옮김, 「국가의 역할」서울: 도서출판 부키, 2006.

Phyllis Dean, *Economic Thought*, 황의각 옮김, 「經濟思想史」 서울: 宇石, 1986.

Kenneth Janda et al, *The Challenge of Democracy*: *Government in America*, 김동영 옮김, 「현대민주주의의 새로운 도전」, 서울: 한울, 1997.

F. List, *Das nationale System der politischen Oekonomie,* Basel und Tuebingen, 1959, 이주성 옮김, 「國民經濟學」, 서울: 단대 출판부, 1983.

Niccolo Machiavelli, *The Prince,* 신윤곤 옮김, 「군주론」, 서울: 배재서관, 1997.

Alexis de Tocqueville, *Democracy in America*, 박지동 옮김, 「미국의 민주주의」서울: 한길사, 1983.

墨翟 외, Great Books 36, 金瑩洙 옮김, 「諸子百家」, 서울: 東西文化社, 1976.

蕭公權, 「中國政治思想史」, 崔明 외, 옮김, 「中國政治思想史」, 서울: 서울대학교 출판부, 1998.

馮友蘭, *A Short History of Chinese Philosophy(1947)*, 정인재 옮김, 「중국철학사」, 서울: 형설출판사, 1948.

부 록

「도표 1」 弘益人間和白會 (구성도)
          (지방자치 의회를 대체함)

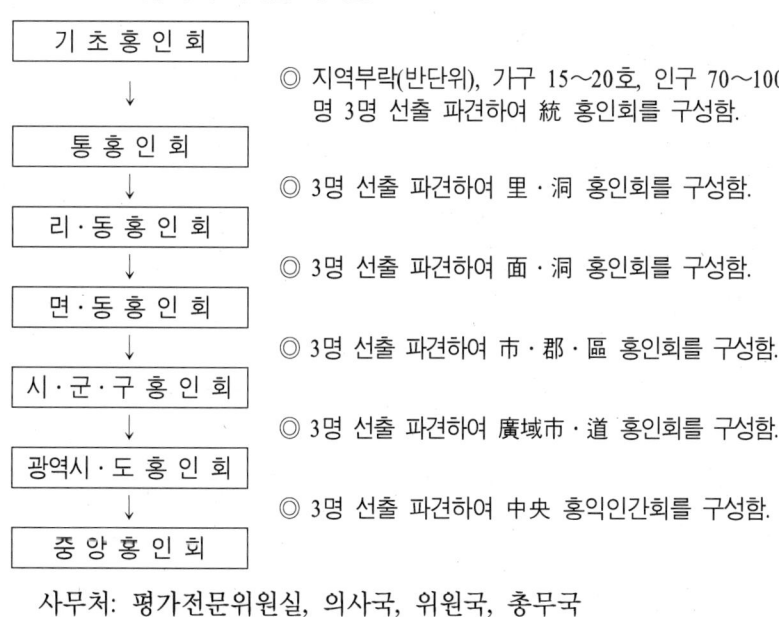

기 초 홍 인 회	◎ 지역부락(반단위), 가구 15~20호, 인구 70~100명 3명 선출 파견하여 統 홍인회를 구성함.
↓	
통 홍 인 회	◎ 3명 선출 파견하여 里 · 洞 홍인회를 구성함.
↓	
리 · 동 홍 인 회	◎ 3명 선출 파견하여 面 · 洞 홍인회를 구성함.
↓	
면 · 동 홍 인 회	◎ 3명 선출 파견하여 市 · 郡 · 區 홍인회를 구성함.
↓	
시 · 군 · 구 홍 인 회	◎ 3명 선출 파견하여 廣域市 · 道 홍인회를 구성함.
↓	
광역시 · 도 홍 인 회	◎ 3명 선출 파견하여 中央 홍익인간회를 구성함.
↓	
중 앙 홍 인 회	

사무처: 평가전문위원실, 의사국, 위원국, 총무국

◎ 홍익인간화백회 의원은 무급 봉사직

◎ 평가전문위원은 별정직

◎ 사무직은 일반직 공무원

◎ 홍익인간화백회 의원선거는 "선거공보" 외 일체 선거운동 금지

「도표 2」 2008년 4월 현재 통일론들의 비교표

	남한정부	북한정부	김대중	박상림	
명칭	민족공동체건설을 위한 3단계 통일방안	고려민주연방공화국 창설방안	3단계 통일론	3평제 통일론	3태극 홍익화백 통일론
단계	3단계: 화해·협력-남북연합-통일국가	1단계: 연방형식의 통일국가	3단계: 남북연합-연방체제-완전통일	3단계: 남북연합-연방체제-완전통일	3단계: 남북연합-3태극화백체제-완전통일
원칙	자주·평화·민주	자주·평화·민족대단결	자주·평화·민주	민족자주·민주평화	민족자주·민주평화·행복
1단계	화해·협력단계(1민족,2국가,2독립정부). 두 개의 정치적 실체인정: 남북교류·협력확대로 정치적 신뢰구축, 평화정착	연방형식의 통일국가(1민족, 1국가, 2체제, 2지역자치정부). 최고민족연방회의와 그 상임기구인 연방상설위원회가 조국방위문제 및 대외관계, 통일문제 결정	남북연합단계, (1연합, 1민족, 2국가, 2체제, 2독립정부). 평화공존·평화교류·평화통일의 3대 행동강령 구현: 남북연합정상회의와 남북연합회의를 구성하여 분단상황의 평화적 관리, 통합과정 관리, 군비통제 등 평화공존체제의 확립, 모든 분야의 교류·협력증진을 통한 상호공동이익 제고 및 민족동질성 회복	남북연합단계, (1연합, 1민족, 2국가, 2체제, 2독립정부). 평화공존·평화교류·평화통일의 3대 행동강령 구현: 남북연합정상회의와 남북연합회의를 구성하여 분단상황의 평화적 관리, 통합과정 관리, 군비통제 등 평화공존체제의 확립, 모든 분야의 교류·협력증진을 통한 상호공동이익 제고 및 민족동질성 회복	남북연합단계(1연합, 1민족, 2국가, 2체제, 2독립정부). 평화공존·평화교류·평화통일의 3대행동강령구현:모든분야의교류협력증진을 통한 상호공동이익 제고 및 민족동질성 회복. 3태극체제수립을 위한홍익화백제도 창안과 통일헌법작성 및 통일교육

	남한정부	북한정부	김대중	박상림	
2 단계	남북연합단계(1 민족, 2국가, 2체제, 2독립정부). 경제·사회공동체를 형성, 발전시킴으로써 정치적 통합을 위한 여건을 성숙시켜 나감. 남북한 합의에 의해 남북정상회의와 남북각료회의 등 상설함.		연방단계(1민족, 1국가, 1체제, 2지역자치정부). 외교·군사·주요 내정의 권한을 지닌 연방정부와 일반적 내정에 대한 자율성을 갖는 지역자치정부.	연방단계(1민족, 1국가, 3체제, 3지역자치정부). 외교·군사권과 실험국내의 자치권을 갖는 연방정부와 일반적 내정에 대한 자율성을 갖는 2개의 지역자치정부.	3태극화백통일정부, 민족공동체정부(1민족, 1국가, 3태극체제, 3태극자치정부). 외교·군사권과 실험 국내의 자치권을 갖는3태극화백정부와 일반적 내정에 대한 자치권을 갖는 2개의 지역자치정부.
3 단계	통일국가(1민족, 1국가, 1체제, 1정부). 자유·복지·인간존엄성이 보장되는 민족공동체		통일국가(1민족, 1국가, 1체제, 1정부). 민주주의·시장경제·사회복지·도덕적 선진국·평화주의	통일국가(1민족, 1국가, 1체제, 1정부). 자유·복지·인간존엄성이 보장되는 도덕적 민족공동체	통일국가(1민족, 1국가, 1체제, 3태극화백정부와 2개의 화백자치정부). 자유·인권·행복이 보장되는 도덕적 민족공동체.

색 인

ㅋ

ㅌ

ㅍ

· 저자 약력 ·

1927년 함남 영흥 출생
상공부광무국 2년 근무, 국민은행 사당동지점장에서 정년퇴직.
1995년 한국발전연구원 창립5주년 기념논문 현상공모에 "한반도 통일안"논제
로 장려상 수상.
1997년 「三平制 統一論」 출간.   박상림
1997년부터 민족화해연구회 회장.
2000년부터 한민족통일촉진협회 등기이사장
1949년 3월, 「대한민국 원산지방 정치지도원 투옥사건」가담자로 복역 중 1950년
한국전쟁시 국군3사단과 US Army의 북진으로 출옥되어 순국동지들 570여 명의
조사(弔辭)를 눈물 흘리며 닝독하고 12월 초 원산에서 US Army의 LST로 남한으
로 망명함(『元山市史』, 1968년 원산시사편찬위원회 간 및 『反共三十年』, 1976
년 崔文錫 저 참조).

1959년 건국대학교 경제학 학사.
2000년 경남대학교 북한대학원 정치학 석사
        (학위청구 논문: 3평제 통일론의 실현방안)
2008년 건국대 대학원 정치학 박사
        (학위청구 논문:전통사상과 통일: 홍익화백제에 관한 연구)

홍익화백에서 찾은 참된 統一의 길

The Road to the Reunification of the Korean Peninsula in the Light of Hongick-hwuabaek Ethos

• 초판 인쇄	2008년 5월 15일
• 초판 발행	2008년 5월 15일
• 지 은 이	박상림
• 펴 낸 이	채종준
• 펴 낸 곳	한국학술정보㈜
	경기도 파주시 교하읍 문발리 513-5
	파주출판문화정보산업단지
	전화 031) 908-3181(대표) · 팩스 031) 908-3189
	홈페이지 http://www.kstudy.com
	e-mail(출판사업부) publish@kstudy.com
• 등 록	제일산-115호(2000. 6. 19)
• 가 격	20,000원

ISBN 978-89-534-9156-4 93340 (Paper Book)
      978-89-534-9157-1 98340 (e-Book)